Jerold J. Kreisman / Hal Straus
Ich hasse dich – verlaß' mich nicht

Jerold J. Kreisman
Hal Straus

Ich hasse dich - verlaß' mich nicht

Die schwarzweiße Welt der Borderline-Persönlichkeit

Kösel

Aus dem Amerikanischen von Beate Gorman, Marl.
Die Originalausgabe erschien unter dem Titel »I Hate You – Don't Leave Me. Understanding The Borderline Personality« bei Price Stern Sloan, Inc., Los Angeles, California.

Die Informationen in diesem Buch sind nach bestem Wissen und Gewissen wahr und korrekt. Das Buch soll als allgemeiner Ratgeber für eine spezielle Art der Persönlichkeitsstörung dienen und ist kein Ersatz für den fundierten medizinischen Rat eines Arztes. Die Fallstudien wurden aus den Berichten mehrerer Patienten entwickelt und repräsentieren keine einzelne lebende oder tote Person. Jede Ähnlichkeit mit tatsächlich lebenden Personen ist unbeabsichtigt und rein zufällig.
Alle Empfehlungen in diesem Buch erfolgen ohne Garantie von seiten des Autors oder des Herausgebers. Der Autor und der Herausgeber lehnen jede direkte oder indirekte Verantwortung im Zusammenhang mit der Anwendung dieser Informationen ab.

ISBN 3-466-30326-5

Druck und Bindung: Kösel, Kempten
Umschlag: Kaselow Design, München
5 6 · 97 96 95

Gedruckt auf umweltfreundlich hergestelltem Werkdruckpapier (säurefrei und chlorfrei gebleicht)

Wie immer für Doody

Inhalt

Vorwort 11

1 Die Welt der Borderline-Persönlichkeit 17

2 Chaos und Leere 39

3 Die Wurzeln des Borderline-Syndroms 71

4 Die Borderline-Gesellschaft 95

5 Verstehen und heilen 125

6 Die Kommunikation mit der Borderline-Persönlichkeit .. 147

7 Die Therapie 173

8 Mit der Borderline-Persönlichkeit leben 215

Anhang A: Die Achsen des DSM-III-R 237

Anhang B: Die Entwicklung des Borderline-Syndroms 241

Weitere Informationen 253

Anmerkungen und Literatur 254

Stichwortverzeichnis 265

Danksagung

Zu diesem Buch haben so viele Menschen beigetragen, daß wir wie Entertainer bei einer Preisverleihung klingen würden, wenn wir alle mit Namen nennen wollten. Einige sollten jedoch namentlich erwähnt werden.

Die Krankenhausverwaltung vom St. John's Mercy Medical Center, St. Louis, und sein Direktor John T. Farrell und die Abteilung für Psychiatrie und ihr Vorsitzender, Dr.med. Duane Q. Hagen, haben dieses Buch unermüdlich unterstützt und, was noch wichtiger ist: sie hatten großes Verständnis, wenn das Projekt mich zu überwältigen und von anderen Verpflichtungen abzuhalten schien. Das Team der Comprehensive Treatment Unit des medizinischen Zentrums – die Schwestern, Sozialarbeiter, Seelsorger, psychiatrischen Berater und Beschäftigungstherapeuten – lieferten die praktische Arbeit, dem viele Ideen in diesem Buch entstammen. Ohne dieses Team einsatzfreudiger Mitarbeiter, die ihre Erfahrung und Sachkenntnis so selbstlos weitergegeben haben, hätte dieses Buch nicht entstehen können.

Die Mitarbeiter in meinem Büro, Medizinerkollegen und Freunde tolerierten gutgelaunt meine Besessenheit, die nötig war, um dieses Buch fertigzustellen. Während des gesamten Projekts akzeptierten sie bedingungslos meine Unbeherrschtheit und Reizbarkeit. Dr. Nadia Ramzy, eine begabte Anthropologin und Psychoanalytikerin, gab mir wichtige Einsichten in die Verbindung zwischen Kultur und Borderline-Persönlichkeit. Barbara Linder, psychiatrische Beraterin an der CTU, und ihre Patienten stellten Tonbandaufnahmen von Gruppensitzungen zur Verfügung, die es uns gestatteten, den Heilungsprozeß besser zu verstehen.

Craig Cuddeback von der Cracom Corporation und die Herausgeber von HP Books/Price Stern Sloan zeigten schon bei unseren anfänglichen Vorschlägen Begeisterung. Sie waren während des

gesamten Entstehungsprozesses verständnisvoll und boten ihre Beratung an. Jean Hohl half beim Tippen des Manuskripts und machte einige wertvolle redaktionelle Vorschläge.
Schließlich möchten wir unseren Frauen und Kindern danken, die uns mit ihrer Ermutigung unterstützt und angespornt haben, dieses Projekt in Angriff zu nehmen. Sie mußten mehr ertragen, als sie sich vorgestellt hatten. Wir hoffen, daß unsere Bemühungen ihre Geduld rechtfertigen.
Obwohl all diese Menschen wichtige Beiträge geleistet haben, sind es doch unsere Patienten, denen wir all unser Wissen verdanken. Sie hatten den Mut, uns an ihrem Leben teilhaben zu lassen und uns ihr Vertrauen zu schenken, was, wie wir hoffen, gerechtfertigt ist. Sie sind es, die dieses Buch ermöglicht haben, und damit die eigentlichen Schiedsrichter über seinen Wert.

Vorwort

Jahrzehntelang haben Ärzte Krankheiten nach den auftretenden Symptomen behandelt und wenig zu ihrer Vermeidung beigetragen. Die Vorstellung, beispielsweise Krankheiten wie Herzinfarkt und Schlaganfall durch bestimmte Veränderungen des Lebenstils – Ernährung, Bewegung, Aufgabe von Nikotin oder Alkohol – zu verhindern, war fast unbekannt. Abgesehen von einigen einfachen Hausmitteln wurde die eigene Gesundheitsvorsorge nur als schlechte zweite Wahl gegenüber ärztlich verschriebenen Medikamenten und Behandlungen betrachtet.

Im großen und ganzen verließen sich die Patienten darauf, daß die Ärzte ihren Zustand verbessern würden, statt vorbeugende Maßnahmen zu ergreifen. Niemand erwartete, gründliche Erläuterungen über Krankheiten zu erhalten, und für die Ärzte gehörte dies nicht zu ihrem Beruf. Im Grunde betrachtete die Öffentlichkeit Krankheiten wie Nummern auf der Roulettescheibe – entweder hatte man Glück und blieb gesund oder man wurde krank oder verletzte sich und suchte einen Arzt auf, um sich behandeln zu lassen.

Während der letzten dreißig Jahre hat sich diese Auffassung grundlegend geändert. Eigene Fürsorge und medizinische Vorsorge sind zu Hauptbestandteilen von guten Gesundheitsfürsorgeprogrammen geworden. Die medizinische Forschung, das Bewußtsein des Konsumenten und die dramatisch ansteigenden Kosten im Gesundheitswesen haben zu der Erkenntnis geführt, daß viele Krankheiten mit den entsprechenden Vorbeugemaßnahmen verhindert werden können. Mehr als je zuvor machen die Menschen sich Gedanken um ihre Gesundheit; sie wollen selbst verstehen und die Kontrolle übernehmen.

Dieser Trend ist auch im Bereich der seelischen Erkrankungen unübersehbar. Psychiater bemühen sich sehr darum, daß ihre Patienten den Ursprung und die Behandlung bestimmter Störungen verstehen. Die American Psychiatric Association (APA) und andere professionelle Gruppen sind, was die Unterstützung von Gesetzesanträgen und die Steigerung des allgemeinen Bewußtseins in bezug auf Krankheiten im seelischen und geistigen Bereich betrifft, viel aktiver geworden. Verbraucherorganisationen wie die National Alliance for the Mentally Ill (NAMI) verbreiten Aufklärungsschriften und bieten einen Telefondienst an, um Patienten und deren Familien zu helfen, mit den verschiedenen Formen dieser Krankheiten zurechtzukommen.

Trotz dieses allgemeinen Trends hat man nur selten Gelegenheit, etwas über seelische Erkrankungen in allgemein verständlicher Sprache zu lesen. Unzählige Male haben mich Patienten und die betroffenen Familien nach Lesematerial über die Borderline-Persönlichkeitsstörung gefragt – das Thema, mit dem sich dieses Buch befaßt. Jedes Mal mußte ich mich dafür entschuldigen, daß Literatur für den Laien fehlt.

Der höchste Preis, den wir für die schlechte Information der Bevölkerung bezahlen mußten, ist möglicherweise das noch immer vorhandene und unfaire soziale Stigma, das Krankheiten im seelischen Bereich umgibt. Für körperliche Gebrechen wird selten das Opfer verantwortlich gemacht. In der Umgangssprache heißt es, daß man »an etwas erkrankt ist« oder sich mit einer bestimmten Krankheit »angesteckt« hat. Die Schuld liegt meistens bei einer bestimmten Umweltbedingung oder bei einem Mikroorganismus.

Ganz anders bei seelischen Erkrankungen. Allgemein herrscht die Auffassung vor, daß man manisch-depressiv, neurotisch, schizophren oder borderlinekrank »ist« oder »wird«. Die Schlußfolgerung ist hintergründig, aber unausweichlich – das Opfer muß einen großen Teil der Schuld auf sich nehmen. Diese Auffassung mag für einen Teil der Fälle zutreffen, aber bei vielen stimmt es nicht. Trotzdem hat sie allgemein zu Mißverständnis, Feindseligkeit und Unbehagen gegenüber seelisch Kranken geführt. Menschen, die sich keinerlei Gedanken darüber machen würden, einen Freund im Krankenhaus zu besuchen, fürchten sich beispielsweise davor, denselben Freund in der psychiatrischen Abteilung zu besuchen oder sind deshalb zumindest sehr verlegen. Menschen, die scheinbar komplizierte Erklärungen von körperlichen Krankheiten verstehen, sehen sich außerstande, den Ursprung oder die Verhaltensweisen, die mit seelischen Erkrankungen einhergehen, zu begreifen. In vielerlei Hinsicht sind wir beim Verstehen dieser Krankheiten nicht so weit wie beim Verstehen von körperlichen Erkrankungen; unser Mitleid mit den Opfern hinkt jedenfalls Lichtjahre hinterher. Diese Situation ist zwar sehr bedauerlich, aber auch sehr verständlich: die Psychologie wird erst seit der Jahrhundertwende als Wissenschaft betrachtet und noch heute ist die physiologische Komplexität des menschlichen Geistes eines der größten Rätsel des Lebens.

Unser fehlendes Verständnis hat auch einen hohen gesellschaftlichen Preis: es fehlt an ausreichenden öffentlichen Geldern für Krankenhäuser für die psychiatrische Versorgung, es kommt häufig zu Mißbrauch von Kranken und zu unzähligen Gewalttätigkeiten, die mit seelischen Krankheiten in Verbindung gebracht werden – Mißbrauch von Ehefrauen und Kindern, Vergehen, die mit Alkohol- und Drogenmißbrauch in Verbindung stehen, um nur einige zu nennen. Die Zahl derjenigen, die an schweren geistigen Erkrankungen leiden, nimmt weiter zu, während die Einrichtungen für die Behandlung dieser Kranken immer weniger werden. Schließlich sind die finanziellen und moralischen Kosten für die Reinigung der »toxischen Abfälle«, die sich aus der unzureichenden Behandlung dieser Erkrankungen ergeben, enorm.

Aufgrund fehlender Informationen hat sich ein Graben aufgetan zwischen den Mythen, die die Borderline-Persönlichkeitsstörungen umgeben, und zwischen akkuraten, weitverbreiteten Informationen über die Ursachen und Behandlungsmöglichkeiten. Obwohl man heute schätzt, daß zehn Millionen Amerikaner von dieser Störung betroffen sind, können nur wenige in der Allgemeinbevölkerung die Störung auch nur in etwa beschreiben. Dafür gibt es viele Gründe – die relative neue Diagnose, Kontroversen unter einigen Psychiatern und, was möglicherweise die größte Rolle spielt, die schwer faßbare, unbeständige, widersprüchliche Natur der Störung selbst.

Trotz dieser Faktoren spielen bei Borderline-Persönlichkeitsstörungen einige der wichtigsten sozialen Fragen eine Rolle – Kindesmißhandlung, die schlechte Qualität von Kinderkrippen und Tagesstätten, die Zerstörung der Kleinfamilie, Scheidung, geographische Mobilität, die veränderte Rolle der Frau. Außerdem kann durch die Borderline-Persönlichkeit ein neuer Zusammenhang bei der Betrachtung einiger der verblüffendsten, aber immer weiter verbreiteten psychischen Erkrankungen – Bulimie, Magersucht, Alkohol- und Drogenmißbrauch, Depressionen und Selbstmord – hergestellt werden.

Tatsächlich sind viele Psychiater der Meinung, daß wir in einer »Borderline-Ära« leben. So wie der hysterische Neurotiker zu Freuds Zeiten die repressive europäische Kultur des frühen zwanzigsten Jahrhunderts repräsentierte, spiegelt das bruchstückhafte Gefühl der Borderline-Persönlichkeit von ihrer Identität und die Schwierigkeit, stabile Beziehungen aufrechtzuerhalten, möglicherweise die Zerstückelung stabiler Einheiten in unserer Gesellschaft wider.

Dieses Buch möchte die vorhandenen Informationslücken über die Borderline-Persönlichkeitsstörung füllen. Es ist für eine breite Leserschaft gedacht, die einfach mehr über dieses weitverbreitete und beunruhigende Syndrom erfahren möchte. Wir haben jedoch versucht, mehr zu tun, als nur Informationen weiterzugeben: Wir haben versucht, das Syndrom so zu untersuchen, daß der Leser intellektuell verstehen – und emotional nachfühlen – kann, was es bedeutet, von dieser Störung betroffen zu sein. Aus der Identifikation mit derartigen subjektiven Erfahrungen entsteht unserer Meinung nach wahres Verständnis.

Einsamkeit, die Angst, verlassen zu werden, impulsive, selbstzerstörerische Akte, stürmische Beziehungen, die Unfähigkeit, Intimität aufzubauen – derartige Gefühle erfahren wir alle einmal. Die

Borderline-Persönlichkeit lebt jedoch fast ständig mit diesen Gefühlen und erlebt sie in viel größerem Ausmaß. Viele Menschen leiden unter großem geistigem und emotionalem Schmerz – ein Schmerz, der fast so stechend ist wie körperlicher Schmerz und möglicherweise sogar erschreckender sein kann. Die Betroffenen wissen nicht, warum das so ist, was sie dagegen unternehmen oder wie sie Hilfe finden können. Diejenigen unter den Lesern, bei denen dieses Syndrom diagnostiziert wurde oder die eine Therapie in Betracht ziehen, finden hier Erklärungen, die (soweit dies überhaupt möglich ist) nicht mit schwierigen, psychiatrischen Fachausdrücken belastet sind. Wir hoffen, daß dieses Buch zu Selbsterkenntnis führt, daß es Trost, Beruhigung und Behandlungsstrategien bietet und einige praktische Therapiemöglichkeiten aufzeigt, die völlig neu sind.

Wir haben auch bestimmte Aspekte unserer Gesellschaft identifiziert, die in immer größerem Maß zu Borderline-Merkmalen führen, und machen einige Vorschläge zur Veränderung.

Obwohl sich dieses Buch in erster Linie an Laien wendet, wird es auch für Ärzte eine große Hilfe sein. Es sollte nicht nur als Nachschlagewerk dienen, sondern kann auch Patienten empfohlen werden, die ihr Wissen über Borderline-Persönlichkeitsstörungen erweitern wollen. Die weitreichende Symptomatologie von Borderline-Persönlichkeitsstörungen in diesem Buch kann bei der Arbeit in der Psychiatrie, in der Psychologie sowohl im klinischen Bereich als auch in der Forschung (besonders jene, die sich mit der kindlichen Entwicklung befassen), in der psychotherapeutischen und familientherapeutischen Praxis, in der Drogenberatung, der Seelsorge, in der Arbeit von Spezialisten für Eßstörungen, in der Streßberatung und anderen Anwendung finden. Der Anhang befaßt sich mit den DSM-III-R-Klassifikationen und Medikamenten für die Behandlung von Borderline-Persönlichkeitsstörungen, mit der Entwicklung der Borderline-Persönlichkeitsstörung im psychoanalytischen Gedankengut und mit anderen Theorien der Borderline-Persönlichkeit. Er wendet sich besonders an den Facharzt.

Wir hoffen, daß dieses Buch den Familien und Freunden der Betroffenen durchführbare Strategien bietet, um mit dieser quälenden Krankheit fertigzuwerden. Die Borderline-Persönlichkeitsstörung wird allgemein als einer der frustrierendsten psychiatrischen Zustände für den Betroffenen selbst und für den Behandelnden betrachtet. Dennoch definiert sich die Borderline-Persönlichkeit diagnostisch und praktisch durch die Natur ihrer Vergangenheit und durch gegenwärtige Beziehungen zu anderen. Wir sind davon überzeugt, daß diese Abhängigkeit des Menschen von anderen, richtig ausgerichtet, als wichtiges Werkzeug eingesetzt werden kann, um der Borderline-Persönlichkeit und den Menschen, die ihr nah sind, zu helfen. Wir hoffen, daß dieses Buch den Weg weist.

1 Die Welt der Borderline-Persönlichkeit

Alles sah seltsam aus und klang unwirklich. Nichts war, was es ist. Genau das wollte ich – mit mir allein sein in einer anderen Welt, wo die Wahrheit unwahr ist und sich das Leben vor sich selbst verstecken kann.

Aus: *Eines langen Tages Reise in die Nacht* von Eugene O'Neill

Dr. White glaubte, daß die Sache unkompliziert sei. Gabriela war nun schon seit fünf Jahren Patientin bei ihm, und sie war nur selten krank. Die Ursache für ihre Magenschmerzen war vermutlich eine Magenschleimhautentzündung, und Dr. White verschrieb Gabriela die entsprechenden Medikamente. Die Magenschmerzen wurden jedoch trotz Behandlung stärker. Da die üblichen Tests ganz normale Ergebnisse hatten, wies Dr. White Gabriela schließlich ins Krankenhaus ein.

Nach einer eingehenden medizinischen Untersuchung erkundigte Dr. White sich, ob Gabriela im Beruf oder zu Hause irgendwelchen Streßsituationen ausgesetzt sei. Sie gab bereitwillig zu, daß ihr Beruf als Leiterin der Personalabteilung in einer großen Firma sehr belastend sei, aber sie meinte, daß viele Menschen beruflichen Belastungen ausgesetzt seien. Auch ihr Familienleben war in letzter Zeit hektischer geworden: Ihr Mann war durch seine gutgehende Rechtsanwaltspraxis beruflich sehr eingespannt, und Gabriela mußte auch noch ihren Pflichten als Mutter nachkommen. Dennoch bezweifelte sie, daß diese Faktoren irgend etwas mit ihren Magenschmerzen zu tun hatten.

Dr. White empfahl Gabriela, sich von einem Psychiater behandeln zu lassen, was sie zuerst ablehnte. Erst als ihr Leiden sich verschlimmerte und sie unter stechenden Schmerzen litt, ließ sie sich widerwillig zu Dr. Gray überweisen.

Ein paar Tage später besuchte Dr. Gray Gabriela. Sie war eine attraktive blonde Frau, die jünger als achtundzwanzig wirkte. Das unpersönliche Krankenhauszimmer hatte sich in eine gemütliche Höhle verwandelt. Neben ihr im Bett lag ein Kuscheltier, ein zweites stand auf dem Nachttisch neben mehreren Fotos ihres Mannes und ihres Sohnes. Karten mit Genesungswünschen waren ordentlich auf der Fensterbank aufgereiht, auf beiden Seiten von Blumensträußen flankiert.

Zuerst beantwortete Gabriela alle Fragen von Dr. Gray sehr genau und ernsthaft. Dann witzelte sie darüber, daß ihr Beruf sie so weit gebracht habe, daß sie »einen Klapsdoktor brauche«. Je länger sie sich unterhielten, desto trauriger wurde sie. Ihre Stimme verlor an Autorität und wurde kindlicher.

Sie erzählte, daß sie durch ihre Beförderung jetzt mehr gefordert würde und ihre beruflichen Pflichten sie verunsicherten. Ihr fünfjähriger Sohn würde bald in die Schule kommen, und die Trennung fiel beiden schwer. Die Konflikte mit ihrem Mann Allan häuften sich. Gabriela litt unter starker Launenhaftigkeit und Schlafstörungen. Ihr Appetit nahm immer mehr ab, und sie verlor an Gewicht. Ihre Konzentration, Energie und ihr Geschlechtstrieb hatten nachgelassen.

Dr. Gray verschrieb probeweise Medikamente gegen Depressionen, wodurch sich die Magenbeschwerden verbesserten und Gabrielas Schlaf sich normalisierte. Nach einigen Tagen konnte Gabriela aus dem Krankenhaus entlassen werden, aber sie versprach, die Therapie fortzusetzen. In den nächsten Wochen erzählte Gabriela mehr von ihrer Kindheit. Sie war als Tochter eines bekannten Geschäftsmannes und seiner eleganten Frau in einer kleinen Stadt aufgewachsen. Ihr Vater, der Mitglied des Kirchenpresbyteriums war, forderte von seiner Tochter und den beiden älteren Brüdern Perfektion. Ständig erinnerte er die Kinder daran, daß ihr Verhalten von der Gemeinde genau beobachtet würde. Gabrielas Zensuren, ihr Verhalten, ja sogar ihre Gedanken waren ihm nie gut genug. Sie hatte Angst vor ihrem Vater, aber suchte ständig seine Anerkennung – ohne Erfolg. Ihre Mutter war passiv und gleichgültig. Die Eltern musterten die Freunde ihrer Tochter genau und lehnten sie oft ab. Aus diesem Grund hatte sie nur wenige Bekannte und verabredete sich selten.

Gabriela erzählte von ihren schwankenden Gefühlen, die sich verschlimmerten, als sie das College besuchte. Zum ersten Mal trank sie Alkohol, manchmal bis zum Exzeß. Ohne jede Warnung fühlte sie sich an einem Tag einsam und depressiv und war dann wieder vor Glück und Liebe hochgestimmt. Bisweilen hatte sie vor Freunden regelrechte Zornausbrüche – Wutanfälle, die sie als Kind immer hatte unterdrücken können.

Etwa zur selben Zeit fand sie auch Gefallen an der Aufmerksamkeit, die die Männer ihr schenkten, etwas, was sie bisher immer vermieden hatte. Obwohl es ihr gefiel, begehrt zu werden, hatte sie immer das Gefühl, die Männer irgendwie »auszutricksen«. Wenn sie sich einige Male mit einem Mann verabredet hatte, sabotierte sie die Beziehung, indem sie einen Streit entfachte.

Dann lernte sie Alfred kennen, der kurz vor seinem juristischen Examen stand. Er bemühte sich beharrlich um sie und ließ sich auch nicht abweisen, als sie versuchte, sich zurückzuziehen. Er wählte ihre Kleidung aus und sagte ihr, wie sie gehen, sprechen und sich richtig ernähren sollte. Er bestand darauf, daß sie ihn ins Sportstudio begleitete, wo er häufig trainierte.

»Alfred gab mir eine Identität«, sagte sie. Er erklärte ihr, wie sie sich anderen Rechtsanwälten gegenüber verhalten sollte, wann sie aggressiv und wann zurückhaltend sein sollte. Sie schuf sich ein

Ensemble von »Charakterdarstellern«, die sie auf Stichwort auf die Bühne bringen konnte.
Alfred bestand darauf, daß sie noch vor Abschluß ihres Studiums heirateten. Sie gab das Studium auf und nahm einen Job als Empfangsdame an. Ihr Arbeitgeber erkannte ihre Fähigkeiten und übertrug ihr verantwortungsvollere Aufgaben.
Die Situation zu Hause verschlechterte sich jedoch. Alfred verbrachte immer mehr Zeit außer Haus, da seine Karriere ihn sehr beanspruchte. Außerdem verbrachte er viel Zeit beim Bodybuilding. Gabriela haßte das. Manchmal fing sie einen Streit an, damit er gezwungen war, etwas länger zu Hause zu bleiben. Bisweilen provozierte sie ihn so sehr, daß er sie schlug. Anschließend forderte sie ihn dann auf, mit ihr ins Bett zu gehen.
Gabriela hatte kaum Freundinnen. Andere Frauen wertete sie als geschwätzig und uninteressant ab. Sie hoffte, daß die Geburt ihres Sohnes Scott zwei Jahre nach der Eheschließung ihr den Trost geben würde, den sie suchte. Er würde sie immer lieben und immer für sie da sein. Aber die Anforderungen, die das Kind an sie stellte, überwältigten sie, und nach kurzer Zeit beschloß sie, wieder ins Berufsleben zurückzukehren.
Obwohl Gabriela an ihrer Arbeitsstelle immer wieder gelobt wurde und Erfolg hatte, fühlte sie sich noch immer unsicher und glaubte, daß sie alle nur täuschte. Schließlich ließ sie sich mit einem Arbeitskollegen ein, der fast vierzig Jahre älter war als sie.
»Meistens geht es mir gut«, erzählte sie Dr. Gray, »aber dann kommt diese andere Seite in mir zum Vorschein und übernimmt die Kontrolle. Ich bin eine gute Mutter, aber dann werde ich zur Hure. Ich kann dann nicht mehr normal handeln!«
Gabriela setzte sich selbst herab, besonders wenn sie allein war. Wenn sie einsam war, fühlte sie sich ganz verlassen, was sie auf ihre Wertlosigkeit zurückführte. Angst drohte sie zu überwältigen, wenn sie sich nicht irgendwie Erleichterung verschaffen konnte. Manchmal gab sie sich wahren Freßorgien hin und schlang einmal eine ganze Schüssel voll Kuchenteig in sich hinein. Stundenlang

starrte sie Fotos von ihrem Mann und ihrem Sohn an, um »sie in meinem Kopf lebendig zu halten«.
Wenn Gabriela zur Therapie kam, änderte sich ihr Erscheinungsbild oft dramatisch. Wenn sie direkt von der Arbeit kam, trug sie ein Kostüm, das Reife und Perfektion ausstrahlte. An freien Tagen kam sie jedoch in kurzer Hose, Kniestrümpfen und mit Zöpfen. Bei diesen Sitzungen verhielt Gabriela sich wie ein kleines Mädchen, sprach mit hoher Stimme und begrenztem Wortschatz.
Manchmal verwandelte sie sich direkt vor Dr. Grays Augen. Sie konnte einsichtig und intelligent sein und gemeinsam mit dem Arzt daran arbeiten, sich selbst besser zu verstehen. Im nächsten Augenblick wurde sie jedoch wieder zum Kind, war kokett und verführerisch und erklärte, sie könne in der Welt der Erwachsenen nicht funktionieren. Sie konnte charmant sein und einnehmend, dann wieder manipulierend und feindselig. Bisweilen stürmte sie aus der Sitzung und schwor sich, nie wiederzukommen, um beim nächsten Mal verschüchtert dazusitzen, aus Angst, daß Dr. Gray sich weigern würde, sie weiterzubehandeln.
Gabriela fühlte sich wie ein Kind, das in der Rüstung eines Erwachsenen steckte. Verwundert registrierte sie den Respekt, mit dem andere Erwachsene ihr begegneten. Sie erwartete, daß man jederzeit durch ihre Verkleidung hindurchsehen würde und fühlte sich wie ein Kaiser ohne Kleider. Sie brauchte einen Menschen, der sie liebte und vor der Welt beschützte. Verzweifelt suchte sie die Nähe zu anderen, aber wenn sich ihr jemand zu sehr näherte, ergriff sie die Flucht.

Gabriela leidet unter der Borderline-Persönlichkeitsstörung. Sie steht nicht allein da. Nach neueren Untersuchungen schätzt man, daß über 10 Millionen Amerikaner von dieser Störung betroffen sind.[1] Bei 15 bis 25 Prozent der Patienten, die sich in psychiatrische Behandlung begeben, wird diese Störung diagnostiziert. Damit handelt es sich bei weitem um die häufigste aller Persönlichkeitsstörungen.[2]

Trotz dieser Häufigkeit ist die Borderline-Persönlichkeitsstörung der Allgemeinheit so gut wie unbekannt. Wenn man dem Durchschnittsbürger Fragen zu Angst, Depressionen oder Alkoholismus stellt, kann er wahrscheinlich eine skizzenhafte, vielleicht auch technisch korrekte Beschreibung der jeweiligen Krankheit geben. Sollte er jedoch die Borderline-Persönlichkeitsstörung definieren, würde er wahrscheinlich mit Erstaunen reagieren. Mehr als zehn Jahre lang existierte die Borderline-Persönlichkeitsstörungen wie eine »Dritte Welt« der geistigen Erkrankungen nur im Verborgenen – unklar, massiv und irgendwie bedrohlich.

Ein Grund, warum so wenig darüber bekannt wurde, ist die Neuheit der Diagnose. Jahrelang fielen Patienten, auf die eine bestehende Diagnose nicht paßte, unter den Sammelbegriff »Borderline«. Patienten, bei denen diese Diagnose gestellt wurde, schienen kränker zu sein als Neurotiker (die neben emotionalen Konflikten schwere Ängste durchmachen), aber wiederum nicht so krank wie Psychotiker (deren Losgelöstsein von der Realität normales Funktionieren unmöglich macht).

Die Störung schien neben anderen seelischen Erkrankungen zu bestehen oder an sie anzugrenzen: Hysterie, manisch-depressive Störung, Schizophrenie, Hypochondrie, multiple Persönlichkeitsstörung, Soziopathie, Alkoholismus, Eßstörungen, Phobien und obsessiv-zwanghafte Störungen.

Die Psychiater schienen keine Einigung darüber erzielen zu können, ob es sich dabei um ein eigenes Syndrom handelte, und noch viel weniger darüber, wie die speziellen Symptome der Diagnose aussehen sollten. Auch heute belegen Untersuchungen, daß bei über 90 Prozent der Patienten mit der Diagnose Borderline-Persönlichkeitsstörungen noch mindestens eine andere Diagnose gestellt wird.[3]

In vielerlei Hinsicht verhält es sich mit dem Borderline-Syndrom in der Psychiatrie wie mit dem Virus in der Allgemeinmedizin: es ist ein ungenauer Begriff für eine unbestimmte, aber bösartige Krankheit, die sich nur schwer behandeln läßt, die schwierig zu

definieren ist und die der Arzt seinem Patienten nur unzureichend erklären kann.
Der Begriff *Borderline* wurde zum ersten Mal in den dreißiger Jahren geprägt, der Zustand selbst wurde jedoch erst in den siebziger Jahren klar definiert. Da immer mehr Menschen wegen bestimmten Lebensproblemen eine Therapie machten, kristallisierten sich die Parameter der Störung heraus. 1980 wurde die Borderline-Persönlichkeitsstörung in die dritte Ausgabe des *Diagnostic and Statistical Manual* (DSM III) der American Psychiatric Association aufgenommen, die diagnostische »Bibel« der Psychiater und Psychologen. (In der überarbeiteten Ausgabe DSM-III-R, die 1987 erschien, wurde die Diagnose noch weiterentwickelt.) Verschiedene Schulen innerhalb der Psychiatrie streiten sich zwar noch über die genaue Natur, die Ursachen und die Behandlung der Borderline-Persönlichkeitsstörung, aber sie wird heute in Amerika offiziell als großes psychohygienisches Problem anerkannt.

Die demographische Eingrenzung

Wer sind die Borderline-Menschen, denen wir im täglichen Leben begegnen? Betrachten wir beispielsweise Carola, mit der wir seit der Grundschule befreundet sind. Bei der geringsten Kleinigkeit beschuldigt sie ihre Freunde, daß sie ihr in den Rücken fallen, und behauptet, daß man ihr nie ein wirklicher Freund war. Einige Wochen oder Monate später, ruft Carola wieder an. Sie ist freundlich und tut so, als ob nichts geschehen sei.
Bob ist Ihr Chef. Einmal überhäuft er sie für Ihre Arbeit in einer Routineangelegenheit mit Lob, um Sie beim nächsten Mal wegen eines unbedeutenden Fehlers herunterzuputzen. Bisweilen ist er reserviert und distanziert, ein anderes Mal gehört er plötzlich mit zur »Bande«.
Oder nehmen wir Arlene, die Freundin Ihres Sohnes. In der einen Woche ist sie ein Schulmädchen durch und durch, in der nächsten

Woche der Inbegriff eines Punks. Sie verkracht sich mit Ihrem Sohn, um Stunden später wiederzukommen und ihm ewige Treue zu schwören.

Oder Fred, Ihr Nachbar. Es gelingt ihm nicht, sich mit seiner zerrütteten Ehe abzufinden. In einem Atemzug streitet er den offensichtlichen Ehebruch seiner Frau ab, um sich dann die Schuld an ihrer Untreue zu geben. Voller Verzweiflung hängt er an seiner Familie, und seine Gefühle reichen von Schuld und Selbsthaß zu Zornesausbrüchen gegenüber seiner Frau und den Kindern, die ihn »zu Unrecht« beschuldigt haben.

Die Menschen in diesen kurzen Überblicken scheinen widersprüchlich, und das ist nicht überraschend – Widersprüchlichkeit ist das Merkmal von Borderline-Persönlichkeitsstörungen. Die Betroffenen sind nicht in der Lage, Widersprüche zu tolerieren und verhalten sich doch selbst durch und durch paradox. Gerade diese Widersprüchlichkeit war es, die es dem Berufsstand der Psychiater so schwer gemacht hat, einen allgemeingültigen Satz von Kriterien für diese Krankheit zu definieren.

Wenn Ihnen diese Menschen bekannt vorkommen, sollte auch dies nicht überraschen. Die Wahrscheinlichkeit, daß der Partner, ein Verwandter, ein guter Freund oder ein Arbeitskollege von dieser Störung betroffen ist, ist sehr groß. Vielleicht wissen Sie einiges darüber oder erkennen Eigenschaften der Borderline-Persönlichkeit an sich selbst.

Obwohl es schwer ist, die Zahlen genau festzulegen, stimmen Ärzte und Psychologen im allgemeinen darin überein, daß die Zahl der Borderline-Fälle in der Bevölkerung wächst – und zwar schnell. Einige Beobachter sind dagegen der Meinung, die Therapeuten seien sich heute der Störung eigentlich nur bewußter und die Zahl der Fälle sei gleichgeblieben.

Ist die Borderline-Persönlichkeitsstörung wirklich eine moderne Seuche, oder ist lediglich die Diagnose *Borderline* neu? Auf jeden Fall hat die Störung neue Einsichten in das psychologische System von mehreren verwandten Zuständen gewährt. Durch unzählige

Studien wurde die Borderline-Persönlichkeitsstörung mit Magersucht, Bulimie, Drogenabhängigkeit und Selbstmord bei Jugendlichen in Verbindung gebracht – Dinge, die in den letzten zehn Jahren in alarmierender Weise zugenommen haben. In einigen Studien wurde bei 50 Prozent der Patienten mit Eßstörungen eine Borderline-Persönlichkeitsstörung festgestellt.[4] Andere Untersuchungen haben offenbart, daß mehr als 50 Prozent der Menschen, die von Drogen und Medikamenten abhängig sind, ebenfalls die Kriterien der Borderline-Persönlichkeitsstörung erfüllen.[5]
Die Neigung zur Selbstzerstörung oder Selbstmordabsichten sind bei den Betroffenen sehr häufig – in der Tat ist dies ein Kriterium bei der Definition des Syndroms. Das Auftreten von dokumentierten Todesfällen durch Selbstmord beträgt bei Patienten mit Borderline-Persönlichkeitsstörungen etwa 8 bis 10 Prozent und liegt bei jugendlichen Patienten noch höher. Eine Geschichte von Selbstmordversuchen, ein chaotisches Familienleben und fehlende Systeme zur Unterstützung vergrößern die Wahrscheinlichkeit. Das Risiko steigt bei Patienten, die außerdem an depressiven oder manisch-depressiven Störungen leiden oder alkohol- oder drogenabhängig sind.[6]

Emotionales Ausbluten

Das DSM-III-R führt acht Kriterien für Borderline-Persönlichkeitsstörungen auf, von denen fünf vorhanden sein müssen, damit diese Diagnose gestellt werden kann.[7] Auf den ersten Blick scheinen diese Kriterien vielleicht unzusammenhängend oder nur am Rande miteinander verwandt. Wenn man sie jedoch genauer betrachtet, erkennt man, daß die acht Symptome miteinander verwandt sind und in einer Wechselbeziehung zueinander stehen, so daß ein Symptom ein weiteres entzündet, ähnlich wie die Kolben eines Verbrennungsmotors.
Die acht Symptome kann man wie folgt zusammenfassen (jedes wird einzeln für sich ausführlich in Kapitel 2 beschrieben):

1. Unbeständige und unangemessen intensive zwischenmenschliche Beziehungen.
2. Impulsivität bei potentiell selbstschädigenden Verhaltensweisen, beispielsweise Drogen- und Alkoholmißbrauch, Sex, Ladendiebstahl, rücksichtsloses Fahren, übermäßiges Essen.
3. Starke Stimmungsschwankungen.
4. Häufige und unangemessene Zornausbrüche.
5. Wiederkehrende Selbstmorddrohungen oder -versuche oder Selbstverstümmelungen.
6. Das Fehlen eines klaren Identitätsgefühls.
7. Chronische Gefühle von Leere oder Langeweile.
8. Verzweifelte Bemühungen, die reale oder eingebildete Angst vor dem Verlassenwerden zu verhindern.

Hinter der klinischen Fachsprache verbirgt sich der Schmerz, den die Betroffenen selbst, ihre Familien und Freunde erfahren. Für die Borderline-Persönlichkeit ist ein großer Teil des Lebens eine unbarmherzige, emotionale Achterbahnfahrt ohne offensichtliches Ziel. Für jene, die mit einer Borderline-Persönlichkeit zusammenleben, einen von der Störung betroffenen Menschen lieben oder ihn als Arzt behandeln, kann die Reise genauso hoffnungslos und frustrierend sein.

Jennifer und Millionen anderer Borderline-Persönlichkeiten werden zu unkontrollierten Zornausbrüchen gegenüber den Menschen, die sie am meisten lieben, provoziert. Sie haben keine Hoffnung, fühlen sich leer und verschwenden ihre Identität.

Stimmungsschwankungen treten schnell auf und sind explosiv. Sie treiben den Betroffenen von höchsten Glücksgefühlen in tiefste Depressionen. In einer Stunde von Zorn erfüllt, in der nächsten von Ruhe, hat der Kranke meistens keine Ahnung, warum er zu solchem Zorn getrieben wurde. Die Unfähigkeit, die Ursachen zu erkennen, führt anschließend zu noch größerem Selbsthaß und weiteren Depressionen.

In gewisser Weise blutet die Borderline-Persönlichkeit emotional

aus. Ihr fehlt der Gerinnungsmechanismus, der nötig i
liche Gefühlsausbrüche zu mäßigen. Wenn eine Le
regt wird, verblutet die Borderline-Persönlichkeit e
Längere Zeiten von Zufriedenheit sind dem Betroffenen fre
wird von chronischer Leere zerfressen, bis er gezwungen wird, irgend etwas zu tun, um zu entrinnen. Wenn ihn ein Tief im Griff hat, ist er anfällig für eine Unzahl impulsiver, selbstzerstörerischer Handlungen – Drogen- und Alkoholmißbrauch, Eßmarathone, Magersucht, Bulimie, Ausflüge in Spielhallen, Geldverschwendung bei sinnlosen Einkäufen, sexuelle Promiskuität und Selbstverstümmelung. Es kann zu Selbstmordversuchen kommen, die häufig nicht mit der Absicht unternommen werden, zu sterben. Der Betroffene will *etwas* fühlen, um sich zu bestätigen, daß er lebt.
»Ich hasse es, wenn ich mich so fühle«, gesteht ein Patient. »Wenn ich an Selbstmord denke, scheint diese Aussicht so verlockend, so einladend. Manchmal ist es die einzige Sache, auf die ich mich beziehen kann. Es ist schwer, mich davor zurückzuhalten, mich selbst zu verletzen. Es ist so, als ob Angst und Schmerz weggehen werden, wenn ich mir weh tue.«
Von großer Bedeutung beim Borderline-Symptom ist das Fehlen einer grundlegenden Selbstidentität. Wenn die Betroffenen sich selbst beschreiben, zeichnen sie typischerweise ein verwirrtes oder widersprüchliches Selbstporträt, im Gegensatz zu neurotischen Patienten, die ein viel klareres Gefühl ihrer selbst haben. Um ihr ungenaues und meist negatives Selbstbild zu überwinden, suchen Borderline-Persönlichkeiten wie Schauspieler ständig nach »guten Rollen«, vollständigen »Charakteren«, die sie benutzen können, um die Identitätsleere zu füllen. Aus diesem Grund passen sie sich oft wie ein Chamäleon an die Umgebung, eine bestimmte Situation oder an die momentane Gesellschaft anderer an, ähnlich wie der Titelheld in Woody Allens Film *Zelig*, der tatsächlich die Persönlichkeit, die Identität und das Erscheinungsbild seiner Mitmenschen annimmt.
Der Reiz ekstatischer Erfahrungen, die durch Sexualität, Drogen

oder andere Mittel erreicht werden können, ist für die Borderline-Persönlichkeit bisweilen überwältigend. In der Ekstase kann der Betroffene in eine Urwelt zurückkehren, in der das Ich und die äußere Welt miteinander verschmelzen – eine Form von zweiter Kindheit. In Zeiten von starker Einsamkeit und Leere gibt er sich Drogenexzessen hin, trinkt übermäßig viel Alkohol und lebt sich sexuell aus (mit einem oder mehreren Partnern). Dieses Verhalten kann manchmal tagelang andauern. Wenn der Kampf um das Finden einer Identität unerträglich wird, glaubt er, die Antwort liege darin, die Identität völlig zu verlieren oder eine Form des Ichs durch Schmerz oder Betäubung zu finden.

Der familiäre Hintergrund der Borderline-Persönlichkeit ist oft durch Alkoholismus, Depressionen und emotionale Störungen gekennzeichnet. Oft ist die Borderline-Kindheit ein wüstes Schlachtfeld, gekennzeichnet durch die Trümmer gleichgültiger, abweisender oder fehlender Eltern, durch emotionale Deprivation und chronische Ausbeutung. In einem Bericht hieß es, daß eine Geschichte von verbaler, körperlicher und/oder sexueller Ausbeutung oder von längerer Trennung oder Vernachlässigung durch die Bezugspersonen der wichtigste Faktor sei, um Borderline-Patienten von Patienten mit anderen Störungen zu unterscheiden.[8] Andere Studien sprechen von einer Geschichte schwerer psychischer, körperlicher oder sexueller Ausbeutung in 20 bis 75 Prozent der Fälle.[9]

Diese instabilen Beziehungen werden in die Pubertät und das Erwachsenenalter übertragen, so daß die romantischen Verbindungen hochgeladen und meistens von kurzer Dauer sind. Die Borderline-Persönlichkeit bemüht sich an einem Tag verzweifelt um einen Mann (oder eine Frau), um ihn dann am nächsten Tag abzuservieren. Längere Romanzen – die meistens in Wochen oder Monaten gemessen werden, statt in Jahren – sind meistens turbulent und von Zorn, Verwunderung und Erregung erfüllt.

Spaltung: Die schwarzweiße Welt der Borderline-Persönlichkeit

Die Welt der Borderline-Persönlichkeit ist wie die Welt des Kindes in Helden und Bösewichte aufgeteilt. Der Betroffene ist emotional gesehen ein Kind und kann menschliche Widersprüche und Mehrdeutigkeit nicht tolerieren. Er kann die guten und schlechten Eigenschaften eines anderen Menschen nicht in einen beständigen Zusammenhang bringen. Der andere ist immer entweder »gut« oder »schlecht«, es gibt keine Abstufungen, keine Grauzone. Nuancen und Schattierungen werden, wenn überhaupt, nur sehr schwer begriffen. Geliebte und Partner, Mütter und Väter, Geschwister, Freunde und Psychotherapeuten können an einem Tag idealisiert werden, um am nächsten Tag völlig abgewertet und abgelehnt werden.

Wenn der idealisierte Mensch schließlich zur Enttäuschung wird (was früher oder später immer geschieht), muß die Borderline-Persönlichkeit ihr eindimensionales Denken drastisch umstrukturieren. Das Idol wird dann entweder in ein Verlies verbannt oder die Borderline-Persönlichkeit verbannt sich selbst, um das »gute« Image des anderen aufrechterhalten zu können.

Diese Art von Verhalten, das als »Spaltung« bezeichnet wird, ist der primäre Verteidigungsmechanismus, den die Borderline-Persönlichkeit anwendet. Technisch gesehen, ist die Spaltung die starre Trennung positiver und negativer Gedanken sich selbst und anderen gegenüber, das heißt, die Unfähigkeit, bei diesen Gefühlen zu einer Synthese zu gelangen. Normalerweise sind Menschen ambivalent und können zwei sich widersprechende Gefühlszustände auf einmal erfahren. Für die Borderline-Persönlichkeit ist es hingegen charakteristisch, sich hin- und herzubewegen, wobei sie einen Gefühlszustand völlig vergißt, wenn sie sich in einem anderen befindet.

Die Spaltung schafft einen Fluchtweg für die Angst: Für die Borderline-Persönlichkeit ist es typisch, einen engen Freund oder einen Verwandten (wir wollen ihn »Joe« nennen) zu verschiedenen Zeiten als zwei völlig verschiedene Menschen wahrzunehmen. An einem Tag kann sie den »guten Joe« ohne Vorbehalt bewundern und nimmt ihn als durch und durch gut wahr. Negative Eigenschaften sind nicht vorhanden, denn diese wurden ausgeschlossen und dem »bösen Joe« zugesprochen. An anderen Tagen kann sie den »bösen Joe« ohne Schuldgefühle völlig verachten und ohne Selbstvorwurf wegen seiner Schlechtigkeit toben. In diesem Augenblick existieren seine positiven Eigenschaften nicht, und er verdient den Zorn mit Recht.

Der Spaltungsmechanismus soll die Borderline-Persönlichkeit vor einem Schwall widersprüchlicher Gefühle und Bilder schützen – und vor der Angst zu versuchen, diese Bilder in Einklang zu bringen. Dabei wird häufig das genaue Gegenteil erreicht: Die durchgescheuerten Stellen in der Persönlichkeit werden zu Rissen, das Gefühl der eigenen Identität und der Identität anderer verschiebt sich noch dramatischer und häufiger.

Stürmische Beziehungen

Obwohl sich die Borderline-Persönlichkeit ständig als Opfer anderer fühlt, sucht sie ironischerweise verzweifelt neue Beziehungen, denn Einsamkeit oder auch zeitweiliges Alleinsein ist unerträglicher als schlechte Behandlung. Um der Einsamkeit zu entfliehen, sucht die Borderline-Persönlichkeit Single-Bars auf oder flieht in die Arme flüchtiger Bekanntschaften, irgendwohin, um jemanden zu treffen, der sie von der Qual der eigenen Gedanken rettet, ähnlich wie es Theresa Dunn in Judith Rossners Werk *Auf der Suche nach Mr. Goodbar* macht.

Auf der unablässigen Suche nach einer gegliederten Rolle im Leben wird die Borderline-Persönlichkeit typischerweise von anderen Menschen mit einer komplementären Persönlichkeitsstörung angezogen, die sich wiederum zu ihr hingezogen fühlen. Die dominante, narzißtische Persönlichkeit von Jennifers Ehemann teilte ihr mühelos ihre bestimmte Rolle zu. Er war in der Lage, ihr eine Identität zu geben, auch wenn Unterwürfigkeit und schlechte Behandlung zu dieser Rolle gehörten.

Für die Borderline-Persönlichkeit lösen sich Beziehungen jedoch schnell wieder auf. Die Nähe zu einer Borderline-Persönlichkeit aufrechtzuerhalten macht das Verständnis des Syndroms erforderlich und den Willen, einen langen und gefährlichen Balanceakt auf sich zu nehmen. Durch zu starke Nähe droht der Betroffene zu ersticken. Wenn er Distanz erlebt und sich selbst überlassen wird – auch wenn es nur kurzzeitig ist –, erinnert er sich an das Gefühl des Verlassenseins, das er als Kind erlebte. In beiden Fällen reagiert er sehr stark.

In gewisser Weise trägt die Borderline-Persönlichkeit nur eine skizzenhafte Landkarte von zwischenmenschlichen Beziehungen mit sich herum. Es fällt ihr äußerst schwer, die optimale psychische Distanz zu anderen abzumessen, besonders zu anderen Menschen, die dem Betroffenen viel bedeuten. Als Ausgleich wechselt das Verhalten von klammernder Abhängigkeit zu zorniger Manipulation, von Dankbarkeitsergüssen zu irrationalem Haß. Der Betroffene hat Angst davor, verlassen zu werden, und klammert sich an den Partner; dieser wiederum hat Angst davor, vereinnahmt zu werden, und stößt den anderen weg. Die Borderline-Persönlichkeit sehnt sich nach Intimität und hat gleichzeitig schreckliche Angst vor ihr. Schließlich stößt sie jene ab, zu denen sie am meisten eine Verbindung sucht.

Probleme im Beruf

Obwohl es der Borderline-Persönlichkeit äußerst schwer fällt, ihr Privatleben zu bewältigen, kann sie im Berufsleben sehr produktiv sein – besonders dann, wenn der Beruf gut strukturiert, klar definiert und unterstützend ist. Viele sind in der Lage, über längere Dauer gute Leistungen zu zeigen, geben aber dann ihre Arbeits-

stelle plötzlich auf oder sabotieren ihre Position und suchen sich eine neue Stelle. Dies geschieht meistens aufgrund einer Veränderung in der Berufsstruktur oder aufgrund einer drastischen Verschiebung in ihrem Privatleben, aber auch einfach aus reiner Langeweile oder durch das starke Verlangen nach Veränderung.
Die Arbeitswelt kann eine Zufluchtsstätte von dem gesetzlosen Hintergrund der sozialen Beziehungen sein. Aus diesem Grund funktionieren die Betroffenen am besten in einem stark strukturierten Arbeitsumfeld. Die helfenden Berufe – Medizin, Krankenpflege, Klerus, Seelsorge – ziehen ebenfalls viele Borderline-Persönlichkeiten an, die auf diese Weise versuchen, die Macht oder Kontrolle zu erreichen, die ihnen in sozialen Beziehungen fehlt. In diesen Rollen geben die Betroffenen anderen die Fürsorge, nach der sie sich im eigenen Leben sehnen.
Borderline-Persönlichkeiten sind oft sehr intelligent und zeigen eindrucksvolle künstlerische Fähigkeiten. Weil sie leicht Zugang zu starken Emotionen haben, können sie kreativ und erfolgreich sein.
Aber ein Beruf mit starkem Konkurrenzdenken oder ohne Struktur oder ein sehr kritischer Vorgesetzter können heftigen, unkontrollierten Zorn und Überempfindlichkeit gegenüber Abweisung auslösen, Merkmale, für die die Borderline-Persönlichkeit besonders anfällig ist. Der Zorn kann am Arbeitsplatz ausagiert werden und die Karriere zerstören.

Eine »Frauenkrankheit«?

Neuere Schätzungen deuten darauf hin, daß weibliche Borderline-Patienten die Männer bei der ambulanten Behandlung im Verhältnis zwei zu eins zahlenmäßig übertreffen und bei Patienten in stationärer Behandlung möglicherweise sogar im Verhältnis vier zu eins.[10] Warum scheinen Frauen so viel leichter Opfer von Borderline-Persönlichkeitsstörungen zu werden? Einige Forscher

sind der Meinung, daß dieselben anlagebedingten und erblichen Faktoren, die Frauen für affektive Störungen empfindlicher machen, für ihre Anfälligkeit gegenüber Borderline-Persönlichkeitsstörungen verantwortlich sind. Da einige Ärzte glauben, daß Borderline-Persönlichkeitsstörungen eng mit den affektiven Störungen zu tun haben und diese bei Frauen häufiger anzutreffen sind, könnten sie deshalb bei Frauen häufiger beobachtet werden.[11]
Eine weitere Theorie besagt, daß die Trennungs- und Individuationsphase zwischen Mutter und Kind für Mädchen schwieriger ist, so daß im späteren Leben größere Identitätsprobleme auftreten.[12] Viele Theoretiker weisen auf den Einfluß sozialer Faktoren auf Frauen hin, besonders auf das sich verändernde Rollenverhalten der Frau während der letzten fünfundzwanzig Jahre (siehe Kapitel 4).[13]

Obwohl die Statistiken ziemlich eindeutig sind, streiten einige Kritiker ihre Verläßlichkeit ab. Sie weisen darauf hin, daß Frauen eher geneigt sind, eine Therapie zu machen als Männer und daher eher als Borderline-Persönlichkeit diagnostiziert werden.[14] Andere Kritiker haben das Gefühl, daß bei den Borderline-Diagnosen die Befangenheit der Ärzte eine Rolle spielt: Psychotherapeuten halten Identitätsprobleme bei Männern für »normaler«. Aus diesem Grund werden Borderline-Persönlichkeitsstörungen unter Männern möglicherweise nicht so häufig diagnostiziert.[15]

Wieder andere Forscher glauben, daß genauso viele Männer wie Frauen die Borderline-Kriterien erfüllen. Während aber Frauen eher zu Depressionen neigen, einen Selbstmordversuch unternehmen oder ärztliche Hilfe suchen, tendieren Männer eher zu gewalttätigen Handlungen. Bei Frauen führt die Tatsache, daß sie Emotionen nicht regulieren können, zu verinnerlichter, gegen das eigene Ich gerichteter Gewalt. Bei Männern führt dasselbe Problem zu Aggressivität und antisozialem Verhalten. Schließlich werden die Männer als Soziopathen eingestuft und geraten in die Mühle der Justiz, wo sie möglicherweise der richtigen Diagnose für immer entgehen.

Borderline-Persönlichkeitsstörungen in verschiedenen Altersgruppen

Viele Merkmale des Borderline-Syndroms wie Impulsivität, stürmische Beziehungen, Identitätsverwirrung, Stimmungsinstabilität ähneln den Hauptproblemen des Jugendlichen während der Pubertät. Tatsächlich ist die Etablierung einer Kernidentität für den Teenager wie für die Borderline-Persönlichkeit das wichtigste Ziel. Daraus folgt, daß Borderline-Persönlichkeitsstörungen häufiger unter Jugendlichen und jungen Erwachsenen als in anderen Altersgruppen diagnostiziert werden.[16]

Frühe Untersuchungen von Borderline-Persönlichkeitsstörungen unter älteren Menschen haben den Eindruck vermittelt, daß das Syndrom in dieser Altersgruppe selten sei. Einige Forscher stellten die Hypothese auf, daß ältere Menschen, die von dem Syndrom betroffen sind, mit der Zeit eine Stabilisierung erreichen könnten oder zumindest einen Punkt erreichen würden, an dem sie nicht mehr besorgt genug sein würden, um sich in ärztliche Behandlung zu begeben.

In letzter Zeit wurde diese Störung jedoch immer häufiger bei älteren Menschen festgestellt und stellte damit die Annahme in Frage, daß die Borderline-Persönlichkeit mit der Zeit »heranreift«. Andererseits mag diese Beobachtung auch ein Ergebnis des gestiegenen Interesses an der älteren Bevölkerung sein, die in Forschungsuntersuchungen der Vergangenheit oft vernachlässigt wurde.[17]

Ältere Erwachsene müssen sich mit einer ständigen Abnahme der körperlichen und geistigen Funktionen abfinden, was für die älter werdende Borderline-Persönlichkeit ein gefährlicher Anpassungsprozeß sein kann. Aufgrund ihrer zerbrechlichen Identität kann die Aufgabe, Erwartungen zu ändern und das Selbstbild anzupassen, zu einer Verschärfung der Symptome führen. Die älter werdende Borderline-Persönlichkeit streitet beeinträchtigte Funktionen möglicherweise ab, projiziert die Schuld an eigenen Mängeln auf andere und wird immer paranoider. Dann übertreibt der Betroffene wiederum seine Behinderungen und wird abhängiger.

Sozio-ökonomische Faktoren

Die Borderline-Pathologie wurde zu etwa gleichen Anteilen in allen Kulturen und ökonomischen Klassen in den USA identifiziert. Die Folgewirkungen von Armut für Säuglinge und Kinder – höheres Streßniveau und das Fehlen von guten Fürsorgeeinrichtungen für Kinder, von psychiatrischer Fürsorge und Schwangerschaftsvorsorge (was möglicherweise zu Gehirnverletzungen oder mangelhafter Ernährung führt) – können jedoch zu einem verstärkten Auftreten von Borderline-Persönlichkeitsstörungen unter den armen Bevölkerungsgruppen führen. Vielleicht wurde unter den Armen das Borderline-Syndrom nicht häufiger diagnostiziert, weil sie weniger Zugang zu medizinischer Versorgung haben und weniger daran interessiert sind, psychiatrische Hilfe zu erhalten.

Geographische Grenzen

Obwohl die meisten theoretischen Studien und empirischen Untersuchungen des Borderline-Syndroms in den Vereinigten Staaten durchgeführt wurden, haben andere Länder, beispielsweise Kanada, Mexiko, Israel, Schweden, Dänemark, andere westeuropäische Länder und die UdSSR Borderline-Pathologien innerhalb der jeweiligen Bevölkerung erkannt.
Vergleichende Studien sind zur Zeit noch rar, obwohl sie große Einblicke in die Kindererziehung, Kultur und sozialen Verhältnisse geben könnten, die zur Verursachung des Syndroms führen.

Borderline-Verhalten bei berühmten Persönlichkeiten und bei Romanfiguren

Die Frage, ob die Borderline-Persönlichkeit ein neues Phänomen ist oder einfach nur eine neue Bezeichnung für eine miteinander verwandte Gruppe innerer Gefühle und äußerlicher Verhaltensformen, ist ein Thema, das innerhalb des psychiatrischen Berufszweigs stark debattiert wird. Die meisten Psychiater sind der Meinung, daß es das Borderline-Syndrom schon seit geraumer Zeit gebe und daß das immer häufigere Auftreten nicht so sehr dem Kopf des Patienten entspringe, sondern dem des Klinikers. In der Tat glauben viele Psychiater, daß einige von Freuds interessantesten »neurotischen« Fällen um die Jahrhundertwende heute eindeutig als Borderline-Patienten eingestuft würden.[18]

Wenn man das Borderline-Syndrom so betrachtet, ergibt sich eine interessante neue Perspektive, von der aus man einige der komplexesten Persönlichkeiten verstehen kann – in der Vergangenheit und Gegenwart, reale und fiktive Personen. Umgekehrt können bekannte Persönlichkeiten und Charaktere dazu dienen, die unterschiedlichen Aspekte des Syndroms zu illustrieren. In dieser Richtung haben Biographen und andere spekuliert, daß sich der Begriff auf so unterschiedliche Persönlichkeiten wie Marilyn Monroe, Zelda Fitzgerald, Thomas Wolfe, T.E. Lawrence, Adolf Hitler und Muamar el Gaddafi anwenden ließe. Kulturkritiker können Borderline-Merkmale bei Blanche Dubois in *Endstation Sehnsucht* feststellen, bei Martha in *Wer hat Angst vor Virginia Woolfe*, bei Sally Bowles in *Cabaret*, bei Travis Bickle in *Taxi Driver*, bei Howard Beale in *Network*, bei Carmen in Bizets gleichnamiger Oper und bei Terry Dunn in *Auf der Suche nach Mr. Goodbar*.

Die Frage der Borderline-»Pathologie«

In gewisser Weise kämpfen wir alle mit denselben Problemen wie die Borderline-Persönlichkeit – die Bedrohung durch Trennung, die Angst vor Zurückweisung, die Verwirrung der Identität, Gefühle von Leere und Langeweile. Wer hat nicht einmal eine intensive, instabile Beziehungen erlebt oder hin und wieder einen Zornausbruch gehabt? Wer kennt nicht die Verlockung von Ekstasezuständen oder hat Angst davor gehabt, allein zu sein, hat Stimmungsschwankungen durchgemacht oder hat sich irgendwie selbstzerstörerisch verhalten?
Zumindest dienen Borderline-Persönlichkeitsstörungen dazu, uns daran zu erinnern, daß die Grenze zwischen »Normalität« und »Krankheit« bisweilen recht fließend sein kann. Zeigen wir alle in einem gewissen Maß Symptome der Borderline-Persönlichkeit? Die Antwort lautet wahrscheinlich ja, aber nicht alle Menschen werden so sehr von dem Syndrom kontrolliert, daß es ihr Leben stört oder beherrscht. Mit ihren extremen Emotionen, Gedanken und Verhaltensweisen repräsentieren Borderline-Persönlichkeitsstörungen einige der besten und schlechtesten Seiten des menschlichen Charakters – und unserer Gesellschaft in den letzten Jahren des zwanzigsten Jahrhunderts. Bei der Untersuchung ihrer Tiefen und Grenzen müssen wir uns wahrscheinlich mit unseren häßlichsten Instinkten und unseren größten Möglichkeiten auseinandersetzen – und mit dem schwierigen Weg, den wir gehen müssen, um von einem Punkt zum anderen zu gelangen.

2 Chaos und Leere

Alles ist Caprice. Sie lieben jene ohne Maß, die sie bald ohne Grund hassen werden.

Thomas Sydenham, ein englischer Arzt des siebzehnten Jahrhunderts, über »hystericks«, der Entsprechung der heutigen Borderline-Persönlichkeit.

»Manchmal glaube ich, daß ich vom Teufel besessen bin«, sagte Carla, die als Sozialarbeiterin in der psychiatrischen Abteilung eines großen Krankenhauses arbeitet. »Ich verstehe mich selbst nicht. Ich weiß nur, daß ich durch meine Borderline-Persönlichkeit in ein Leben hineingedrängt wurde, aus dem ich alle anderen verdrängt habe. Ich bin sehr, sehr einsam.«

Bei Carla wurde das Borderline-Syndrom 1983 diagnostiziert, nachdem sie zweiundzwanzig Jahre Therapie, Medikamente und Krankenhausaufenthalte für eine Vielzahl von geistigen und körperlichen Erkrankungen hinter sich hatte. Ihr Krankenblatt ähnelte einem abgegriffenen Paß, dessen Seiten mit den unzähligen psychiatrischen »Territorien« abgestempelt waren, durch die sie gereist war.

»Jahrelang war ich ständig in Krankenhäusern, aber ich fand nie einen Therapeuten, der mich verstand und wußte, was ich durchmachte.«

Carlas Eltern hatten sich scheiden lassen, als sie noch ein Baby war. Bis zu ihrem neunten Lebensjahr wuchs sie bei ihrer alkoholkranken Mutter auf. Anschließend besuchte sie vier Jahre lang ein Internat.

Als sie einundzwanzig Jahre alt war, wurde sie durch überwältigende Depressionen gezwungen, eine Therapie zu machen. Damals wurde sie als depressiv eingestuft und entsprechend behandelt. Einige Jahre später begannen ihre Stimmungen stark zu schwanken, und man behandelte sie wegen einer bipolaren Störung (manische Depression). Während dieser Zeit versuchte sie wiederholt, sich mit einer Überdosis Medikamente das Leben zu nehmen und schnitt sich mehrfach die Pulsadern auf.

»Ich schnitt mir die Adern auf und nahm Beruhigungstabletten, Antidepressiva oder irgendwelche anderen Medikamente, die mir gerade verschrieben worden waren, um mich zu vergiften«, erinnert sie sich. »Es war fast zu einem Lebensstil geworden.«

Als sie Mitte Zwanzig war, hörte sie plötzlich Stimmen und wurde stark paranoid. Damals wurde sie zum ersten Mal ins Krankenhaus eingewiesen und als schizophren eingestuft.

Wieder einige Jahre später wurde Carla unzählige Male in die Herzabteilung des Krankenhauses eingeliefert, weil sie über starke Schmerzen in der Brust klagte. Schließlich erkannte man, daß diese durch Angst verursacht wurden. Sie machte Zeiten durch, in denen sie sich Freßgelagen hingab, um sich dann fast zu Tode zu fasten. Innerhalb weniger Wochen nahm sie siebzig Pfund zu und wieder ab.

Mit zweiunddreißig Jahren wurde sie von einem Arzt in dem Krankenhaus, in dem sie arbeitete, brutal vergewaltigt. Kurz darauf nahm sie ihre Ausbildung wieder auf. Als sie zweiundvierzig war, enthielt ihre Sammlung von Krankenblättern fast jede Diagnose, die man sich vorstellen kann, einschließlich Schizophrenie, Anorexia nervosa, sexueller Dysfunktion und posttraumatischem Belastungssyndrom (nach der Vergewaltigung).

Trotz ihrer geistigen und körperlichen Probleme kam Carla im

Beruf recht gut zurecht. Obwohl sie häufig ihre Arbeitsstelle wechselte, gelang es ihr, eine Doktorarbeit in Soziologie fertigzustellen. Eine Zeitlang konnte sie sogar an einem kleinen College für Frauen unterrichten.

Ihre persönlichen Beziehungen waren jedoch stark eingeschränkt. »In den einzigen Beziehungen, die ich zu Männern hatte, wurde ich sexuell mißbraucht. Ein paar Männer wollten mich heiraten, aber es ist ein großes Problem für mich, jemandem nah zu sein oder berührt zu werden. Ich kann es nicht ertragen. Ich möchte dann einfach weglaufen. Ein paar Mal war ich verlobt, aber ich mußte die Beziehungen lösen. Es wäre unrealistisch von mir zu glauben, daß ich für jemanden die Ehefrau spielen könnte.«

Was Freunde betrifft, sagt sie: »Ich bin sehr mit mir selbst beschäftigt. Ich sage immer, was ich denke, fühle, weiß oder nicht weiß. Es fällt mir sehr schwer, mich für andere zu interessieren.«

Nach mehr als zwanzigjähriger Behandlungsdauer wurden Carlas Symptome 1983 schließlich als Borderline-Persönlichkeitsstörung erkannt und diagnostiziert. Die Dysfunktion war auf tief verwurzelte, andauernde Persönlichkeitsmerkmale zurückzuführen, die stärker auf eine Persönlichkeits- oder »Charakter«-Störung hinwiesen als auf die vorher diagnostizierten, vorübergehenden »Zustands«-Krankheiten.

»Das Schwierigste daran, eine Borderline-Persönlichkeit zu sein, war die Leere, die Einsamkeit und die Intensität der Gefühle«, sagt sie heute. »Die extremen Verhaltensweisen verwirren mich sehr stark. Manchmal weiß ich nicht, was ich fühle oder wer ich bin.«

Das bessere Verständnis von Carlas Krankheit hat zu einer beständigeren Behandlung geführt. Medikamente waren bei der Behandlung akuter Symptome nützlich und dienten als Klebstoff für die Erhaltung eines stärker zusammenhängenden Ichgefühls. Gleichzeitig hat sie die Grenzen der medikamentösen Behandlung erkannt.

Ihr Psychiater, der mit ihren anderen Ärzten zusammenarbeitet, hat ihr geholfen, die Verbindung zwischen körperlichen Beschwerden und ihrer Angst zu verstehen, so daß sie unnötige medizinische Tests, Medikamente und chirurgische Eingriffe vermeiden kann. Bei der Psychotherapie hat man sich auf eine langwierige Behandlung eingestellt. Die Behandlung konzentriert sich auf ihre Abhängigkeit und auf die Stabilisierung ihrer Identität und ihrer Beziehungen, statt auf eine endlose Folge akuter Notfälle.

Mit sechsundvierzig Jahren mußte Carla lernen, daß ein ganzer Satz früherer Verhaltensweisen nicht mehr akzeptabel ist. »Ich habe nicht mehr die Wahl, mir die Adern aufzuschneiden, eine Überdosis zu nehmen oder mich ins Krankenhaus einweisen zu lassen. Ich habe mir geschworen, in der wirklichen Welt zu leben und mich mit ihr auseinanderzusetzen, aber ich sage Ihnen, es ist ein schrecklicher Ort. Ich bin mir noch nicht sicher, ob ich es schaffe oder ob ich es überhaupt schaffen *will.*«

Borderline: Eine Persönlichkeitsstörung

Carlas Reise durch dieses Labyrinth psychiatrischer und medizinischer Symptome und Diagnosen ist ein gutes Beispiel für die Verwirrung und Verzweiflung, die sowohl die seelisch Erkrankten als auch die behandelnden Ärzte erfahren. Obwohl Carlas Fall von einigen vielleicht als extrem empfunden wird, leiden Tausende von Frauen und Männern in Hinblick auf Beziehungen, Intimität, Depressionen und Drogenmißbrauch unter ähnlichen Problemen. Wenn die Diagnose bei ihr vielleicht früher und genauer gestellt worden wäre, wäre ihr ein Teil der Schmerzen und der Einsamkeit erspart geblieben.

Obwohl Borderline-Persönlichkeiten unter einem Gewirr schmerzhafter Symptome leiden, die ihr Leben ernstlich stören, haben die Psychiater die Störung erst in der letzten Zeit verstanden, so daß erst jetzt eine wirksame Behandlung möglich wurde. Was ist eine »Persönlichkeitsstörung«? Woran genau grenzt die Borderline-Störung an? In welcher Hinsicht ähnelt sie anderen Störungen und wodurch unterscheidet sie sich? Wie paßt das Borderline-Syndrom in das Gesamtschema der psychiatrischen Medizin? Selbst für den Psychiater oder Psychologen sind dies schwierige Fragen, besonders in Anbetracht der schwer faßbaren, paradoxen Natur der Krankheit und ihrer merkwürdigen Entwicklung innerhalb der Psychiatrie.

Als Persönlichkeitsstörung erkennt man die Borderline-Persönlichkeitsstörung an einer Gruppe langbestehender, tief verwurzelter Merkmale, die am Charakter des einzelnen auffallen. Diese Merkmale sind relativ unflexibel und führen in der Wahrnehmung, im Verhalten und in der Beziehung anderen gegenüber zu schlecht angepaßten Mustern.

Die Borderline-Persönlichkeitsstörung ist eine von elf Persönlichkeitsstörungen, die im DSM-III-R aufgeführt sind. In der Terminologie des DSM-III sind Persönlichkeitsstörungen auf Achse II nach Kategorien geordnet. (Siehe Anhang A für eine detailliertere Beschreibung der Kategorisierung im DSM-III-R.)

Im Gegensatz dazu sind Zustandsstörungen (Achse I im DSM-III-R) meistens nicht so andauernd wie Merkmalsstörungen. Zustandsstörungen wie Depressionen, Schizophrenie, Anorexia nervosa, Drogenabhängigkeit sind oft zeitlich oder auf Episoden begrenzt. Die Symptome können plötzlich auftreten und lösen sich auf, wenn der Patient wieder »normal« wird. Häufig stehen diese Krankheiten in direktem Zusammenhang mit einem Ungleichgewicht der Körperphysiologie und können oft medikamentös behandelt werden, so daß die Symptome fast völlig beseitigt werden.

Die Symptome bei einer Persönlichkeitsstörung hingegen sind meistens dauerhafter und verändern sich nur langsam; die Verabreichung von Medikamenten ist im allgemeinen weniger wirksam. Eine psychotherapeutische Behandlung ist angezeigt, obwohl andere Behandlungsarten, einschließlich Medikamente, einige der akuteren Symptome, beispielsweise starke Unruhe oder Depressionen, erleichtern können (siehe Kapitel 7). Borderline- und andere Persönlichkeitsstörungen können eine sekundäre Diagnose sein und die zugrundeliegende charakterologische Funktion eines Patienten beschreiben, der die akuteren und auffallenderen Symptome einer Zustandsstörung zeigt.

Vergleiche mit anderen Störungen

Da sich das Borderline-Syndrom häufig hinter einer anderen Krankheit versteckt und mit anderen Krankheiten in Zusammenhang gebracht wird, erkennen die Ärzte oft nicht, daß die Borderline-Persönlichkeitsstörung eine wichtige Komponente bei der Beurteilung eines Patienten sein könnte. Daher ist die Borderline-Persönlichkeit, wie Carlas Fall zeigt, oft ein weitgereister Patient, der von vielen Krankenhäusern und Ärzten beurteilt wird und während seines ganzen Lebens von vielen verschiedenen Diagnosen begleitet wird.

Die Borderline-Persönlichkeitsstörung kann Schnittstellen mit vielen anderen Störungen haben. Das Syndrom kann zusammen mit Zustandsstörungen (Achse I) bestehen, so daß die Borderline-Pathologie versteckt wird. Eine Borderline-Persönlichkeitsstörung kann sich beispielsweise hinter einer auffallenderen und schweren Depression verbergen. Nach Auflösung der Depressionen durch Antidepressiva können Borderline-Merkmale an die Oberfläche kommen und erst dann als die zugrundeliegende Charakterstruktur erkannt werden, die weiterer Behandlung bedarf.

Zweitens kann die Borderline-Persönlichkeitsstörung eng mit einer anderen Störung verbunden sein und sogar zu ihrer Entwicklung beitragen. Die Impulsivität und Selbstzerstörung, die zwischenmenschlichen Schwierigkeiten, das übersteigerte Selbstbild und die Launenhaftigkeit beispielsweise, die oft bei drogenabhängigen Patienten oder bei Patienten mit Eßstörungen zutagetreten, können eher auf die Borderline-Persönlichkeitsstörung hinweisen als auf die primäre Störung der Achse I. Obwohl man argumentieren könnte, daß chronischer Alkoholmißbrauch die Persönlichkeitsmerkmale so verändern kann, daß sekundär ein Borderline-Muster entstehen könnte, scheint es wahrscheinlicher, daß die zugrundeliegende Charakterpathologie sich zuerst entwickelt und dann zum Alkoholismus führt.

Die Frage, was zuerst da war, das Huhn oder das Ei, läßt sich vielleicht überhaupt nicht beantworten, aber die Entwicklung von Krankheiten, die mit der Borderline-Persönlichkeitsstörung in Zusammenhang gebracht werden, können eine Art psychischer Verletzbarkeit gegenüber Streß darstellen. So wie bestimmte Menschen die genetische und biologische Neigung zu körperlichen Erkrankungen haben – Herzinfarkt, Krebs, Störungen im Magen-Darmbereich usw. –, können viele auch eine biologisch festgelegte Neigung zu Erkrankungen der Psyche haben. Diese verstärkt sich besonders dann, wenn zu einer zugrundeliegenden Neigung zur Borderline-Persönlichkeitsstörung Streß hinzukommt. Daher nimmt die Borderline-Persönlichkeit in Streßsituationen Drogen, andere Betroffene entwickeln eine Eßstörung und wieder andere leiden unter starken Depressionen.

Drittens kann die Borderline-Persönlichkeitsstörung andere Störungen so genau nachahmen, daß bei dem Patienten irrtümlicherweise die Diagnose Schizophrenie, Hypochondrie, bipolare Störung gestellt wird oder andere Krankheiten festgestellt werden.

Vergleich mit der Schizophrenie

Patienten, die unter Schizophrenie leiden, sind meistens viel stärker beeinträchtigt als Borderline-Patienten und viel weniger in der Lage, andere zu manipulieren und mit ihnen in Verbindung zu stehen. Beide Arten von Patienten können erregte, psychotische Episoden durchmachen, aber diese sind bei den Borderline-Patienten meistens weniger beständig und weniger vorherrschend. Bei Schizophrenen ist die Wahrscheinlichkeit viel größer, daß sie sich an ihre Halluzinationen und Täuschungen gewöhnen und sich durch sie oft weniger gestört fühlen. Außerdem können beide Patientengruppen zerstörerisch sein und sich Verletzungen zufügen. Aber wo die Borderline-Persönlichkeit meistens angemessen funktionieren kann, ist der Schizophrene im sozialen Bereich viel stärker beeinträchtigt.

Vergleich mit affektiven Störungen (bipolare und depressive Störungen)

Episoden von Depressionen oder Manien stellen radikale Funktionsabweichungen dar. Zwischen ihren Stimmungsschwankungen führen diese Menschen ein relativ normales Leben und können im allgemeinen mit Medikamenten wirkungsvoll behandelt werden. Für Borderline-Patienten ist es im Gegensatz dazu typisch, daß sie in ihrer Funktion beeinträchtigt sind (zumindest innerlich), selbst wenn sie keine Stimmungsverschiebungen haben. Wenn der Betroffene selbstzerstörerisch ist, mit Selbstmord droht, hyperaktiv ist oder weitreichende und schnelle Stimmungsschwankungen durchmacht, kann er bipolar (manisch-depressiv) erscheinen, aber derartige Stimmungsvariationen sind beim Borderline-Patienten viel weniger wechselhaft und weniger leicht vorhersagbar.

Die Borderline-Persönlichkeitsstörung und Hypochondrie

Die Borderline-Persönlichkeit konzentriert sich möglicherweise auf ihre körperlichen Erkrankungen und beklagt sich bei Ärzten und Bekannten laut und dramatisch, um Abhängigkeitsbeziehungen zu ihnen aufrechtzuerhalten. Vielleicht wird der Betroffene nur als Hypochonder eingestuft, während die zugrundeliegenden Probleme völlig ignoriert werden.

Die Borderline-Persönlichkeitsstörung und multiple Persönlichkeitsstörung

Einige Psychiater betrachten die multiple Persönlichkeitsstörung – eine Zustandsstörung – als eine besondere Art von Borderline-Persönlichkeitsstörung. Beiden Störungen sind ähnliche Symptome gemein – Impulsivität, Zornausbrüche, gestörte Beziehungen, auffällige Stimmungsänderungen und die Neigung zur Selbstverstümmelung. Die Spaltung ist bei beiden Krankheiten der wichtigste Verteidigungsmechanismus. Mehrere Studien haben belegt, daß bei Patienten mit der multiplen Persönlichkeitsstörung die Borderline-Persönlichkeitsstörung stark vorherrscht – in einem Bericht waren es 82 Prozent.[2]

Die Borderline-Persönlichkeitsstörung und die posttraumatische Belastungsstörung

Die posttraumatische Belastungsstörung (PTBS) ist ein Symptomkomplex, der einem stark traumatischen Ereignis folgen kann, beispielsweise einer Naturkatastrophe oder einem Kampfeinsatz. Vorherrschende Merkmale sind starke Angst, das emotionale Wiedererleben des Ereignisses, Alpträume, Reizbarkeit, übertriebene Schreckreaktion und so weiter. In einer Untersuchung wurde festgestellt, daß die Pathologie der Borderline- Persönlichkeitsstörung bei der Hälfte der Patienten mit PTBS vorhanden ist.[3]

Die Borderline-Persönlichkeitsstörung und assoziierte Persönlichkeitsstörungen

Viele Merkmale der Borderline-Persönlichkeitsstörung überlappen sich mit denen anderer Persönlichkeitsstörungen. Die abhängige Persönlichkeit beispielsweise zeigt wie die Borderline-Persönlichkeit Merkmale wie Abhängigkeit, Vermeidung des Alleinseins und gespannte Beziehungen. Aber der abhängigen Persönlichkeit fehlt das selbstzerstörerische Verhalten, der Zorn und die Stimmungsschwankungen des Borderline-Patienten. Auf ähnliche Weise zeigt die schizotypische Persönlichkeit gestörte Beziehungen zu anderen, und es fällt ihr schwer zu vertrauen, andererseits ist sie exzentrischer und weniger selbstzerstörerisch. Oft weist ein Patient Merkmale von zwei oder mehr Persönlichkeitsstörungen auf, die die Diagnose aller Störungen rechtfertigen. Ein Patient hat beispielsweise Symptome, die zur Diagnose der Borderline-Persönlichkeitsstörung und der obsessiv-zwanghaften Persönlichkeitsstörung führen.

Im DSM-III-R ist die Borderline-Erkrankung in einer Gruppe von

Persönlichkeitsstörungen aufgeführt, die im allgemeinen dramatische, emotionale oder unberechenbare Merkmale widerspiegeln. Die anderen Störungen in dieser Gruppe sind die narzißtischen, antisozialen und histrionischen Persönlichkeitsstörungen, mit denen die Borderline-Erkrankung oft verglichen wird.

Die Borderline- und die narzißtische Persönlichkeit sind Kritik gegenüber überempfindlich; Versagen oder Ablehnung können schwere Depressionen auslösen. Beide nutzen andere aus; beide fordern fast ständige Aufmerksamkeit. Die narzißtische Persönlichkeit funktioniert jedoch meistens auf einer höheren Ebene. Der Betroffene hat ein übersteigertes Gefühl von Selbstbedeutung, er verachtet andere und zeigt nicht das geringste Mitgefühl. Im Gegensatz dazu hat die Borderline-Persönlichkeit eine geringere Selbstachtung und ist von der Bestätigung durch andere stark abhängig. Die Borderline-Persönlichkeit klammert sich verzweifelt an andere und ist gegenüber ihren Reaktionen meistens empfindlicher.

Wie die Borderline-Persönlichkeit zeigt die antisoziale Persönlichkeit Impulsivität, eine geringe Frustrationstoleranz und manipulierende Beziehungen. Der antisozialen Persönlichkeit fehlt jedoch ein Schuldgefühl oder Gewissen; sie ist gleichgültiger und nicht vorsätzlich selbstzerstörerisch.

Die histrionische Persönlichkeit hat mit dem Borderline-Patienten gemein, daß sie Aufmerksamkeit sucht, manipuliert und unter Emotionsschwankungen leidet. Der Histrioniker entwickelt meistens jedoch stabilere Rollen und Beziehungen. Er ist vom Verhalten und von der Sprache her auffallender, emotionale Reaktionen werden übertrieben. Körperliche Attraktivität ist für den Histrioniker von größter Bedeutung.

Die Borderline-Persönlichkeitsstörung und der Mißbrauch von süchtig machenden Stoffen

Borderline-Erkrankungen und der Mißbrauch chemischer Substanzen gehen häufig miteinander einher. Zwei Untersuchungen zeigten, daß von Patienten, die wegen Medikamentenmißbrauch im Krankenhaus behandelt wurden, zwischen 13 und 56 Prozent ebenfalls unter Borderline-Persönlichkeitsstörungen litten.[4] Alkohol- oder Drogenkonsum können Selbstbestrafung, Zorn oder impulsives Verhalten widerspiegeln, ein Verlangen nach Aufregung oder ein Mechanismus sein, um mit Gefühlen der Einsamkeit fertigzuwerden. Drogenabhängigkeit kann ein Ersatz für wichtige soziale Beziehungen sein, eine vertraute, beruhigende Art, Stimmungsschwankungen zu stabilisieren oder sie selbst zu heilen, oder eine Möglichkeit, ein Gefühl von Zugehörigkeit oder Selbstidentifikation zu erreichen. Diese möglichen Erklärungen für die Anziehungskraft von Drogen sind auch einige Definitionskriterien für die Borderline-Persönlichkeitsstörung.

Die anorektische Borderline-Persönlichkeit oder der Borderline-Anorektiker?

Anorexia nervosa und Bulimie sind in diesem Land zu großen Gesundheitsproblemen geworden, besonders bei jungen Frauen.[5] Eßstörungen werden durch eine grundlegende Abneigung gegenüber dem eigenen Körper und durch eine allgemeine Mißbilligung der eigenen Identität geschürt. Die Frau mit Anorexia nervosa nimmt sich in absoluten, schwarzweißen Extremen wahr – entweder als übergewichtig (so fühlt sie sich ständig) oder als dünn (einen Zustand, den sie ihrer Meinung nach nie völlig erreicht). Ständig hat sie das Gefühl, sich nicht unter Kontrolle zu haben, und setzt Hungern, Freßorgien oder Erbrechen impulsiv ein, um sich die Illusion von Selbstbeherrschung zu bewahren. Die Ähnlichkeit dieses Musters mit dem Muster der Borderline-Persönlichkeit hat dazu geführt, daß viele Psychiater auf eine Verbindung zwischen beiden Störungen geschlossen haben. Einige Studien haben ergeben, daß fast 50 Prozent der Patienten mit Eßstörungen auch unter einer Borderline-Erkrankung leiden.[6] Viele Experten in diesem Bereich sind jedoch der Meinung, daß der tatsächliche Prozentsatz viel höher liegt.

Die Borderline-Persönlichkeitsstörung und zwanghaftes Verhalten

Bestimmte zwanghafte oder zerstörerische Verhaltensweisen können Borderline-Muster widerspiegeln. Ein zwanghafter Spieler beispielsweise wird weiterspielen, auch wenn er kein Geld mehr hat. Vielleicht sucht er Erregung und Ablenkung von einer Welt, die ihn ständig langweilt, ihn ruhelos macht und abstumpft. Das Spielen kann aber auch ein Ausdruck impulsiver Selbstbestrafung sein.

Ladendiebe stehlen häufig Gegenstände, die sie gar nicht brauchen. Fünfzig Prozent der Menschen, die unter Bulimie leiden, zeigen Anzeichen von Kleptomanie, Drogenmißbrauch oder Promiskuität.[7] Wenn diese Verhaltensweisen auf Zwang beruhen, können sie das Bedürfnis nach Schmerz (auch selbstzugefügtem) darstellen. Promiskuität ist oft das Bedürfnis nach ständiger Liebe und Aufmerksamkeit von anderen, um an positiven Gefühlen sich selbst gegenüber festzuhalten. Es ist typisch für die Borderline-Persönlichkeit, daß ihr eine beständige, positive Selbstachtung fehlt und sie daher ständige Rückversicherung braucht. Eine Frau, die unter dem Borderline-Syndrom leidet und der Selbstachtung fehlt, wird wahrscheinlich ihre körperliche Attraktivität als ihren einzigen Vorzug empfinden. Um ihren Wert zu bestätigen, wird sie sich häufigen sexuellen Begegnungen hingeben. Durch derartige Begegnungen vermeidet sie das Gefühl von Einsamkeit, und es werden ihr künstliche Beziehungen geboten, die sie vollständig kontrollieren kann. Wenn sie sich begehrt fühlt, erhält sie ein Identitätsgefühl. Wenn Selbstbestrafung zu einem auffallenden Teil der Psychodynamik wird, können Erniedrigung und masochistische Perversionen Teil der Beziehungen werden. Von dieser Perspektive ausgehend könnte man logischerweise spekulieren, daß viele Prostituierte, Darsteller in pornographischen Filmen und Models möglicherweise Borderline-Persönlichkeiten haben.

Schwierigkeiten mit Beziehungen können zu ritualisiertem Denken und zu Verhaltensweisen führen, die sich oft durch Obsessionen oder Zwänge ausdrücken. Die Borderline-Persönlichkeit kann bestimmte Phobien entwickeln, wenn sie magisches Denken einsetzt, um mit Ängsten zurechtzukommen. Sexuelle Perversionen können zu einem Mechanismus werden, um Intimität näherzukommen.

Selbstmord unter Jugendlichen

Selbstmorddrohungen oder die Ausführung der Tat ist eins der Kriterien für die Borderline-Persönlichkeitsstörung. Die Selbstmordrate unter Jugendlichen hat sich innerhalb der letzten zwanzig Jahre mehr als verdoppelt und steht nun bei den führenden Todesursachen der Altersgruppe von fünfzehn bis vierundzwanzig Jahren an zweiter Stelle.[8] Die meisten Jugendlichen, die Selbstmord begehen, haben eine Geschichte von psychiatrischen Erkrankungen. Dabei handelt es sich meistens um affektive Störungen oder Drogenmißbrauch.[9] Obwohl die Untersuchungen von Selbstmorden unter Jugendlichen begrenzt sind, kann die Borderline-Erkrankung ein Hauptfaktor sein, wenn ein entfremdeter Jugendlicher seine Drohungen wahrmacht und tatsächlich Selbstmord begeht.

Die Anziehungskraft von Sekten

Da die Borderline-Persönlichkeit sich nach Führung und Annahme sehnt, fühlt sie sich häufig von den starken Führern disziplinierter Gruppen angezogen. Eine Sekte kann sehr verlockend sein, da sie sofortige und bedingungslose Annahme, automatische Intimität und einen väterlichen Führer bietet, der bereitwillig idealisiert wird. Die Borderline-Persönlichkeit kann gegenüber einer derart schwarzweißen Weltsicht, in der das »Böse« durch die Welt draußen personifiziert wird und das »Gute« durch die Sekte, sehr verletzlich sein.

Die klinische Definition der Borderline-Persönlichkeitsstörung

Die zur Zeit gültige, offizielle Definition der Borderline-Pathologie ist in den diagnostischen Kriterien der Borderline-Persönlichkeitsstörung im DSM-III-R enthalten.[10] Diese Beschreibung, die ursprünglich von John Gunderson und anderen entwickelt wurde, betont beschreibendes, beobachtbares Verhalten.[11] Daher ist sie enger gefaßt als Otto Kernbergs Beschreibung (siehe Anhang B), die den Ursachen und der intrapsychischen Funktion größere Aufmerksamkeit widmet.

Durch folgende Kriterien läßt sich in 80 Prozent und mehr der Fälle die Borderline-Persönlichkeitsstörung von anderen Krankheiten unterscheiden.[12] Die Diagnose wird bestätigt, wenn sich mindestens fünf der acht hier beschriebenen Kriterien nachweisen lassen:

Die unablässige Suche nach dem richtigen Partner oder der richtigen Partnerin

1. Kriterium: Unbeständige und intensive zwischenmenschliche Beziehungen mit auffälligen Verschiebungen der Einstellung gegenüber anderen (von Idealisierung zu Abwertung oder von klammernder Abhängigkeit zu Isolation und Vermeidung) und auffallenden Mustern der Manipulation anderer.

Die unstabilen Beziehungen der Borderline-Persönlichkeit sind direkt verbunden mit ihrer Intoleranz gegenüber Trennung und mit ihrer Angst vor Intimität. Für den Betroffenen ist es typisch, daß er abhängig ist, sich an andere klammert und andere idealisiert, bis der Geliebte, der Ehepartner oder Freund diese Bedürfnisse zurückweist und in Frage gestellt; in diesem Fall geht die Borderline-Persönlichkeit zum anderen Extrem über – zu Abwertung, Widerstand gegenüber Intimität und völliger Vermeidung. Zwischen dem Wunsch nach Verschmelzung und danach, umsorgt zu werden, auf der einen und der Angst, verschlungen zu werden, auf der anderen Seite besteht ein ständiges Tauziehen.

Für die Borderline-Persönlichkeit bedeutet Verschlungenwerden die Auslöschung einer getrennten Identität, den Verlust der Autonomie und das Gefühl, überhaupt nicht zu existieren. Der Betroffene schwankt zwischen dem Wunsch nach Nähe, um Leere und Langeweile zu erleichtern, und der Angst vor Intimität, die als Dieb des Selbstvertrauens und der Unabhängigkeit wahrgenommen wird.

In Beziehungen werden diese Gefühle auf dramatische Weise in intensive, schwankende, manipulierende Verbindungen übersetzt. Die Borderline-Persönlichkeit stellt häufig unrealistische Forderungen an andere und scheint verwöhnt. Das manipulierende Verhalten manifestiert sich durch körperliche Leiden und Hypochondrie, der Betroffene zeigt Schwäche und Hilflosigkeit, provozierende Handlungen und masochistisches Verhalten. Selbstmorddrohungen und Ansätze, sie in die Tat umzusetzen, werden oft eingesetzt, um Aufmerksamkeit und Hilfe zu erlangen (siehe 5. Kriterium). Der Betroffene setzt Verführung als manipulierende Strategie ein, selbst Menschen gegenüber, bei denen dies nicht angebracht ist oder die dafür unzugänglich sind, beispielsweise der Therapeut oder ein Geistlicher.

Obwohl die Borderline-Persönlichkeit anderen gegenüber sehr sensibel ist, fehlt ihr echtes Mitleid. Sie kann bestürzt reagieren, wenn sie einen Bekannten, beispielsweise einen Lehrer, einen Kollegen oder Therapeuten außerhalb seines normalen Geschäftsbereichs trifft, weil es ihr schwerfällt zu begreifen, daß dieser Mensch ein separates Leben führt. Außerdem kann sie das getrennte Leben des Therapeuten möglicherweise nicht verstehen oder sehr eifersüchtig darauf sein, wie auch auf andere Patienten.

Dem Betroffenen fehlt »Objektkonstanz«, die Fähigkeit, andere als komplexe Menschen wahrzunehmen, die sich dennoch widerspruchsfrei verhalten können. Die Borderline-Persönlichkeit erfährt den anderen auf der Basis der letzten Begegnung, nicht auf einer konsequenten Serie von Interaktionen, die eine breitere Grundlage haben. Daher kommt es nie zu einer konstanten, vor-

hersehbaren Wahrnehmung des anderen, denn der Betroffene reagiert auf diesen Menschen jedesmal neu.
Da der Patient nicht in der Lage ist, das Gesamtbild zu erkennen, aus Fehlern zu lernen und eigene Verhaltensmuster zu beobachten, wiederholen sich destruktive Beziehungen häufig. Typisch dafür ist die Frau, die zu ihrem Ex-Ehemann, der sie mißhandelt hat und der diesen Mißbrauch fortsetzt, zurückkehrt. Männliche Borderline-Patient binden sich häufig an ähnlich ungeeignete Frauen, mit denen sie sadomasochistische Verbindungen wiederholen.
Der Betroffene ist auf einer endlosen Suche nach einem perfekten Menschen, der ihn umsorgt, ihm alles gibt und immer für ihn da ist. Die Suche führt häufig zu Partnerschaften, in denen der andere eine ergänzende Pathologie hat, aber beiden fehlt die Einsicht in die gegenseitige Destruktivität. Michelle beispielsweise sehnt sich bei einem Mann verzweifelt nach Schutz und Trost. Mark zeigt bravouröse Selbstsicherheit. Obwohl diese Selbstsicherheit eine tiefe Unsicherheit verdeckt, erfüllt sie für Michelle ihren Zweck. Michelle braucht Mark als beschützenden weißen Ritter, während es für Mark wichtig ist, daß Michelle hilflos bleibt und von seiner Wohltätigkeit abhängig ist. Nach einiger Zeit können beide den zugeschriebenen Klischees nicht mehr entsprechen. Mark kann die narzißtischen Wunden von Herausforderung oder Versagen nicht mehr ertragen und beginnt, seine Frustrationen zu überdecken, indem er Alkohol trinkt und Michelle körperlich mißbraucht. Michelle wird unter diesem kontrollierenden Joch zornig, bekommt aber gleichzeitig Angst, wenn sie seine Schwächen sieht. Die Unzufriedenheit führt zu weiteren Provokationen und Konflikten.
Von Selbsthaß geplagt, mißtraut die Borderline-Persönlichkeit anderen, wenn diese ihre Sorge um sie ausdrücken. Der einundzwanzigjährige Thomas beispielsweise war Student an der Hochschule. Seine Hauptbeschwerde während der Therapie war die Aussage: »Ich brauche eine Freundin«. Thomas war ein attraktiver

Mann mit ernsten Problemen in zwischenmenschlichen Beziehungen. Es war charakteristisch für ihn, immer wieder unerreichbare Frauen zu begehren. Wenn seine Annäherungsversuche Erfolg hatten, wertete er die Frau auf der Stelle als nicht mehr begehrenswert ab.

Diese Merkmale erschweren es den Betroffenen, wirkliche Intimität zu erreichen. Carla erzählt: »Ein paar Männer wollten mich heiraten, aber es ist ein großes Problem für mich, jemandem nah zu sein oder berührt zu werden. Ich kann es nicht ertragen.« Es scheint, daß die Borderline-Persönlichkeit nicht genug Unabhängigkeit erlangen kann, um auf gesunde, statt auf verzweifelte Weise abhängig zu sein. Echtes Teilen wird für eine fordernde Abhängigkeit geopfert und für das verzweifelte Bedürfnis, sich einem anderen Menschen anzuschließen, um die eigene Identität zu vervollständigen, ähnlich wie siamesische Seelenzwillinge.

Der impulsive Charakter

2. Kriterium: Impulsivität in mindestens zwei Bereichen, die potentiell selbstzerstörerisch sind, zum Beispiel Drogenmißbrauch, sexuelle Promiskuität, Spielen, Ladendiebstahl, Kaufsucht, übermäßiges Essen, Anorexia nervosa oder Bulimie.

Die Verhaltensweisen der Borderline-Persönlichkeit können sich plötzlich ändern und widersprüchlich sein, da sie normalerweise starken, augenblicklichen Gefühlen entspringen – Wahrnehmungen, die isolierte, unzusammenhängende Schnappschüsse der Erfahrung darstellen. Die Unmittelbarkeit der Gegenwart steht allein da, ohne den Vorteil von Erfahrungen aus der Vergangenheit oder der Hoffnung auf die Zukunft. Aufgrund historischer Muster sind Beständigkeit und Vorhersagbarkeit für den Betroffenen unerreichbar, und er begeht ähnliche Fehler immer wieder.

Die Borderline-Persönlichkeit steckt in der ironischen, aber dennoch unhaltbaren Situation, etwas zu erreichen, nach dem eine ganze Generation in den sechziger Jahren strebte – nämlich »im Jetzt zu leben«. Für den Betroffenen gibt es kein Entrinnen aus

dem »Jetzt«, auch nicht für eine kurze Pause und Neueinschätzung. Die Wirklichkeit ist, wie Octavio Paz es ausdrückte, »ein endloser Augenblick«: »eine Treppe, die weder nach oben noch nach unten führt, wir bewegen uns nicht, heute ist heute, immer ist heute.«[13]
Die begrenzte Geduld der Borderline-Persönlichkeit und das Bedürfnis nach sofortiger Belohnung mag mit anderen Verhaltensweisen zusammenhängen, die andere Kriterien der Borderline-Erkrankung definieren: Impulsive Konflikte und Zornausbrüche können aus den Frustrationen einer stürmischen Beziehung entstehen (1. Kriterium); jähe Stimmungsschwankungen (3. Kriterium) können zu impulsiven Ausbrüchen führen; unangemessene Zornausbrüche (4. Kriterium) können aus dem Versagen entstehen, die eigenen Impulse zu kontrollieren; selbstzerstörerisches oder selbstverstümmelndes Verhalten (5. Kriterium) kann den Frustrationen des Betroffenen entspringen. Oft dienen impulsive Handlungen wie Drogen- und Alkoholmißbrauch als Verteidigungsmechanismen gegenüber Gefühlen von Einsamkeit und der Angst, verlassen zu werden.
Johanna war einunddreißig Jahre alt und geschieden. Nach ihrer Scheidung und der Wiederheirat ihres Mannes wandte sie sich immer mehr dem Alkohol zu. Obwohl sie attraktiv und begabt war, vernachlässigte sie ihre Arbeit und verbrachte immer mehr Zeit in Bars. »Ich machte es mir zur Regel, allem aus dem Weg zu gehen«, sagte sie später. Wenn der Schmerz der Einsamkeit und das Gefühl, verlassen zu sein, zu stark wurde, setzte sie Alkohol als Betäubungsmittel ein. Manchmal sprach sie Männer an und nahm sie mit zu sich nach Hause. Nach solchen Exzessen mit Alkohol und Sex hatte sie Schuldgefühle und war zornig auf sich. Daß ihr Ehemann sie verlassen hatte, schien ihr gerechtfertigt. Dann begann das Spiel von neuem, denn sie brauchte für ihre Wertlosigkeit mehr Bestrafung. Auf diese Weise wurde die Selbstzerstörung zum Mittel, um Schmerz zu vermeiden, und ein Mechanismus, ihn sich als Sühne für ihre Sünden aufzuerlegen.

Radikale Stimmungsschwankungen

3. Kriterium: Affektive Instabilität: auffällige Stimmungsschwankungen in Richtung Depression, Reizbarkeit oder Angst, die meistens einige Stunden lang anhalten und nur selten mehr als ein paar Tage.

Die Borderline-Persönlichkeit macht abrupte Stimmungsschwankungen durch, die kurze Zeit anhalten – meistens nur ein paar Stunden. Die Grundstimmung ist meistens nicht ruhig und kontrolliert, sondern eher überaktiv und nicht zu unterdrücken oder pessimistisch, zynisch und depressiv.

Thomas Wolfe, ein großer amerikanischer Romanschriftsteller, schwankte häufig zwischen Zeiten tatkräftiger Kreativität und endlosem Enthusiasmus und Zeiten von krankhaftem Selbstmitleid, von Unproduktivität und Depressionen, in denen er die Schuld an seinem Versagen auf andere projizierte.

Einmal, als er emsig an einem Werk arbeitete, machte er eine Zeit krankhafter Melancholie durch. Zu jener Zeit bereiste er nach der Trennung von seiner Frau Europa.

Heute war ein schrecklicher Tag. Ich hatte nur einen sehr krankhaften und unruhigen Schlaf, die schlimmste Art von Schlaf, den ein Amerikaner in Europa erleben kann, und ich zitterte furchtbar. Der Tag war einer dieser schrecklichen europäischer Art, etwas, das man nicht verstehen kann. Die nasse, schwere Luft, die die Seele abtötet, legt einen Klumpen unverdaulichen Bleis auf das Sonnengeflecht, macht das Fleisch depressiv und ermüdet es, bis man sich bleiig durch die dicke, nasse, dampfende Luft zu heben scheint. Mit dieser schrecklichen Art Angst, eine Erregung, die keine Hoffnung kennt, die nur auf die Nachricht weiteren Leids, Versagens oder Erniedrigung und Qual wartet. Eine Mattigkeit, die die Seele betritt und einen auf bessere Dinge und bessere Arbeit am morgigen Tag hoffen läßt, aber ohne Glauben und Überzeugung hoffen läßt.[14]

Der rasende Stier

4. Kriterium: Unangemessener, intensiver Zorn oder fehlende Kontrolle über den Zorn, zum Beispiel häufige Gereiztheit, ständiger Zorn, wiederkehrende körperliche Auseinandersetzungen.

Die Zornesausbrüche der Borderline-Persönlichkeit sind genauso unvorhersehbar wie erschreckend. Die gewalttätigen Szenen stehen in keinem Verhältnis zu den Frustrationen, die sie auslösen. Häusliche Tumulte, bei denen es zu Verfolgungsjagden mit Fleischmessern und zerbrochenem Geschirr kommen kann, sind typisch für den Zorn der Borderline-Persönlichkeit. Der Zorn kann durch ein bestimmtes (und oft triviales) Vergehen ausgelöst werden, aber darunter liegt ein Arsenal von Angst vor der Bedrohung durch Enttäuschung und Verlassenwerden.
Der Zorn, der so intensiv ist und so nah unter der Oberfläche brodelt, wird häufig auf Menschen gerichtet, die dem Betroffenen am nächsten stehen – Ehepartner, Kinder, Eltern. Dieser Zorn kann ein Hilferuf sein, eine Erprobung der Treue oder Angst vor Intimität – je nach dem, welche Faktoren zugrundeliegen. Diejenigen, die der Betroffene am meisten braucht, werden weggestoßen. Der Ehepartner, ein Freund, der Geliebte oder Familienmitglieder, die trotz dieser Angriffe dableiben, sind entweder sehr geduldig und verständnisvoll oder in manchen Fällen selbst sehr gestört. Bei derartigen Ausbrüchen ist es schwer, Mitleid zu verspüren, und der Mitbetroffene muß jede Hilfsquelle nutzen, die ihm zur Verfügung steht (siehe Kapitel 8).
Der Zorn wird oft auch ins Therapiezimmer übertragen, wo Psychiater und Psychologen zur Zielscheibe werden. Carla beispielsweise ließ ihren Zorn häufig an ihrem Therapeuten aus, wobei sie nach Möglichkeiten suchte, seine Verpflichtung, die Therapie mit ihr weiterzuführen, zu überprüfen. In solchen Situationen wird die Behandlung gefährlich (siehe Kapitel 7), und viele Therapeuten wurden aus diesem Grund gezwungen, Borderline-Patienten aufzugeben. Die meisten Therapeuten versuchen, die Zahl der Borderline-Patienten, die sie behandeln, zu begrenzen.

Die Bitte um Hilfe

5. Kriterium: Wiederkehrende Selbstmorddrohungen, Selbstmordversuche oder Selbstverstümmelungen.

Selbstmorddrohungen und -versuche, die die Neigung des Borderline-Patienten zu überwältigenden Depressionen und Hilflosigkeit widerspiegeln, aber auch sein Geschick, andere zu manipulieren, sind herausragende Merkmale der Erkrankung. Oft sind die häufigen Drohungen oder halbherzigen Selbstmordversuche nicht auf den Wunsch zu sterben zurückzuführen, sondern der Versuch, Schmerz mitzuteilen, und die Bitte, daß andere eingreifen mögen. Leider führen diese Drohungen, wenn sie gewohnheitsmäßig wiederholt werden, zu dem genauen Gegenteil: die anderen haben genug und reagieren nicht mehr, was zu immer ernsteren Versuchen führen kann. Das Selbstmordverhalten ist eins der schwierigsten Symptome der Borderline-Persönlichkeitsstörung für Familienangehörige und Therapeuten. Wenn man sich damit auseinandersetzt, kann dies zu endlosen, unproduktiven Konfrontationen führen; ignoriert man es, kann der Tod des Patienten die Folge sein (siehe Kapitel 6-8).

Selbstverstümmelung ist, wenn sie nicht klar mit einer Psychose in Zusammenhang gebracht werden muß, das Kennzeichen von Borderline-Erkrankungen. Bei diesem Verhalten, das mit der Krankheit enger als mit jeder anderen psychischen Erkrankung in Verbindung steht, kann es sich um selbstzugefügte Verletzungen an den Genitalien, den Gliedmaßen und am Rumpf handeln. Für diese Borderline-Fälle wird der Körper zu einer Straßenkarte, die von selbstbeigebrachten Narben übersät ist. Rasierklingen, Scheren, Fingernägel und glühende Zigaretten zählen zu den üblichen Instrumenten; der exzessive Gebrauch von Drogen, Alkohol oder Nahrungsmitteln kann ebenfalls Schaden verursachen.

Oft beginnt die Selbstverstümmelung als impulsive, selbstbestrafende Handlung, aber mit der Zeit wird sie zu einer einstudierten, ritualistischen Handlungsweise. In diesen Fällen fügt sich der Betroffene an Körperbereichen Verletzungen zu, die von Kleidung bedeckt sind, was wiederum auf die ungeheure Ambivalenz der Borderline-Persönlichkeit hindeutet: Sie fühlt sich gezwungen, sich auffallend selbst zu bestrafen, verdeckt aber sorgfältig die Beweise.

Jennifer (siehe Kapitel 1) erfüllte ihr Bedürfnis nach selbstbeigebrachtem Schmerz, indem sie sich Handgelenke, Gesäß und Taille zerkratzte, so daß tiefe Fingernagelspuren zurückblieben, die sie leicht bedecken konnte.

Bisweilen ist die Selbstbestrafung indirekter: Der Betroffene ist häufig Opfer von »Beinah-Unfälle«. Vielleicht provoziert er häufig Streitigkeiten. In diesen Fällen fühlt er sich dann weniger direkt verantwortlich; die Umstände oder andere haben ihn mit der Gewalt versorgt.

Als Harald sich von seiner Freundin trennte, gab er seinen Eltern die Schuld daran. Sie waren nicht unterstützend oder freundlich genug gewesen, wie er meinte, und als seine Freundin nach sechs Jahren das Verhältnis beendete, fühlte er sich verloren. Mit achtundzwanzig Jahren lebte er noch immer in einer Wohnung, die seine Eltern bezahlten, und arbeitete gelegentlich im Büro seines Vaters. Früher einmal hatte er einen Selbstmordversuch unternommen, beschloß jedoch, seinen Eltern nicht »die Befriedigung« seines Todes zu gewähren. Statt dessen ließ er sich auf immer gefährlicheres Verhalten ein. Er hatte unzählige Autounfälle, bei denen mehrfach Alkohol im Spiel war, und fuhr weiter Auto, obwohl man ihm den Führerschein entzogen hatte. Er suchte Bars auf, in denen er Streit mit anderen Männern anfing, die viel stärker waren als er. Harald erkannte die Destruktivität seines Verhaltens und wünschte manchmal, daß »ich einfach einmal dabei sterben würde«.

Diese dramatischen, selbstzerstörerischen Verhaltensweisen und Drohungen kann man auf unterschiedliche Weise erklären. Der selbstbeigebrachte Schmerz kann das Bedürfnis des Borderline-Patienten widerspiegeln, etwas fühlen zu wollen, um einer einkapselnden Taubheit zu entgehen. Die Betroffenen umgeben sich mit einer Art isolierenden Kapsel, die sie nicht nur vor emotionalem Schmerz bewahrt, sondern auch als Barriere vor der Realität dient. Die Erfahrung von Schmerz wird also zu einer wichtigen Verbindung mit dem Leben. Oft ist dieser Schmerz jedoch nicht stark genug, um die Barriere zu durchbrechen (obwohl es für den Betroffenen faszinierend sein kann zu beobachten, wie das Blut fließt und die Narben entstehen). In diesem Fall kann die Frustration ihn dazu bringen, die Versuche, sich Schmerz zuzufügen, zu steigern.

Selbstbeigebrachter Schmerz kann auch zur Ablenkung von anderen Leidensformen dienen. Eine Patientin fügte sich an verschiedenen Körperteilen Schnitte zu, wenn sie sich einsam fühlte oder Angst hatte, um sich von der Einsamkeit »abzulenken«. Eine andere schlug wegen der Schmerzen von Migräneanfällen, die durch Streß verursacht wurden, mit dem Kopf gegen die Wand.

Selbstschädigendes Verhalten kann auch als Sühne für Sünden dienen. Ein Mann, der nach dem Zusammenbruch seiner Ehe, für den er sich allein die Schuld gab, von Schuldgefühlen geplagt war, trank wiederholt Gin, ein Getränk, das er absolut nicht mochte, bis er sich übergeben mußte. Erst wenn er dieses Unbehagen und diese Erniedrigung ertragen hatte, fühlte er sich erlöst und konnte sein Leben normal weiterführen.

Schmerzhaftes, selbstzerstörerisches Verhalten kann dazu dienen, Handlungen einzuschränken, bei denen der Betroffene das Gefühl hat, daß sie gefährlich außer Kontrolle geraten sind. Ein Jugendlicher fügte sich an Händen und Penis Schnittwunden zu, um sich davon abzuhalten zu masturbieren, ein Verhalten, das er für verachtenswert hielt. Er hoffte, daß die Erinnerung an den Schmerz ihn davon abhalten würde, sich diesem abstoßenden Verhalten weiter hinzugeben.

Impulsive, selbstzerstörerische Handlungen (oder Drohungen) können aus dem Wunsch resultieren, einen anderen Menschen zu bestrafen, oft einen nahen Verwandten. Eine Frau beschrieb ihrem Freund ihre wechselnden Sexualbeziehungen (in denen oft masochistische, erniedrigende Rituale eine Rolle spielten). Zu derartigen Affären kam es immer dann, wenn sie zornig war und ihn bestrafen wollte.

Schließlich kann selbstzerstörerisches Verhalten auch dem manipulierenden Bedürfnis nach Mitleid oder Rettung entspringen. Eine Frau schnitt sich nach Auseinandersetzungen mit ihrem Freund in seiner Gegenwart wiederholt die Handgelenke auf und zwang ihn auf diese Weise, medizinische Hilfe für sie zu holen.

Viele Borderline-Patienten sagen, daß sie während der selbstverstümmelnden Akte keinen Schmerz fühlen, und berichten sogar von einer ruhigen Euphorie danach. Bevor sie sich Schmerz zufügen, können sie starke Spannungen, Zorn oder überwältigende Traurigkeit fühlen; hinterher erleben sie ein Gefühl von Erleichterung und die Befreiung von Angst.

Diese Erleichterung ist möglicherweise auf psychologische oder physiologische Faktoren zurückzuführen oder auf eine Kombination aus beiden. Ärzte haben schon seit längerem beobachtet, daß Patienten nach einem schweren körperlichen Trauma, etwa einer Kriegsverletzung, eine unerwartete Ruhe erfahren und trotz der fehlenden medizinischen Zuwendung eine Art natürliches Betäubungsmittel zur Verfügung haben. Einige haben die Hypothese aufgestellt, daß der Körper bei solchen Gelegenheiten biologische Substanzen, zum Beispiel Endorphine, freisetzt, die dem Organismus bei der Selbstbehandlung von Schmerzen helfen.

Wer bin ich?

6. Kriterium: Auffällige und andauernde Identitätsstörungen, die sich mindestens durch zwei der folgenden Anzeichen manifestieren: Selbstbild, sexuelle Orientierung, Langzeitziele oder Berufswahl, Art der gewünschten Freunde, bevorzugte Werte.

Der Borderline-Persönlichkeit fehlt ein konstantes Identitätsgefühl, genau wie ihr eine ständige Grundkonzeptualisierung anderer fehlt. Der Betroffene akzeptiert die eigene Intelligenz, Attraktivität oder Sensibilität nicht als konstante Züge, sondern eher als vergleichbare Qualitäten, die immer wieder neu verdient und im Vergleich mit anderen beurteilt werden müssen. Die Borderline-Persönlichkeit hält sich beispielsweise nur aufgrund eines gerade durchgeführten Intelligenztests für intelligent. Am nächsten Tag wird sie sich wieder für »dumm« halten, wenn sie einen »blöden Fehler« macht. Eine Frau, die unter dem Syndrom leidet, hält sich nur für attraktiv, bis sie eine Frau sieht, die sie für hübscher hält; sofort fühlt sie sich wieder häßlich.

Für die Borderline-Persönlichkeit ist die Identität auf einer Kurve abgestuft. Wer sie heute ist (und was sie tut) bestimmt ihren Wert, mit wenig Rücksicht auf das, was vorher war. Die Borderline-Persönlichkeit ruht sich nie auf ihren Lorbeeren aus. Wie Sisyphus ist sie dazu verurteilt, den Felsblock immer wieder den Berg hinaufzurollen, weil sie sich ständig neu beweisen muß. Selbstachtung erhält sie nur, wenn sie andere beeindruckt; anderen zu gefallen wird also für die Liebe zu sich selbst wichtig.

In seinem Buch *Marilyn Monroe* beschreibt Norman Mailer, wie die Suche der Schauspielerin nach einer Identität zu einer Antriebskraft wurde, die alle Aspekte ihres Lebens umfaßte:

> Wie besessen wir von der Suche nach dem eigenen Selbst doch sind! Wir suchen danach, weil die ureigenste Empfindung, wenn wir uns in unserem eigenen Ich befinden, darin besteht, daß wir uns ehrlich vorkommen, wenn wir sprechen, daß wir uns als *wirklich* erleben, und dies kleine Phänomen, daß einem also rundum wohl ist in seiner Haut, birgt ein existentielles Geheimnis, das für die Psychologie von genauso großer Wichtigkeit ist wie das *cogito ergo sum* – es geht um nichts Geringeres als darum, daß die emotionale Grundvoraussetzung dafür, daß man sich als wirklich zu erleben imstande ist, aus wer weiß was für Gründen so unendlich dem Gefühl der Leere in einem überlegen ist, daß es für eine Schauspielerin wie Marilyn zu einem mächtigeren Antrieb werden kann als Sex und der Hunger nach Geltung oder nach Geld. Manche Menschen geben eher noch Liebe und Geborgenheit auf, bevor sie den Mut haben, auf die Wonnen der Selbstgewißheit zu verzichten.[15]

Später fand Marilyn eine Stütze durch die Schauspielerei, besonders durch die Schule von Coquelin:

Schauspieler dieser Schule *spielen sich aus*; ihre Technik ist, genauso wie die Psychoanalyse, dazu da, emotionale Lava loszuwerden, und ermöglicht es dem Schauspieler, die eigenen Abgründe kennenzulernen und genügend in den Griff zu bekommen, auf daß er dann wiederum von seiner Rolle besessen werde. Eine wahrhaft magische Transaktion. Denken wir nur an Marlon Brando in *Endstation Sehnsucht*. Von einer Rolle besessen zu werden, ist für einen Schauspieler *satori*, da die eigene Identität heil und unversehrt ist, solange die Rolle lebt.[16]

Der Kampf der Borderline-Persönlichkeit, sich eine beständige Identität zu schaffen, steht in Beziehung zu dem vorherrschenden Gefühl von Unechtheit – das immer vorhandene Gefühl, anderen »etwas vorzumachen«. Die meisten von uns erleben dieses Gefühl irgendwann einmal im Leben. Wenn wir eine neue Stellung annehmen, versuchen wir eine Aura von Wissen und Zutrauen um uns zu verbreiten. Wenn wir Erfahrung gewonnen haben, wird dieses Zutrauen mit der Zeit immer echter, weil man das System kennengelernt hat und niemandem mehr etwas vormachen muß. Kurt Vonnegut drückt es so aus: »Wir sind das, was wir vorgeben zu sein.«

Die Borderline-Persönlichkeit erreicht diesen Punkt nie. Sie hat ständig das Gefühl, anderen nur etwas vorzumachen, und hat furchtbare Angst davor, daß sie früher oder später »ertappt« wird. Dies ist besonders dann der Fall, wenn der Betroffene erfolgreich ist – der Erfolg scheint deplaziert und unverdient.

Dieses chronische Gefühl von Nicht-Authenzität hat seinen Ursprung wahrscheinlich in der Kindheit. Wie wir in Kapitel 3 sehen werden, wächst der Betroffene vor Auftreten des Syndroms oft mit einem Gefühl von Unechtheit auf, was auf verschiedene Umweltbedingungen zurückzuführen ist – körperlicher oder sexueller Mißbrauch, der Zwang, schon als Kind eine Erwachsenenrolle zu übernehmen oder für die eigenen kranken Eltern die Elternrolle zu übernehmen. Das andere Extrem sieht so aus, daß das Kind davon abgehalten wird, heranzureifen und sich von den Eltern zu lösen, so daß es in einer abhängigen kindlichen Rolle gefangen ist, obwohl die Zeit für die Ablösung bereits vorüber ist. In all diesen Situationen entwickelt der Betroffene nie ein getrenntes Ichgefühl, sondern fährt damit fort, eine Rolle zu »imitieren«, die ein anderer ihm vorschreibt. Wenn er in dieser Rolle versagt, hat er Angst, bestraft zu werden; ist er dagegen erfolgreich, ist er sich sicher, daß er als Betrüger erkannt und erniedrigt werden wird.

Unrealistische Versuche, einen Zustand von Perfektion zu erreichen, sind oft Teil des Borderline-Musters. Beispielsweise wird eine Betroffene, die unter Anorexia nervosa leidet, versuchen, ihr Gewicht ständig gering zu halten, und ist völlig verstört, wenn sie nur ein Pfund zugenommen hat, obwohl ihre Erwartung völlig unrealistisch ist. Da die Betroffene sich als statisch wahrnimmt, statt in einem dynamischen Zustand der Veränderung, kann sie jede Abweichung von diesem unbeweglichen Selbstbild als vernichtend empfinden.

Umgekehrt kann die Borderline-Persönlichkeit Befriedigung in der entgegengesetzten Richtung suchen – durch den häufigen Wechsel von Beruf, Karriere, Zielen, Freunden und manchmal sogar des Geschlechts. Durch eine Änderung der äußeren Situationen und durch drastische Veränderungen des Lebensstils hofft sie, innere Zufriedenheit zu erlangen. Einige Fälle der sogenannten »Midlife-crisis« oder der »männlichen Wechseljahre« stellen den extremen Versuch dar, die Angst vor der Sterblichkeit abzuwehren oder mit Enttäuschungen im bisherigen Leben fertigzuwerden. Ein Jugendlicher, der von dem Syndrom betroffen ist, wechselt vielleicht ständig seine Clique, wobei er alle möglichen Bandbreiten durchläuft, weil er hofft, ein Zugehörigkeitsgefühl zu erreichen und angenommen zu werden. Selbst die sexuelle Identität kann für den Betroffenen eine Quelle der Verwirrung sein. Einige Autoren haben ein verstärktes Auftreten von Homosexualität, Bisexualität und sexuellen Perversionen unter den Borderline-Patienten festgestellt.[17]

Sekten, die mit dem Versprechen bedingungsloser Annahme, einem strukturierten sozialen Rahmen und einer festumrissenen Identität werben, ziehen die Borderline-Persönlichkeit besonders stark an. Wenn die Identität des einzelnen und sein Wertsystem mit dem der annehmenden Gruppe verschmilzt, erhält der Führer der Gruppe ungeheure Macht, die so weit gehen kann, daß er seine Anhänger dazu bringt, seine Handlungen nachzuahmen, selbst wenn sie mit dem Tod enden, wie es beispielsweise beim Massaker von Jonestown 1978 geschah.

Nachdem Aaron die Hochschule ohne Abschluß verlassen hatte, versuchte er seine Gefühle von Ziellosigkeit zu mildern, indem er sich einer Sekte anschloß. Er verließ sie nach zwei Jahren wieder, um nach zwei weiteren Jahren richtungslosen Wanderns in verschiedenen Städten und nach mehreren Jobs wieder zurückzukommen. Zehn Monate später verließ er die Gruppe wieder, aber dieses Mal unternahm er einen Selbstmordversuch, weil ihm ein fester Satz Ziele oder ein ausreichendes Identitätsgefühl fehlte.

Das Phänomen von »Gruppenselbstmorden«, besonders unter Teenagern, kann Schwächen in der Identitätsbildung widerspiegeln. Die nationale Selbstmordrate steigt nach dem Selbstmord einer Berühmtheit, beispielsweise Marilyn Monroe oder Freddie Prinze, dramatisch in die Höhe. Dieselbe Dynamik mag bei Jugendlichen mit zerbrechlicher Identitätsstruktur am Werk sein: Sie sind empfänglich für die Selbstmordneigungen des gleichaltrigen Gruppenführers oder einer anderen Gruppe Jugendlicher in derselben Region.

Immer halb leer

7. Kriterium: Chronische Gefühle von Leere und Langeweile.

Die Borderline-Persönlichkeit, der eine Grundidentität fehlt, erfährt häufig schmerzliche Einsamkeit, die sie motiviert, nach Möglichkeiten zu suchen, diese »Löcher« zu füllen. Die Berichte vieler Betroffener ähneln der fast körperlichen Empfindung, die Graham Greene in *Eine Art Leben* beschreibt: »Die Langeweile schien im Kopf wie ein Ballon anzuschwellen; unter der Schädeldecke entstand ein Druck; manchmal hatte ich Angst, daß dieser Ballon zerplatzen und ich meinen Verstand verlieren würde.«[18]

Natürlich haben viele Autoren Leere und Langeweile als typische Probleme des zwanzigsten Jahrhunderts bezeichnet, und hier soll nicht der Versuch unternommen werden, die psychologischen Folgen zu untersuchen. Es genügt wohl, wenn wir sagen, daß die Suche nach einer Erleichterung der Langeweile für die Borderline-Persönlichkeit meistens in impulsiven Unternehmungen, destruktiven Handlungen und enttäuschenden Beziehungen endet. In vielerlei Hinsicht sucht der Betroffene nicht wegen der positiven Aspekte nach einer neuen Beziehung oder Erfahrung, sondern um dem Gefühl der Leere zu entgehen. Er stellt dabei die existentiellen Schicksale der Charaktere dar, die von Sartre, Camus und anderen Philosophen beschrieben wurden.

Die Borderline-Persönlichkeit erfährt häufig eine Art existentieller Angst. Dies kann ein großes Hindernis bei der Behandlung sein, denn sie zapft die motivierende Energie an, die nötig ist, um gesund zu werden. Aus diesem Gefühlszustand entstehen viele andere Symptome der Erkrankung. Ein Selbstmord kann die einzige rationale Reaktion auf einen immerwährenden Zustand von Leere sein. Das Bedürfnis, die Leere zu füllen oder die Langeweile zu erleichtern, kann zu Zornausbrüchen, selbstschädigender Impulsivität (hier sei besonders der Drogenmißbrauch erwähnt) und Stimmungsschwankungen führen, die dazu dienen sollen, irgendeine Gefühlsempfindung hervorzurufen.

»Andere richten sich nach mir, also bin ich«

8. Kriterium: Verzweifelte Bemühungen, die reale oder eingebildete Angst vor dem Verlassenwerden zu verhindern.

Ähnlich wie ein Kind nicht zwischen der zeitweiligen Abwesenheit der Mutter und ihrer »Auslöschung« unterscheiden kann, erfährt die Borderline-Persönlichkeit zeitweiliges Alleinsein oft als immerwährende Isolation. Der Betroffene bekommt aufgrund seiner wirklichen oder eingebildeten Angst, von für ihn wichtigen Menschen verlassen zu werden, starke Depressionen. Schließlich wird er gegenüber der Welt (oder irgendeinem gerade erreichbaren Menschen) von Zorn erfaßt, da ihm diese grundlegende Erfüllung versagt wird.

Besonders wenn der Betroffene allein ist, kann er die Empfindung, zu existieren und sich wirklich zu fühlen, verlieren. Er richtet sich nicht nach Descartes Existenzprinzip »Ich denke, also bin ich«, sondern lebt nach einer Philosophie, die eher folgendem Satz ähnelt: »Andere richten sich nach mir, also bin ich.«

Der Theologe Paul Tillich schrieb, daß »Einsamkeit nur von denen überwunden werden kann, die Alleinsein ertragen können.« Da es der Borderline-Persönlichkeit so schwer fällt, Alleinsein zu ertragen, ist sie in einer anhaltenden metaphysischen Einsamkeit gefangen, für die die einzige Erleichterung die körperliche Gegenwart anderer ist. Der Betroffene eilt in Single-Bars oder an andere belebte Orte, ähnlich wie Theresa Dunn in dem Roman *Auf der Suche nach Mr. Goodbar*, und oft mit ähnlich enttäuschenden – oder sogar gewaltsamen – Ergebnissen.

In *Marilyn: An Untold Story* beschrieb Norman Rosten, daß Marilyn Monroe es haßte, allein zu sein. Wenn sie nicht ständig von Menschen umgeben war, fiel sie in eine Leere, »die endlos und schrecklich« war.[19]

Lee Strasberg, der ebenfalls ein enger Freund und ein bekannter Schauspiellehrer war, verbrachte viele Stunden mit Marilyn, um ihr die Zuwendung zu geben, die sie als Kind vermißt hatte. Ihre Schlafstörungen führten dazu, daß sie häufig Medikamente nahm, und Strasberg versuchte ihr zu helfen, ohne Medikamente zu schlafen, wie Gloria Steinem in *Marilyn* berichtet.

> Sie wollte gehalten werden. Sie wollte nicht, daß ein Mann mit ihr schlief, sie wollte nur Unterstützung, denn wenn sie Tabletten genommen hatte, reagierte sie so stark darauf, daß sie mehr wollte. Wir gaben sie ihr nicht. Deshalb machten wir es uns zur Gewohnheit, zu ihr zu gehen und über Nacht dazubleiben. Ich hielt sie ein wenig, und dann schlief sie ein.[20]

Gegen Ende ihres Lebens fühlte Marilyn sich »unwichtig und unbedeutend«, wie ihr letzter Psychiater, Dr. Ralph Green, berichtete. »Der Hauptmechanismus, den sie benutzte, um ein Gefühl von Stabilität und Bedeutung in ihr Leben zu bringen, war die Attraktivität ihres Körpers.«

Als die Attraktivität ihres Körpers nachließ, als ein Mann, den sie als Vaterfigur betrachtete, sie verließ, als sie nicht schwanger werden konnte, als sie im Berufsleben kritisiert, zurückgewiesen oder für Fehler verantwortlich gemacht wurde, brach Marilyns Welt zusammen. Man hatte sie »erkannt«. Sie war wieder die einfache Norma Jean, verletzbar durch die massiven Depressionen und die Hoffnungslosigkeit, die die Rolle, oder vielmehr das Fehlen der Rolle, für sie bedeutete. Den Berichten mehrerer Biographen zufolge unternahm sie mindestens drei Selbstmordversuche und hatte unzählige nahe Begegnungen mit dem Tod, bevor sie schließlich Erfolg hatte.

Für die meisten von uns ist das Alleinsein eine erwünschte, seltene Möglichkeit, um über Erinnerungen nachzudenken und über Dinge, die für unser Wohlbefinden wichtig sind – es ist die Chance, mit sich selbst wieder Fühlung aufzunehmen, um wiederzuentdecken, wer wir sind: »Die Wände eines leeren Zimmers sind Spiegel, die unser Gefühl von uns selbst verdoppeln und wieder verdoppeln«, schreibt John Updike in *Der Zentaur*.

Aber zurück zu der Borderline-Persönlichkeit, die nur ein ganz schwaches Ichgefühl hat und nur leere Reflexionen sieht. Das Alleinsein wiederholt die Panik, die sie als Kind erfahren hat, wenn sie mit der Möglichkeit, von den Eltern verlassen zu werden, konfrontiert wurde: Wer wird sich dann um mich kümmern? Der Schmerz der Einsamkeit kann nur durch einen Phantasieliebhaber erleichtert werden, wie es im Text unzähliger Liebeslieder ausgedrückt wird.

Neben diesen acht Kriterien, die die Borderline-Persönlichkeitsstörung definieren, wurde von Gunderson ein neuntes Kriterium – kurze psychotische Erfahrungen – vorgeschlagen. Das DSM-III-R akzeptiert dieses Kriterium jedoch noch nicht, da es wegen der Häufigkeit und der Überlappung mit psychotischen Erkrankungen Kontroversen gibt. Die Borderline-Persönlichkeit kann vorübergehend psychotisch werden, wenn sie mit stressigen oder sehr unstrukturierten Situationen konfrontiert wird. Psychiater beobachten beispielsweise bisweilen psychotische Episoden während der klassischen Psychoanalyse, die stark von der freien Assoziation abhängt und von der Aufdeckung eines Traumas in der Vergangenheit in einer unstrukturierten Umgebung. Eine Psychose kann auch durch unerlaubten Drogenmißbrauch stimuliert werden. Anders als Patienten mit psychotischen Erkrankungen wie Schizophrenie, Manie, psychotischen Depressionen oder organischen/durch Drogen hervorgerufenen Krankheiten ist die Borderline-Psychose meistens von kürzerer Dauer und wird von dem Patienten als äußerst erschreckend wahrgenommen. Sie unterscheidet sich sehr von seinen normalen Erfahrungen. Die häufigsten psychotischen Erfahrungen für den Betroffenen sind Gefühle von Unwirklichkeit und paranoide Wahnvorstellungen.

Da auch das DSM-III-R Teile der Beschreibungen und der Merkmale der Borderline-Erkrankung, die im DSM-III standardisiert worden waren, abgeändert hat, kann man davon ausgehen, daß es in der Zukunft zu diagnostischen Verfeinerungen kommen wird, da immer mehr klinische und klinisch-statistische Untersuchungen durchgeführt werden. Vielleicht werden in den Formulierungen in der Zukunft verstärkt psychodynamische Faktoren enthalten sein, beispielsweise die Verteidigungsmechanismen, die Kernberg in seiner Formulierung der Borderline-Persönlichkeitsorganisation betont (siehe Anhang B). Die Borderline-Persönlichkeit wird von denen, die im Bereich der Psychotherapie tätig sind, immer stärker als eine der häufigsten psychiatrischen Erkrankungen in diesem Land anerkannt. Der Arzt sollte die Merkmale erkennen, um die große Anzahl an Patienten effektiv behandeln zu können. Der Laie sollte ebenfalls in der Lage sein, sie zu erkennen, damit er jene, mit denen er sein Leben teilt, besser versteht.

3 Die Wurzeln des Borderline-Syndroms

Alle glücklichen Familien ähneln einander;
jede unglückliche Familie ist unglücklich
nach ihrer eigenen Art.

Aus: *Anna Karenina* von Leo Tolstoi

Andrea Anderson hatte keine leichte Jugend. Ihr Vater war nur selten zu Hause, und wenn er da war, sagte er nicht viel. Jahrelang wußte sie nicht einmal, welchen Beruf er ausübte, nur, daß er die ganze Zeit über nicht da war. Margaret, Andreas Mutter, bezeichnete ihn als »Arbeitstier«. Ihre ganze Kindheit über spürte Andrea, daß ihre Mutter etwas vor ihr geheim hielt, aber sie war sich nie ganz sicher, was es war.

Als Andrea elf Jahre alt war, wurde plötzlich alles anders. Sie war »frühreif«, sagte ihre Mutter, aber Andrea wußte nicht, was sie damit meinte. Sie merkte nur, daß ihr Vater plötzlich viel häufiger zu Hause war als früher und daß er ihr mehr Aufmerksamkeit schenkte. Andrea freute sich über die Zuwendung und das neue Gefühl von Macht, das sie über ihn hatte, wenn er sie berührt hatte. Dann tat er alles, worum sie ihn bat.

Etwa um dieselbe Zeit herum wurde Andrea plötzlich in der Nachbarschaft des Vorortes, in dem die Familie lebte, beliebter.

Die anderen Jugendlichen boten ihr heimlich Marihuana an und ein paar Jahre später LSD, Kokain und Engelsstaub.

Die Schule war langweilig. Wenn der Schultag halb vorüber war, fing sie Streit mit anderen an. Es war ihr egal. Sie war hart; sie hatte Freunde und Drogen; sie war cool. Einmal schlug sie sogar ihren Chemielehrer, den sie für einen Idioten hielt. Er beschwerte sich beim Schulleiter, der sie von der Schule verwies.

Mit dreizehn Jahren suchte sie zum ersten Mal einen Psychiater auf, der sie als hyperaktiv einstufte und ihr mehrere Medikamente verschrieb. Sie beschloß fortzulaufen. Sie packte ihre Tasche, nahm einen Bus zur Autobahn und hielt einen Wagen an. Innerhalb weniger Minuten war sie auf dem Weg nach Las Vegas.

Margaret sah die Sache so: Egal was sie tat, es war immer dasselbe mit Andrea. Sie konnte ihrer ältesten Tochter einfach nichts rechtmachen. Andrea war ihrem Mann Robert sehr ähnlich. Er kritisierte ständig Margarets Aussehen und die Art und Weise wie sie das Haus in Ordnung hielt. Sie hatte alles versucht, um abzunehmen, Amphetamine, Alkohol und hatte sogar eine Magenoperation über sich ergehen lassen. Trotzdem schien nichts zu helfen. Sie war immer dick gewesen und würde es wohl immer bleiben.

Oft fragte sie sich, warum Robert sie geheiratet hatte. Er war ein attraktiver Mann; von Anfang an konnte sie nicht verstehen, warum er sie gewollt hatte. Nach einiger Zeit war es offensichtlich, daß er sie nicht mochte. Er kam abends einfach nicht mehr nach Hause. Andrea war der einzige Lichtblick in Margarets Leben. Ihre andere Tochter Julie war bereits mit fünf Jahren übergewichtig und schien ein verlorener Fall. Aber für Andrea tat Margaret alles. Ihre Tochter war für sie wie ein Rettungsanker. Aber je stärker sich Margaret an ihre Tochter klammerte, desto mehr lehnte Andrea sie ab. Sie wurde schwieriger, hatte Wutanfälle und beschimpfte ihre Mutter wegen ihres Gewichts. Die Ärzte konnten Margaret nicht helfen; sie sagten, daß sie manisch-depresiv und abhängig von Alkohol und Amphetaminen sei. Als sie das letzte Mal im Krankenhaus war, wurde sie mit Elektroschocks behandelt. Und jetzt, da Robert nicht mehr da war und Andrea immer wieder von zu Hause fortlief, brach ihre Welt zusammen.

In Los Angeles spielte sich für Andrea das gleiche ab wie in Las Vegas: Man versprach ihr Autos, Geld und Spaß. Sie war in vielen Autos mitgefahren, aber Spaß hatte sie nur selten gehabt. Ihre Freunde waren Verlierer, und manchmal mußte sie mit einem Mann schlafen, um sich ein paar Dollars zu »leihen«. Schließlich kehrte sie mit wenig Geld in der Tasche nach Hause zurück.

Als Andrea zu Hause eintraf, hatte Robert sich aus dem Staub gemacht. Ihre Mutter fand sie mit schweren Depressionen und von Medikamenten benebelt vor. Da ihr Zuhause so trostlos war, verfiel Andrea bald wieder der Gewohnheit, Alkohol und Drogen zu nehmen. Mit fünfzehn Jahren war sie bereits zweimal wegen Drogenmißbrauchs im Krankenhaus gewesen und von einer Reihe Therapeuten behandelt worden. Mit sechzehn wurde sie von einem Mann geschwängert, den sie erst einige Wochen zuvor kennengelernt hatte. Sie heiratete ihn kurz nach dem Schwangerschaftstest. Als sieben Monate später Doris geboren wurde, brach die Ehe auseinander. Andrea Mann war ein schwacher und passiver Dummkopf, der nicht einmal sein eigenes Leben in den Griff kriegen, geschweige denn, seinem Kind ein stabiles Heim bieten konnte.

Als das Baby sechs Monate alt war, war die Ehe am Ende, und Andrea zog mit ihrer Tochter Doris zu Margaret. Von diesem Zeitpunkt an war Andrea von ihrem Gewicht besessen. Tagelang nahm sie keinerlei Nahrung zu sich und stopfte dann schnell ungeheure Mengen in sich hinein, die sie gleich anschließend wieder in der Toilette erbrach. Was sie nicht erbrach, versuchte sie auf andere Weise loszuwerden: sie verschlang Abführmittel, als ob es sich um Bonbons handelte. Sie trieb Sport, bis ihre Kleidung vom Schweiß völlig durchnäßt war und sie sich vor Erschöpfung nicht mehr regen konnte. Sie verlor viel Gewicht – aber auch ihre Gesundheit und ihre Stimmung litten. Sie hatte keine Regelblutung mehr, ihre Energie ließ nach, ihre Konzentrationsfähigkeit wurde schwächer. Sie wurde sehr depressiv, und zum ersten Mal schien Selbstmord eine echte Alternative zu sein.

Zu Anfang fühlte sie sich sicher und wohl, als sie wieder ins Krankenhaus eingeliefert wurde, aber bald kehrte ihr altes Ich zurück. Am vierten Tag versuchte sie, ihren Arzt zu verführen. Als er nicht darauf einging, drohte sie mit allen möglichen Vergeltungsmaßnahmen. Sie forderte besondere Vorrechte und Aufmerksamkeit von den Schwestern und weigerte sich, an den Aktivitäten der Abteilung teilzunehmen.

So plötzlich wie sie ins Krankenhaus gegangen war, verkündete sie, daß sie geheilt sei und forderte zwei Wochen nach ihrer Einlieferung die Entlassung. Während des folgenden Jahres wurde sie mehrmals wieder eingewiesen. Sie suchte mehrere Psychotherapeuten auf, von denen keiner zu verstehen oder zu wissen schien, wie ihre dramatischen Stimmungsschwankungen, ihre Depressionen, ihre Einsamkeit und die Impulsivität gegenüber Männern und Drogen zu behandeln seien. Sie bezweifelte, daß sie je glücklich sein würde.

Es dauerte nicht lange, bis Margaret und Andrea wieder miteinander stritten und sich anschrien. Margaret hatte das Gefühl, daß ihre Tochter dieselben Fehler machte, die sie in ihrer Jugend gemacht hatte. Sie konnte es nicht länger mitansehen.

Margarets Vater war wie Robert gewesen, ein einsamer, unglücklicher Mann, der mit seiner Familie wenig zu tun hatte. Ihre Mutter beherrschte die Familie ähnlich wie Margaret die ihre. Und genau wie Margaret sich an Andrea klammerte, hatte Margarets Mutter sich an sie geklammert und verzweifelt versucht, jeden ihrer Schritte zu formen. Margaret wurde mit den Vorstellungen und Gefühlen ihrer Mutter gefüttert – es reichte für eine ganze Armee. Mit sechzehn Jahren war sie stark übergewichtig und nahm Amphetamine, die der Hausarzt ihr zur Zügelung des Appetits verschrieben hatte, in großen Mengen ein. Mit zwanzig Jahren trank sie Alkohol und nahm ein anderes Medikament, um sich von ihrer Amphetaminsucht zu befreien.

Es gelang Margaret nie, ihre Mutter zufriedenzustellen, obwohl die beiden ständig um die Kontrolle kämpften. Auch die eigene Tochter und den Ehemann konnte sie nicht zufriedenstellen. Sie war nie in der Lage gewesen, irgend jemanden glücklich zu machen, erkannte sie, nicht einmal sich selbst. Dennoch beharrte sie darauf, andere Menschen, die sich nicht befriedigen ließen, zufriedenzustellen.

Jetzt, da Robert nicht mehr da und Andrea so krank war, schien Margarets Leben auseinanderzubrechen. Schließlich erzählte Andrea ihr, wie ihr Vater sie sexuell mißbraucht hatte. Und bevor Robert gegangen war, hatte er mit seinen Frauengeschichten geprahlt. Trotzdem vermißte Margaret ihn noch immer. Sie wußte, daß er im Grunde genauso einsam war wie sie.

Andrea erkannte, daß es an der Zeit war, etwas für diese selbstzerstörerische Familie zu tun, oder zumindest für sich selbst. An erster Stelle stand die Aufgabe, sich einen Job zu suchen, um etwas gegen die anhaltende Langeweile zu unternehmen. Aber sie war neunzehn Jahre alt, hatte eine zweijährige Tochter und weder einen Mann noch einen Schulabschluß.

Mit der für sie charakteristischen Zwanghaftigkeit besuchte sie die Abendschule und hatte innerhalb weniger Monate ihren Schulabschluß in der Tasche. Wenige Tage, nachdem sie ihr Zeugnis erhalten hatte, stellte sie Anträge für Stipendien und Studienbeihilfen, um die Hochschule zu besuchen.

Margaret kümmerte sich jetzt um Doris, und in vielerlei Hinsicht schien es, daß dieses Arrangement funktionieren könnte. Doris' Erziehung gab Margaret einen Lebensinhalt, das Kind wurde zu Hause versorgt und Andrea hatte Zeit für ihre neue Aufgabe. Aber bald zeigten sich Risse im System: Margaret war manchmal zu betrunken oder depressiv, um helfen zu können. Wenn dies passierte, hatte Andrea ein einfaches Druckmittel: Sie drohte, Doris von Margaret wegzunehmen. Aber Großmutter und Enkelin schienen einander so verzweifelt zu brauchen, daß Andrea die Kontrolle über den ganzen Haushalt übernehmen konnte.

Trotz aller Arbeit konnte Andrea Zeit für Männer finden, obwohl die häufigen Beziehungen immer nur von kurzer Dauer waren. Sie schien ein bestimmtes Muster zu verfolgen: Wenn ein Mann sich wirklich für sie interessierte, wurde er langweilig für sie. Sie hatte es auf distanzierte, ältere Männer abgesehen – Ärzte, verheiratete Bekannte, Professoren, alles Männer, die unerreichbar waren –, aber sobald sie auf ihre Annäherungsversuche eingingen, ließ sie sie fallen. Die jungen Männer, mit denen sie sich einließ, gehörten alle einer religiösen Sekte an, die Sexualität vor der Ehe ablehnte. Andrea mied Frauen und hatte keine Freundinnen. Sie hielt Frauen für schwach und uninteressant. Männer hatten wenigstens etwas Substanz. Sie hielt sie für Dummköpfe, wenn sie auf ihre Annäherungsversuche reagierten, und für Heuchler, wenn sie es nicht taten.

Mit der Zeit wurde Andrea immer ängstlicher, je erfolgreicher sie an der Hochschule war. Sie konnte ein bestimmtes Interesse – die Schule, ein bestimmter Mann – unablässig, fast obsessiv verfolgen, aber mit jedem Erfolg eskalierten ihre Forderungen an sich selbst zu unrealistischen Proportionen. Trotz ihrer guten Noten litt sie unter Zornausbrüchen und drohte, sich umzubringen, wenn sie in einem Examen ihren Erwartungen nicht gerecht wurde.

In solchen Zeiten versuchte ihre Mutter, sie zu trösten, aber auch Margaret beschäftigte sich immer häufiger mit dem Gedanken an Selbstmord, und oft wurden die Rollen vertauscht. Mutter und Tochter waren wieder häufiger im Krankenhaus anzutreffen, wo sie wegen Depressionen und Drogenmißbrauch behandelt wurden.

Wie ihre Mutter und Großmutter kannte auch Doris ihren Vater nicht sehr gut. Manchmal besuchte er sie, und manchmal besuchte sie ihn in dem Haus, das er mit seiner Mutter bewohnte. Ihr gegenüber schien er immer unbeholfen.

Da ihre Mutter distanziert war und ihre Großmutter unfähig oder mit ihren eigenen Problemen beschäftigt, hatte Doris mit vier Jahren bereits die Kontrolle über den Haushalt übernommen. Sie ignorierte Andrea, die daraufhin ihre Tochter ebenfalls ignorierte.

Wenn Doris einen Wutausbruch hatte, gab Margaret ihren Wünschen nach.
Der Haushalt war fast ständig in einem chaotischen Zustand. Manchmal befanden sich Margaret und Andrea zur gleichen Zeit im Krankenhaus, Margaret wegen ihrer Alkoholprobleme, Andrea wegen ihrer Bulimie. In dieser Zeit kümmerte sich dann Doris' Vater um die Tochter, obwohl er unfähig war, für sie zu sorgen, und diese Aufgabe seiner Mutter überließ.
Oberflächlich betrachtet scheint Doris merkwürdig reif für ein sechsjähriges Mädchen, trotz des Chaos, das um sie herum existiert. Für sie sind andere Kinder »kindisch«, weil ihnen ihre Erfahrung fehlt. Sie glaubt nicht, daß ihre Art Reife ungewöhnlich ist: Sie hat Fotos von ihrer Mutter und Großmutter gesehen, als diese in ihrem Alter waren, und auf diesen Schnappschüssen haben sie denselben Blick wie sie.

Über Generationen hinweg

Die Geschichte der Andersons ist in vielerlei Hinsicht typisch für Borderline-Fälle: Die Faktoren, die zum Borderline-Syndrom beitragen, erstrecken sich oft über Generationen. Die Genealogie der Borderline-Persönlichkeitsstörung steckt oft voller tiefer und langanhaltender Probleme, einschließlich Selbstmord, Inzest, Drogenmißbrauch, Gewalt, Verlusten und Einsamkeit.
Man hat beobachtet, daß Borderline-Patienten oft Mütter mit derselben Störung haben, deren Mütter wiederum unter demselben Syndrom gelitten haben.[1] Diese vererbte Neigung zu dieser Erkrankung führt zu einer Reihe von Fragen: Wie entwickeln sich Borderline-Merkmale? Wie werden sie in Familien weitergegeben? Werden sie überhaupt weitergegeben?
Wenn wir die Wurzeln dieser Krankheit untersuchen, stehen wir wieder vor der traditionellen Frage »Veranlagung oder Erziehung«. Die zwei Haupttheorien über die Ursachen der Borderline-

Persönlichkeitsstörung, von denen die eine die (psychologischen) Entwicklungswurzeln betont, die andere die anlagebedingten (biologischen und genetischen) Ursprünge, spiegeln dieses Dilemma wider.

Eine dritte theoretische Kategorie ist ebenfalls von Bedeutung. Sie konzentriert sich auf die größeren Umwelt- und soziokulturellen Faktoren, beispielsweise unsere schnellebige, bruchstückhafte Gesellschaftsstruktur, die Zerstörung der Kleinfamilie, hohe Scheidungsraten, eine größere Bereitschaft, sich tagsüber auf Kinderkrippen und Kindertagesstätten zu verlassen, größere geographische Mobilität und die sich verändernde Rolle der Frau (siehe Kapitel 4). Obwohl empirische Untersuchungen in bezug auf diese Umweltelemente noch durchgeführt werden müssen, spekulieren viele Fachleute, daß diese Faktoren das Auftreten der Borderline-Persönlichkeitsstörung noch steigern werden.

Die vorhandenen Beweise weisen auf keine bestimmte Ursache oder Art der Ursache der Erkrankung hin. Es ist eher eine Kombination aus neurobiologischen und sozialen Faktoren und aus Faktoren in der frühkindlichen Entwicklung, die für die Krankheit verantwortlich sind.

Ein Wort zu den Forschungsdaten

Die meisten Studien über die Entwicklung und Übertragung von psychiatrischen Krankheitsbildern verwenden indirekte Untersuchungsmethoden, das heißt Rückblicke, die Rekonstruktion vergangener Ereignisse durch den Patienten, Gespräche mit Verwandten und so weiter. Diese Methoden weisen Ungenauigkeiten auf und ihre Durchführung ist oft erschwert, so daß ihre Gültigkeit in Frage gestellt werden muß. Längsuntersuchungen, in denen bestimmte Personen beziehungsweise deren Familien über längere Zeit beobachtet und objektiv eingeschätzt werden, sind eine viel genauere Methode. Leider wurden derartige Methoden bisher in der Forschung der Borderline-Persönlichkeitsstörung noch nicht ausführlich angewandt, da die Diagnose erst in neuerer Zeit feste Gestalt angenommen hat. Außerdem sind die Kosten, der Zeitaufwand und das Menschenpotential, das für eine derartige Aufgabe nötig ist, sehr groß.

Wurzeln in der Entwicklung

Die Entwicklungstheorien über die Ursachen der Borderline-Erkrankung konzentrieren sich besonders auf die empfindlichen Interaktionen zwischen Kind und Bezugspersonen während der ersten Lebensjahre. Das Alter von achtzehn bis dreißig Monate, wenn das Kind um seine Selbständigkeit kämpft, ist besonders bedeutsam. Manche Eltern widersetzen sich den Versuchen des Kindes, sich zu lösen, sehr stark und bestehen statt dessen auf eine kontrollierte, ausschließliche, oft erstickende Symbiose. Das andere Extrem sind Eltern, die sich über längere Zeiträume nur selten um das Kind kümmern (oder überhaupt nicht da sind), so daß den Gefühlen des Kindes und seinen Erfahrungen nicht genug Aufmerksamkeit gewidmet wird und diese nicht geachtet werden. Beide Extreme elterlichen Verhaltens können dazu führen, daß das Kind kein positives, stabiles Ichgefühl entwickelt, so daß ein ständiges, intensives Bedürfnis nach Bindung und die chronische Angst, verlassen zu werden, entsteht.
In vielen Fällen handelt es sich bei der gestörten Eltern-Kind-Beziehung um eine ernstere Form: Es kommt zu frühem elterlichem Verlust oder verlängerter, traumatischer Trennung. Wie es auch bei Andrea der Fall war, haben viele Betroffene keinen Vater oder dieser ist psychisch gestört. Primäre Mutterfiguren (diese Rolle kann manchmal auch vom Vater übernommen werden) neigen zu Launenhaftigkeit, Depressionen und leiden selbst unter ernsten psychischen Erkrankungen, meistens Borderline-Persönlichkeitsstörungen. Für den familiären Hintergrund der Borderline-Persön-

lichkeit sind Inzest, Gewalt und/oder Alkoholismus bezeichnend. Vielen Fällen ist eine bestehende, feindliche oder konfliktbeladenen Beziehung zwischen Mutter und Kind vor Ausbruch des Borderline-Syndroms gemein.

Die Objektbeziehungstheorie und Ablösung und Individuation in der Kindheit

Die Objektbeziehungstheorie, ein Modell der kindlichen Entwicklung, betont die Bedeutung der Interaktionen des Kindes mit seiner Umgebung im Gegensatz zu inneren psychischen Instinkten und biologischen Trieben, die mit den Empfindungen von außen nicht in Beziehung stehen. Dieser Theorie zufolge entscheiden die Beziehungen des Kindes zu »Objekten« (Menschen und Dingen) in seiner Umgebung seine spätere Funktion.

Das primäre Objektbeziehungsmodell für die frühen Phasen der kindlichen Entwicklung wurde von Margaret Mahler und ihren Mitarbeitern entwickelt.[2] Sie behaupteten, daß die ersten beiden Lebensmonate des Kindes durch eine Vergeßlichkeit gegenüber allem außer sich selbst charakterisiert sei (die autistische Phase). Während der nächsten vier bis fünf Monate, die als *symbiotische Phase* bezeichnet wird, beginnt das Kind, andere in seiner Umgebung zu erkennen, aber nicht als getrennte Wesen, sondern Erweiterungen seiner selbst.

In der darauffolgenden *Phase der Ablösung und Individuation*, die sich vom zweiten bis zum dritten Lebensjahr erstreckt, beginnt das Kind, sich von seiner primären Bezugsperson abzulösen und zu befreien. Es entsteht ein separates Ichgefühl. Für Mahler und andere ist die Fähigkeit des Kindes, diese Entwicklungsphase erfolgreich zu durchlaufen, von größter Bedeutung für die spätere geistige Gesundheit.

Während der gesamten Phase von Ablösung und Individuation beginnt das sich entwickelnde Kind, Grenzen zwischen sich selbst und anderen aufzuzeichnen. Diese Aufgabe wird durch zwei zentrale Konflikte erschwert: durch das Verlangen nach Selbständig-

keit, das den Bedürfnissen nach Nähe und Abhängigke
steht, und durch die Angst vor dem Verschlungenwe
Angst, verlassen zu werden, gegenübersteht.

Ein Faktor, der das Ganze in dieser Zeit noch weiter komp
ist die Tatsache, daß das sich entwickelnde Kind jeden Menschen in seiner Umgebung als zwei separate Wesen wahrnimmt. Die Mutter wird beispielsweise als »gut« empfunden, wenn sie Trost spendet und Sensibilität zeigt. Wenn sie dagegen nicht erreichbar oder nicht in der Lage ist, Trost und Beruhigung zu gewähren, wird sie als separate, »schlechte« Mutter wahrgenommen. Wenn sie aus dem Blickfeld des Kindes verschwindet, glaubt es, sie sei vernichtet, für immer verschwunden, und es weint, damit sie zurückkehrt und seine Verzweiflung und Panik erleichtert. In der weiteren Entwicklung des Kindes wird diese normale »Spaltung« durch eine gesündere Integration der guten und schlechten Eigenschaften der Mutter ersetzt. Die Trennungsangst wird abgelöst durch das Wissen, daß die Mutter auch dann existiert, wenn sie nicht körperlich anwesend ist, und daß sie zu gegebener Zeit zurückkommen wird – dieses Phänomen wird als Objektkonstanz bezeichnet (siehe unten).

Mahler unterteilt die Phase der Ablösung und Individuation in vier sich überlappende Subphasen.

Die Differenzierungsphase (5 – 8 Monate). In dieser Entwicklungsphase wird sich das Kind einer Welt bewußt, die getrennt von seiner Mutter besteht. Das »soziale Lächeln« entsteht – eine Reaktion auf die Umgebung, aber am meisten auf die Mutter gerichtet. Gegen Ende dieser Phase zeigt das Kind die Umkehrung derselben Reaktion – das »Fremdeln« –, das Erkennen fremder Menschen in seiner Umgebung.

Wenn die Beziehung zur Mutter unterstützend und tröstlich ist, ist für die Reaktion auf Fremde hauptsächlich ein neugieriges Wundern bezeichnend. Wenn die Beziehung nicht unterstützend ist, herrscht eher Angst vor. Das Kind beginnt, positive und negative

Emotionen anderen gegenüber zu unterscheiden und verläßt sich dabei auf die Spaltung, um mit diesen widersprüchlichen Empfindungen zurechtzukommen.

Die Übungsphase (8 – 16 Monate). Die Übungsphase ist gekennzeichnet durch die zunehmende Fähigkeit des Kindes, sich von seiner Mutter fortzubewegen, erst durch das Krabbeln und dann durch das Laufen. Diese kurzen Trennungen sind durch häufige Wiedervereinigungen gekennzeichnet, das Kind »meldet« sich, um »wieder aufzutanken«. Dieses Verhalten zeigt die Ambivalenz des Kindes gegenüber seiner sich entwickelnden Autonomie.

Die Phase der Wiederannäherung (16 – 25 Monate). In dieser Phase taucht in der sich erweiternden Welt des Kindes die Erkenntnis auf, daß es eine Identität besitzt, die getrennt von den Menschen in seiner Umwelt besteht. Wiedervereinigungen mit der Mutter und das Bedürfnis nach ihrer Zustimmung führen zu der sich vertiefenden Erkenntnis, daß sie und andere getrennte, reale Wesen sind. Aber gerade in der Phase der Wiederannäherung stehen Mutter und Kind Konflikten gegenüber, die darüber entscheiden, ob das Kind in der Zukunft ein Opfer des Borderline-Syndroms wird.
Die Rolle der Mutter in dieser Zeit besteht darin, das Kind zu Experimenten mit seiner Individuation zu ermutigen, aber gleichzeitig ein konstantes, unterstützendes Reservoir zum Wiederauftanken zu bieten. Das normale Zweijährige entwickelt eine starke Bindung an die Eltern, lernt aber auch, sich vorübergehend von ihnen zu trennen. Dabei zeigt es eher Trauer als Zorn oder Wutausbrüche. Wenn es mit den Eltern wiedervereint wird, ist das Kind wahrscheinlich glücklich, aber auch böse wegen der Trennung. Die Mutter hat Mitleid mit dem Kind und akzeptiert seinen Zorn ohne Vergeltung. Nach vielen Trennungen und Wiedervereinigungen entwickelt das Kind ein andauerndes Ichgefühl, Liebe und Vertrauen zu den Eltern und eine gesunde Ambivalenz anderen gegenüber.

Die Mutter eines Kindes, das später unter einer Borderline-Persönlichkeitsstörung leiden wird, reagiert auf ihr Kind in anderer Weise – sie stößt das Kind entweder vorzeitig von sich und hält es von der Wiedervereinigung ab (vielleicht weil sie selbst Angst vor Nähe hat) oder besteht auf eine klammernde Symbiose (vielleicht weil sie selbst Angst hat, verlassen zu werden, und Intimität braucht). In beiden Fällen wird das Kind durch starke Ängste vor Verlassenwerden und/oder Verschlungenwerden belastet, die ihm durch die eigenen Ängste der Mutter vorgespiegelt werden.
In einem solchen Fall wächst das Kind nie zu einem emotional getrennten Wesen heran. Später spiegelt die Unfähigkeit der Borderline-Persönlichkeit, in persönlichen Beziehungen Intimität zu erlangen, diese Stufe der kindlichen Entwicklung wider. Wenn eine erwachsene Borderline-Persönlichkeit mit Nähe konfrontiert wird, können die vernichtenden Gefühle des Verlassenwerdens aus der Kindheit, die den vergeblichen Versuchen, Intimität zu erfahren, immer folgten, wiedererstehen oder das Gefühl, durch das ständige Erdrücken der Mutter erstickt zu werden. Wenn der Betroffene sich über diese Kontrollen hinwegsetzt, riskierte er möglicherweise, die Liebe der Mutter zu verlieren, wenn er jedoch die Mutter zufriedenstellt, riskiert er, sich selbst zu verlieren.
Diese Angst vor dem Verschlungenwerden wird sehr schön von T.E. Lawrence (*Lawrence von Arabien*) illustriert, der im Alter von achtunddreißig Jahren über seine Angst vor der Nähe seiner herrischen Mutter schreibt: »Ich habe schreckliche Angst davor, daß sie irgend etwas über meine Gefühle oder Überzeugungen oder Lebensart wissen könnte. Wenn sie es wüßte, würden sie Schaden nehmen, würden zerstört werden, sie gehörten nicht länger mir.«[3]

Die Phase der Objektkonstanz (25 – 36 Monate). Angenommen, die vorangegangenen Entwicklungsphasen wurden befriedigend abgeschlossen, so erlebt das Kind gegen Ende des zweiten Lebensjahres die Phase der Objektkonstanz, in der es erkennt, daß das Fehlen der Mutter (und anderer wichtiger Bezugspersonen) nicht automatisch deren Vernichtung bedeutet. Das Kind lernt, Ambivalenz und Frustration zu ertragen. Es erkennt, daß der mütterliche Zorn nur vorübergehender Natur ist. Das Kind beginnt auch zu verstehen, daß sein eigener Zorn die Mutter nicht zerstören wird. Es beginnt, das Konzept der bedingungslosen Liebe und Annahme zu verstehen, und entwickelt die Fähigkeit, zu teilen und Mitleid zu haben. Das Kind reagiert nun stärker auf den Vater und andere Menschen in seiner Umgebung. Das Selbstbild wird positiver, trotz der selbstkritischen Aspekte eines sich entwickelnden Gewissens.

Bei all diesen Aufgaben helfen dem Kind Übergangsobjekte – die bekannten Trostspender (Teddybären, Puppen, Schmusedecken), die die Mutter repräsentieren und die von dem Kind überallhin mitgenommen werden, um den Trennungsschmerz zu verringern. Die Form des Objekts, der Geruch und die Beschaffenheit sind körperliche Repräsentationen der tröstenden Mutter. Übergangsobjekte sind einer der ersten Kompromisse, die das sich entwickelnde Kind eingeht, wenn es den Konflikt zwischen dem Bedürfnis nach Autonomie und dem Bedürfnis nach Abhängigkeit aushandelt. In der normalen Entwicklung schließlich wird das Übergangsobjekt aufgegeben, wenn das Kind in der Lage ist, das permanente Bild einer beruhigenden, beschützenden Mutter zu verinnerlichen.

Den Entwicklungstheorien zufolge ist die Borderline-Persönlichkeit nie in der Lage, diese Phase der Objektkonstanz zu erreichen. Statt dessen ist der Betroffene in einer früheren Entwicklungsphase stehengeblieben, in der die Spaltung und andere Abwehrmechanismen vorherrschen.

Da erwachsene Borderline-Persönlichkeiten in einem ständigen Kampf gefangen sind, um Objektkonstanz, Vertrauen und eine getrennte Identität zu erreichen, verlassen sie sich auch später noch auf Übergangsobjekte zur Beruhigung. Eine Frau trug beispielsweise in ihrem Geldbeutel immer einen Zeitungsartikel mit sich herum, der Zitate ihres Psychiaters enthielt. Wenn sie unter Streß stand, nahm sie ihn heraus. Den Artikel bezeichnete sie als ihre

»Schmusedecke«. Wenn sie den Namen ihres Arztes gedruckt sah, wurde seine Existenz verstärkt und damit sein weiteres Interesse und seine Sorge um sie.

Wenn ritualisierte, abergläubische Handlungen in extremer Weise ausgeführt werden, kann dies auf eine Nutzung von Übergangsobjekten durch die Borderline-Persönlichkeit hinweisen. Auch der Fußballspieler, der immer dieselben Socken trägt oder der sich weigert, sich in einer Gewinnphase zu rasieren, zeigt möglicherweise Borderline-Tendenzen, weil er sich auf abergläubische Symbole verläßt, die Beruhigung und Schutz bieten. Aber ein solcher Mensch überquert die Grenze zum Borderline-Syndrom nur dann, wenn sein Verhalten zwanghaft und starr wiederholt wird.

Konflikte in der Kindheit

Das sich entwickelnde Gefühl der Objektkonstanz des Kindes wird ständig neu herausgefordert, wenn es weitere Meilensteine der Entwicklung durchläuft. Das Kleinkind, das von Märchen fasziniert ist, in denen nur Charaktere mit guten oder schlechten Eigenschaften vorkommen, begegnet unzähligen Situationen, in denen es den Spaltungsmechanismus als primäre Bewältigungsstrategie einsetzt. Obwohl es jetzt der ständigen Gegenwart der Mutter vertraut, muß das heranwachsende Kind dennoch mit der Angst fertigwerden, ihre Liebe zu verlieren. Ein Vierjähriger, der ausgeschimpft wird, weil er »böse« war, kann sich durch den Entzug der mütterlichen Liebe bedroht fühlen. Er kann noch nicht begreifen, daß seine Mutter möglicherweise ihre eigenen Frustrationen ausdrückt und nicht so sehr sein schlechtes Verhalten meint. Er hat auch noch nicht gelernt, daß die Mutter böse sein und ihn gleichzeitig lieben kann.

Schließlich werden die Kinder bei Schuleintritt mit einer Trennungsangst konfrontiert. Die »Schulphobie« ist keine echte Phobie, noch bezieht sie sich ausschließlich auf die Schule. Sie stellt die subtile Wechselwirkung zwischen der Angst des Kindes und den Reaktionen der Eltern dar, die das Klammern des Kindes möglicherweise mit ihrer eigenen Ambivalenz gegenüber der Trennung verstärken.

Konflikte im Jugendalter

Die Probleme von Ablösung und Individuation werden in der Pubertät wiederholt, wenn Fragen von Identität und Nähe zu anderen wieder zu wichtigen Fragen werden. Während der Phase der Wiederannäherung in der Kindheit und in der Jugend besteht die primäre Beziehungsmethode weniger darin, aktiv zu sein, sondern eher darin, auf andere zu *re*agieren, besonders auf die Eltern. Während der Zweijährige versucht, Zustimmung und Bewunderung der Eltern zu erhalten, indem er seine Identität so formt, daß die Bezugspersonen nachgeahmt werden, versucht der Jugendliche Gleichaltrigen nachzueifern oder Verhaltensformen anzunehmen, die sich ganz bewußt von denen der Eltern unterscheiden oder sogar völlig gegensätzlich sind. In beiden Phasen basiert das Verhalten des Kindes weniger auf unabhängig bestimmten, inneren Bedürfnissen, sondern auf der Reaktion auf wichtige Menschen in der unmittelbaren Umgebung. Das Verhalten wird zu einer Suche nach Identität, statt eine bereits vorhandene Identität zu verstärken.

Ein unsicheres, junges Mädchen kann endlos lange über seinen Freund nachdenken, etwa in der Weise »er liebt mich, er liebt mich nicht«. Das Versagen, diese positiven und negativen Emotionen zu integrieren, und eine feste, beständige Wahrnehmung anderer zu etablieren, führen zu fortgesetzter Spaltung als Verteidigungsmechanismus. Das Versagen des Jugendlichen, eine Objektkonstanz aufrechtzuerhalten führt später zu Problemen, andauernde, vertrauensvolle Beziehungen aufrechtzuerhalten, ein Kernidentitätsgefühl zu etablieren und Angst und Frustration zu tolerieren.

Oft übernehmen ganze Familien ein Borderline-System in ihrer Interaktion. Die undifferenzierten Identitäten der einzelnen Familienmitglieder verschmelzen miteinander und trennen sich wieder.

Melanie, die Tochter einer solchen Familie, identifizierte sich in der Pubertät stark mit ihrer chronisch depressiven Mutter, die sich von ihrem Mann verlassen fühlte, da er anderen Frauen nachlief. Da ihr Mann oft unterwegs war und die anderen Kinder noch sehr klein waren, klammerte die Mutter sich stark an ihre Tochter. Sie erzählte ihr intime Einzelheiten der unglücklichen Ehe und drang mit aufdringlichen Fragen über Freunde und Aktivitäten in die Privatsphäre des Teenagers ein. Melanies Gefühl von Verantwortung für das Glück ihrer Mutter behinderte sie so stark, daß sie sich nicht um ihre eigenen Bedürfnisse kümmern konnte. Sie wählte sogar eine Hochschule ganz in der Nähe, damit sie weiterhin zu Hause wohnen konnte. Schließlich entwickelte Melanie eine Anorexia nervosa, die zu ihrem primären Mechanismus wurde, um ein Gefühl von Kontrolle, Unabhängigkeit und Trost zu haben. Auf ähnliche Weise fühlte sich Melanies Mutter für die Krankheit ihrer Tochter verantwortlich und schuldig. Die Mutter suchte Erleichterung in extravaganten Einkäufen (die sie vor ihrem Mann geheimhielt) und bezahlte die Rechnungen dann mit Geld, das sie vom Konto ihrer Tochter stahl. Mutter, Vater und Tochter waren in einem dysfunktionalen Familienmorast gefangen, weigerten sich aber, sich damit auseinanderzusetzen, und konnten ihm nicht entkommen. In derartigen Fällen kann die Behandlung einer Borderline-Persönlichkeit die Behandlung der ganzen Familie erforderlich machen (siehe Kapitel 7).

Traumata

Schwere Traumata – Verlust der Eltern, Vernachlässigung, Abweisung, körperlicher oder sexueller Mißbrauch – in den ersten Jahren der Entwicklung können die Wahrscheinlichkeit, daß eine Borderline-Persönlichkeitsstörung in der Jugend oder im Erwachsenenalter auftritt, steigern. Tatsächlich sind die Fallgeschichten von Borderline-Patienten typischerweise wüste Schlachtfelder, für die zerbrochene Elternhäuser, chronischer Mißbrauch und emotionale Vernachlässigung charakteristisch sind.

Norman Mailer beschreibt die Auswirkungen, die das Nichtvorhandensein eines Elternteils auf Marilyn Monroe, die ihren Vater nicht kannte, hatte. Obwohl seine Abwesenheit zu ihrer emotionalen Instabilität im späteren Leben beitrug, war sie ironischerweise auch einer der motivierenden Kräfte in ihrer Karriere:

Große Schauspieler entdecken zunächst einmal ihr Talent überhaupt erst dadurch, daß sie verzweifelt nach einer Identität suchen. Eine alltägliche Identität paßt einfach nicht zu ihnen, und es ist ja auch keine alltägliche Verzweiflung, die sie vorwärtstreibt. Die Hauptantriebskraft eines großen Schauspielers in seiner Jugend ist irrsinniger Ehrgeiz. Uneheliche Geburt sowie Irrsinn stehen bei großen Schauspielern oft Pate. Ein Kind, dem ein Elternteil fehlt, stellt den klassischen Fall einer Identitätssuche dar und wird rasch seine Anlagen zum Schauspieler entfalten (denn die schöpferischste Art, eine neue und passende Identität für sich zu finden, besteht ja darin, daß eine Rolle einem »wie auf den Leib geschrieben« ist).[4]

Marilyn war einen Großteil ihrer Kindheit im Waisenhaus aufgewachsen und hatte gelernt, mit einem Minimum an Liebe und Aufmerksamkeit auszukommen. Es war ihr Selbstbild, das am meisten litt und das später zu manipulierendem Verhalten gegenüber ihren Liebhabern führte:

Eine Hausmutter für je zehn Waisenkinder – wie könnte eine Anstalt sich je mehr leisten? –, und doch: welch ein Konkurrenzkampf, einen Bruchteil von der liebevollen Fürsorge für sich zu ergattern, die eine Frau aufbringen kann, welche den kleinen Kuchen ihres Arbeitsherzen in zehn Stücke aufteilen muß! Es kann doch nur ganz wenig sein – und doch: Welche Ellbogenkraft mußten die Kinder aufbringen, um aufzufallen und eine Belohnung einzuheimsen, oft genug dadurch, daß man ihr die ausgeklügeltsten Lügen auftischte und sich dabei der vollkommensten Einsamkeit bewußt war, falls man das Pech hatte, ganz hinten zu stehen. Was wirklich schreckenerregend ist, das ist die Tatsache, daß das Kind langsam, aber sicher jedes Gefühl dafür verliert, zumindest einen Teil des eigenen Körpers zu bewohnen.[5]

Ihr ganzes Leben über suchte Marilyn nach einem Vater, der den Vater ersetzen sollte, den sie nie gekannt hatte. Marilyns Mutter hatte ein Foto von Clark Gable auf ihrem Schreibtisch stehen, eine

Erinnerung, die Marilyn ihr ganzes Leben über bewahrte. In vielerlei Hinsicht wurde Clark Gable zu ihrem »Phantasievater«.[6] Als Gable, der mit Marilyn in dem Film *Nicht gesellschaftsfähig* spielte, kurz nach der Fertigstellung starb, war dies für sie ein unerträglicher Verlust.

Natürlich werden nicht alle Kinder, die ein Trauma erleiden oder mißbraucht werden, als Erwachsene zu Borderline-Persönlichkeiten und nicht alle Betroffenen haben unter einem Trauma oder Mißbrauch gelitten. Außerdem basieren die meisten Untersuchungen über die Auswirkungen von Traumata in der Kindheit auf den Rückschlüssen aus Berichten von Erwachsenen und nicht auf Längsstudien, die Kinder bis ins Erwachsenenalter begleiten. Schließlich haben andere Studien weniger extreme Formen des Mißbrauchs in der Geschichte von Borderline-Patienten gezeigt, besonders Vernachlässigung (manchmal durch den Vater) und eine starre, enge eheliche Bindung, die ausreichenden Schutz und Unterstützung für das Kind ausschließt.[7] Dennoch zeigt die große Menge von anekdotischen und statistischen Beweisen, daß eine Verbindung zwischen verschiedenen Formen von Mißbrauch, Vernachlässigung und Borderline-Erkrankungen besteht.

Anlagebedingte Faktoren

Einige Psychiater sind der Meinung, daß biologische und genetische Faktoren bei der Entwicklung der Borderline-Persönlichkeit eine entscheidende Rolle spielen. Diese Ansicht wird durch die Tatsache unterstützt, daß der einzelne auf eine kümmerliche Kindererziehung sehr unterschiedliche Reaktionen zeigt. Selbst viele Fachleute, die die Bedeutung der Entwicklungseinflüsse akzeptieren, sind der Meinung, daß wahrscheinlich auch die biologische Veranlagung eine Rolle spielt. Obwohl bisher keine biologischen oder genetischen Kennzeichen, beispielsweise ein Bluttest oder ein identifizierbares Gen, gefunden wurden, haben einige Untersuchungen zu interessanten Ergebnissen geführt.

Biochemisches Ungleichgewicht

Einige Theoretiker sind der Meinung, daß die Borderline-Persönlichkeitsstörung zumindest teilweise das Ergebnis eines biochemischen Ungleichgewichts sei, das auch bei anderen psychischen Erkrankungen eine Rolle spielt. Diese Theorien werden durch die Tatsache unterstützt, daß bestimmte Medikamente wie Antidepressiva, die großen Beruhigungsmittel und Medikamente gegen Anfälle bei manchen Borderline-Patienten zu einer Verbesserung der behindernden Symptome geführt haben. In den meisten Fällen scheint die zugrundeliegende Charakterpathologie jedoch trotz der Verbesserungen in den Zielsymptomen weiterzubestehen.

In neueren Untersuchungen wurde eine Verbindung zwischen impulsiven Akten und Abnormitäten im Serotonin-Stoffwechsel festgestellt, einem chemischen Neurotransmitter, der bei Gemütsstörungen eine Rolle spielt.[8] Die Forscher kamen zu dem Schluß, daß dieselbe Impulsivität, die bei Borderline-Patienten beobachtet wurde (möglicherweise auch bei Menschen, die unter Bulimie leiden, und bei Drogenabhängigen) mit ähnlichen Stoffwechselstörungen in Beziehung stehen können.[9]

Der Mißbrauch von Nahrungsmitteln, Alkohol und anderen Drogen, der bei Borderline-Patienten häufig auftritt und typischerweise als selbstzerstörerisches Verhalten interpretiert wird, kann auch als Versuch betrachtet werden, den inneren emotionalen Aufruhr selbst zu behandeln. Die Betroffenen berichten häufig von den beruhigenden Auswirkungen der Selbstverstümmelung. Statt Schmerz zu verspüren, erfahren sie eine beruhigende Erleichterung oder eine Ablenkung vom inneren psychischen Schmerz. Die Selbstverstümmelung kann wie jedes körperliche Trauma oder jeder Streß zu der Abgabe von Endorphinen führen – dabei handelt es sich um die körpereigenen, betäubenden Substanzen, die bei der Geburt, bei körperlichen Traumata, beim Langlauf und anderen körperlich belastenden Aktivitäten Erleichterung bringen.

Neurologische Faktoren

Die Borderline-Persönlichkeitsstörung wurde mit bestimmten neurologischen Störungen in Verbindung gebracht, von denen einige möglicherweise erblich sind: Lernschwächen, Hyperaktivität, Epilepsie, Kopftrauma und Gehirnhautentzündung. Diese Verbindung wurde vorwiegend bei jugendlichen Borderline-Patienten beobachtet.[10]

Einige Untersuchungen haben bei Borderline-Patienten eine abnorme Hirnwellenaktivität im Bereich des Schläfenlappens ergeben, was auf eine Dysfunktion in diesem Teil des Gehirns hindeutet. Die Forscher haben während der Tests auch abnorm hohe Mengen eines Hormons der Hirnanhangdrüse festgestellt.[11]

Untersuchungen belegen, daß Borderline-Patienten im Schlaf eine bestimmte Hirnwellenaktivität zeigen, die als kurze REM-Latenz bezeichnet wird. Hierbei ist die Zeitspanne, die dem Träumen vorausgeht, verkürzt. Dieses charakteristische Muster wurde auch bei depressiven Patienten dokumentiert. Derartige Muster waren bei den meisten Borderline-Patienten vorhanden, unabhängig davon, ob sie depressiv waren oder nicht.[12]

Eine genetische Verbindung?

Psychiater sehen häufig, daß ein Elternteil oder beide Eltern eines Borderline-Patienten ebenfalls charakteristische Merkmale dieser Störung zeigen. Die Tatsache, daß viele Kinder von Borderline-Müttern unter derselben Störung leiden, ist schon seit langem bekannt, aber bisher ging man immer davon aus, daß die Borderline-Persönlichkeit durch die Eltern-Kind-Interaktion weitergegeben wurde und nicht auf genetischem Weg.

Einige genetische Untersuchungen haben bestätigt, daß bei Blutsverwandten von Borderline-Patienten ein höherer Prozentsatz an Stimmungsstörungen, Alkoholismus und anderen Persönlichkeitsstörungen besteht, als normalerweise erwartet würde.[13]

Die Diskussion über die genetische Übertragung von Schizophrenie und Borderline-Erkrankungen wird immer noch fortgesetzt.[14]

Da viele dieser angrenzenden Störungen selbst mit genetischen Faktoren in Verbindung gebracht wurden, ließe sich daraus folgern, daß die Borderline-Persönlichkeitsstörung ebenfalls genetische Wurzeln hat.

Veranlagung kontra Erziehung

Die Frage, welchen Einfluß die Veranlagung bzw. die Erziehung hat, ist schon alt und immer noch kontrovers. Sie bezieht sich auf viele Aspekte des menschlichen Verhaltens. Leidet man unter einer Borderline-Erkrankung, weil dies das biologische Schicksal ist, das man von den Eltern geerbt hat, oder aufgrund der angemessenen oder unangemessenen Erziehung durch die Eltern? Verursachen die biochemischen und neurologischen Anzeichen der Störung die Krankheit, oder werden sie *durch* die Krankheit verursacht? Warum leiden manche Menschen unter einer Borderline-Erkrankung, obwohl sie scheinbar normal erzogen wurden? Warum erkranken andere wiederum nicht daran, obwohl sie durch Traumata und Mißbrauch in der Vergangenheit belastet sind?

Diese Frage, was zuerst da war, das Huhn oder das Ei, kann zu falschen Annahmen führen. Auf der Entwicklungstheorie basierend könnte man beispielsweise zu dem Schluß kommen, daß die ursächliche Richtung immer nach unten führt, das heißt, eine distanzierte, gleichgültige Mutter würde ein unsicheres Borderline-Kind erziehen. Aber die Beziehung ist wahrscheinlich vielschichtiger und beeinflußt sich gegenseitig:

Ein Säugling, der unter Koliken leidet, nicht reagiert und unattraktiv ist, kann in der Mutter Enttäuschung auslösen, was zu Distanz führt. Unabhängig davon, was zuerst vorhanden war, interagieren beide miteinander und setzen interpersonale Muster fort, die über Jahre hinweg andauern und sich auf andere Beziehungen erstrekken können. Die mildernde Wirkung anderer Faktoren – ein unterstützender Vater, bejahende Familienmitglieder und Freunde, eine höhere Ausbildung, körperliche und geistige Fähigkeiten – werden schließlich die emotionale Gesundheit des einzelnen bestimmen.

Obwohl es bisher keinen Nachweis gibt, daß es ein spezielles Gen für die Borderline-Persönlichkeitsstörung gibt, können Menschen aufgrund ihrer Chromosome verwundbar sein, was sich später in einer bestimmten Krankheit ausdrücken und von einer Vielfalt an beitragenden Faktoren abhängen kann – Enttäuschungen und Traumata in der Kindheit, bestimmte Streßereignisse im Leben, gesunde Ernährung, Zugang zu medizinischer Fürsorge und so weiter. Genau wie einige Forscher glauben, daß erbliche, biologische Schwächen beim Alkoholstoffwechsel des Körpers mit der Neigung des einzelnen zu Alkoholismus in Verbindung gebracht werden können, besteht möglicherweise eine genetische Neigung zur Borderline-Erkrankung, bei der es sich um eine biologische Schwäche bei der Stabilisierung von Stimmungen und Impulsen handelt.

Viele Borderline-Patienten müssen lernen, das Schwarzweißdenken, bei dem es nur ein Entweder-Oder gibt, aufzugeben. Deshalb kommen die Forscher zu dem Schluß, daß das wahrscheinlichste Modell für die Borderline-Erkrankung (und für die meisten medizinischen und psychischen Erkrankungen) aus mehreren beitragenden Faktoren zusammengesetzt ist, die auf Veranlagung und Erziehung zurückzuführen sind, gleichzeitig am Werk sind und in einer Wechselbeziehung zueinander stehen. Die Borderline-Persönlichkeit ist ein komplizierter Wandteppich, der mit unzähligen, sich kreuzenden Fäden reich bestickt ist.

4 Die Borderline-Gesellschaft

Wo keine Weissagung ist, wird das Volk wild und wüst.

Die Sprüche Salomos, 29,18

Staaten sind wie die Menschen;
sie erwachsen aus menschlichen Charakteren.

Aus Platos *Republik*

Von klein auf konnte Lisa niemandem etwas recht machen. Ihr älterer Bruder war die große Hoffnung: gute Noten, respektvoll, athletisch, perfekt. Ihre jüngere Schwester, die unter Asthma litt, wurde ebenfalls mit ständiger Aufmerksamkeit überschüttet. Lisa war nie gut genug, besonders nicht in den Augen ihres Vaters. Ständig erinnerte er alle Kinder daran, daß er mit nichts angefangen hatte, daß seine Eltern kein Geld hatten, sich nicht um ihn kümmerten und zuviel tranken. Dennoch hatte er sich behaupten können. Er hatte das Gymnasium, das College und schließlich die medizinische Fakultät erfolgreich hinter sich gebracht. Jetzt war er Chirurg und Leiter seiner Abteilung und wurde von allen respektiert.

Lisas früheste Erinnerungen an ihre Mutter sahen so aus: Sie lag immer entweder krank oder mit Schmerzen auf der Couch und befahl ihr, sich um das Haus zu kümmern. Lisa bemühte sich sehr, ihre Mutter zu pflegen und sie davon zu überzeugen, von den Tabletten, die sie so benebelten, abzulassen.

Lisa hatte das Gefühl, daß sie sich nur genug bemühen mußte, damit es ihrer Mutter besser ginge und ihr Vater Gefallen an ihr haben würde. Obwohl ihre Noten immer sehr gut waren (sogar besser als die ihres Bruders), machte ihr Vater ihre Leistungen immer schlecht: entweder war der Test zu einfach gewesen, oder sie hätte es noch besser machen können. Einmal glaubte sie, daß sie vielleicht Ärztin werden wolle, aber ihr Vater meinte, daß sie das nie schaffen würde.

Wenn ihr Vater zu viel trank, wurde er gewalttätig und schlug die Kinder bisweilen stärker, als es seine Absicht war. Am schlimmsten war es, wenn er betrunken war und die Mutter sich mit Schmerztabletten vollgestopft hatte. Dann war niemand da, der sich um sie hätte kümmern können – außer Lisa, und sie haßte das.

In diesen Zeiten fühlte sie sich verloren und isoliert. Ähnlich fühlte sie sich im Biologieunterricht, wenn sie sich umblickte und sah, wie die anderen Kinder in die Mikroskope schauten, sich Notizen machten und genau zu wissen schienen, worum es ging, während sie ein merkwürdiges Gefühl im Bauch hatte. Sie verstand nicht genau, was von ihr erwartet wurde und hatte zuviel Angst zu fragen.

Nach einiger Zeit gab sie sich einfach keine Mühe mehr. Auf dem Gymnasium schloß sie sich den »falschen Leuten« an. Sie achtete darauf, daß ihre Eltern sie sahen und bemerkten, wie ausgeflippt sie angezogen waren. Sie achtete darauf, daß sie sahen, wie sie den hispanischen Jungen küßte, den sie verachteten.

Da ihr Vater davon überzeugt war, daß sie ein Medizinstudium nicht schaffen würde, wurde sie Krankenschwester. An ihrer ersten Arbeitsstelle im Krankenhaus traf sie einen »Freigeist«, der seine Erfahrung in der Krankenpflege in unterprivilegierten Gebieten einsetzen wollte. Lisa war völlig in seinen Bann geschlagen und heiratete ihn, kurz nachdem sie sich kennengelernt hatten. Sein gewohnheitsmäßiges »soziales« Trinken nahm mit der Zeit immer mehr zu, und er begann, sie zu schlagen. Lisa war mit Blutergüssen übersät, aber sie meinte, es sei ihre Schuld – sie war einfach nicht gut genug, konnte ihn nicht glücklich machen. Sie hatte keine Freundinnen, erzählte sie, weil er es nicht zuließ, aber tief in ihrem Innern wußte sie, daß dies mehr auf ihre eigenen Ängste vor Nähe zurückzuführen war.

Sie war erleichtert, als er sie endlich verließ. Sie hatte die Trennung gewollt, konnte den Schritt aber nicht selbst tun. Nach der Erleichterung kam jedoch die Angst: »Und was nun?«

Mit der Unterhaltszahlung nach der Scheidung und ihrem Gehalt hatte Lisa genug Geld, um ihre Ausbildung wieder aufzunehmen. Dieses Mal war sie festentschlossen, Ärztin zu werden, und zur großen Überraschung ihres Vaters wurde sie für das Studium tatsächlich angenommen. Endlich fühlte sie sich wieder wohl, geschätzt und respektiert. Aber dann kehrten die Selbstzweifel zurück. Die Vorgesetzten sagten, daß sie zu langsam sei, bei einfachen Prozeduren ungeschickt, nicht organisiert. Sie wurde kritisiert, weil sie nicht die richtigen Tests bestellte oder Laborergebnisse nicht rechtzeitig zurückkamen. Nur bei den Patienten fühlte sie sich wohl, denn bei ihnen konnte sie sich immer so verhalten, wie sie es gerade brauchte: freundlich und mitfühlend, konfrontierend und fordernd, je nachdem, was erforderlich war.

In der medizinischen Fakultät begegnete Lisa ebenfalls einer Menge Vorurteile. Sie war älter als die meisten anderen Studenten; sie hatte einen ganz anderen Hintergrund; und sie war eine Frau. Viele Patienten glaubten, sie sei die Krankenschwester, und einige der männlichen Patienten weigerten sich, von einer Frau behandelt zu werden. Sie fühlte sich verletzt und war zornig, weil die Gesellschaft und ihre Institutionen sie genau wie ihre Eltern ihrer Würde beraubt hatte.

Eine in der Auflösung begriffene Kultur

Psychologische Theorien nehmen eine andere Dimension an, wenn man sie im Licht der Kultur und der Zeit betrachtet, aus der sie stammen. Als Freud um die Jahrhundertwende beispielsweise das System formulierte, das zur Grundlage der modernen Psychiatrie werden sollte, war der kulturelle Zusammenhang die formal strukturierte, viktorianische Gesellschaft. Seine Theorie, daß der primäre Ursprung für Neurosen in der Unterdrückung unannehmbarer (aggressiver und besonders sexueller) Gefühle und Gedanken zu suchen sei, war in diesem strengen sozialen Kontext völlig logisch.

Heute, fast ein Jahrhundert später, werden aggressive und sexuelle Impulse viel offener ausgedrückt, und das soziale Milieu ist viel verworrener. Was es heißt, ein Mann oder eine Frau zu sein, ist in der modernen westlichen Gesellschaft viel zweideutiger als im Europa um die Jahrhundertwende. Die sozialen, wirtschaftlichen und politischen Strukturen sind weniger festgelegt. Die Familieneinheit und die kulturellen Rollen sind weniger einheitlich definiert, und das Konzept des »Traditionellen« ist unklar.

Obwohl soziale Faktoren nicht unbedingt direkte Ursachen der Borderline-Persönlichkeitsstörung (oder von anderen Formen von Geisteskrankheiten) sind, gibt es zumindest wichtige indirekte Einflüsse. Soziale Faktoren haben auf vielfältige Weise mit der Borderline-Erkrankung zu tun und können nicht übersehen werden. Erstens: Wenn die Borderline-Pathologie ihren Ursprung in der Kindheit hat – und ein Großteil der Beweise deutet in diese Richtung –, ist eine Zunahme der Krankheit wahrscheinlich an sich verändernde soziale Muster der Familienstruktur und der Wechselbeziehung zwischen Eltern und Kind gebunden. Im Hinblick darauf lohnt es sich, soziale Veränderungen im Bereich der Kindererziehung, der Stabilität des häuslichen Lebens und bei Kindesmißbrauch und -vernachlässigung zu untersuchen.

Zweitens: Soziale Veränderungen allgemeinerer Natur haben eine verschlimmernde Wirkung bei Menschen, die bereits unter dem Borderline-Syndrom leiden. Die fehlende Struktur in der amerikanischen Gesellschaft[1] heute beispielsweise ist für Borderline-Patienten schwer zu handhaben. Für sie ist es typisch, daß sie ungeheure Probleme haben, für sich selbst eine Struktur zu schaffen. Durch die Rolle der Frau, die sich weiter verändert (Karriere kontra Haushalt beispielsweise), werden Identitätsprobleme noch verstärkt. Tatsächlich führen einige Wissenschaftler das gehäufte Auftreten von Borderline-Persönlichkeitsstörungen unter Frauen auf diesen sozialen Rollenkonflikt zurück, der heute in unserer Gesellschaft so weitverbreitet ist. Die Schwere der Erkrankung in diesen Fällen wiederum kann durch die Eltern-Kind-Interaktion auf zukünftige Generationen übertragen werden, so daß die Wirkungen sich mit der Zeit vervielfachen.

Drittens: Die Zunahme von Charakterstörungen im allgemeinen und der Borderline-Persönlichkeit im besonderen kann als natürliche und unausweichliche Reaktion auf unsere zeitgenössische Kultur verstanden werden oder als ein Ausdruck dieser Kultur. Christopher Lasch bemerkt in *The Culture of Narcissism*:

> Jede Gesellschaft reproduziert ihre Kultur – ihre Normen, die zugrundeliegenden Annahmen, die Art und Weise, wie Erfahrung organisiert wird – im einzelnen Menschen in Form seiner Persönlichkeit. Wie Durkheim sagt: Die Persönlichkeit ist der sozialisierte einzelne.[2]

Für viele hat die amerikanische Kultur den Kontakt mit der Vergangenheit verloren und hat keine Verbindung zur Zukunft. Die Überflutung mit technischem Fortschritt und Informationen macht erforderlich, daß der einzelne sich stärker dem Einzelstudium verpflichtet und praktische Aufgaben allein angeht, so daß Gelegenheiten für die Sozialisation verringert werden. Steigende Scheidungsraten, die immer häufigere Unterbringung von Kindern in Krippen und Tagesstätten und größere Mobilität haben alle zu einer Gesellschaft beigetragen, der es an Beständigkeit und Verläßlichkeit fehlt. Persönliche, intime Beziehungen werden schwer oder

gar nicht mehr eingegangen, und tiefsitzende Einsamkeit, Egozentrik, Leere, Angst, Depressionen und der Verlust der Selbstachtung sind die Folge.
Das Borderline-Syndrom stellt eine pathologische Reaktion auf diese Belastungen dar. Ohne äußere Quellen von Stabilität und der Bestätigung des Selbstwerts werden Borderline-Symptome wie Schwarzweißdenken, Selbstzerstörung, extreme Stimmungsschwankungen, Impulsivität, schlechte Beziehungen, ein beeinträchtigtes Identitätsgefühl und Zorn verständliche Reaktionen auf die Spannungen innerhalb unserer Kultur. Borderline-Merkmale, die in einem gewissen Ausmaß alle Menschen aufweisen können, werden durch die vorherrschenden sozialen Bedingungen in großem Umfang hervorgerufen, ja vielleicht sogar verursacht. Louis Sass, der für die *New York Times* schreibt, drückt es so aus:

> Jede Kultur braucht wahrscheinlich ihren Sündenbock als Ausdruck der Übel einer Gesellschaft. So wie der Hysteriker zu Freuds Zeiten für die sexuelle Repression jener Zeit als Beispiel diente, repräsentiert die Borderline-Persönlichkeit, deren Identität in viele Teile gespalten ist, das Zerbrechen stabiler Einheiten in unserer Gesellschaft.[3]

Obwohl es im allgemeinen heißt, daß die Borderline-Pathologie in den letzten Jahrzehnten zugenommen hat, glauben einige Psychiater, daß die Symptome zu Beginn des Jahrhunderts genauso häufig waren. Sie behaupten, daß die Veränderung nicht in der Häufigkeit der Störung zu suchen sei, sondern in der Tatsache, daß sie heute offiziell identifiziert und definiert wurde und daher einfach häufiger diagnostiziert wird. Selbst einige der ersten Fälle Freuds könnten heute als Borderline-Persönlichkeiten diagnostiziert werden, wenn man sie im Licht der heutigen Erkenntnisse untersuchte.
Diese Möglichkeit verringert jedoch keinesfalls die Bedeutung der wachsenden Zahl von Borderline-Patienten, die in den Praxen der Psychiater enden, und das zunehmende Auftreten von Borderline-Merkmalen in der allgemeinen Bevölkerung. Der Hauptgrund

dafür, daß die Störung in der klinischen Literatur identifiziert und so ausführlich beschrieben wurde, liegt ja in der weiten Verbreitung in therapeutischen Situationen und in der allgemeinen Kultur.

Der Zusammenbruch der Struktur: eine bruchstückhafte Gesellschaft

Fast jeder wird wohl zugeben, daß die Gesellschaft seit Ende des Zweiten Weltkriegs bruchstückhafter geworden ist. Familienstrukturen, die seit Jahrzehnten bestanden – die Kleinfamilie, die erweiterte Familie, Haushalte mit einem Verdiener, geographische Stabilität wurden durch eine große Vielfalt an Mustern, Bewegungen und Trends ersetzt. Die Scheidungsraten sind stark angestiegen. Drogen- und Alkoholsucht und Kindesmißhandlungen gibt es in einem bisher nie dagewesenen Ausmaß. Verbrechen, Terrorismus und Morde aus politischen Gründen sind weitverbreitet, bisweilen sogar alltäglich.

Einige dieser Veränderungen mögen mit dem Versagen der Gesellschaft in Beziehung stehen, eine Art »soziale Wiederannäherung« zu erreichen. Wie in Kapitel 3 beschrieben wurde, wagt das Kleinkind in der Ablösungsindividuationphase vorsichtig, die Mutter zu verlassen, kehrt aber wieder zurück, da es ihre Wärme, Vertrautheit und Annahme braucht. Eine Störung dieses Annäherungszyklus' resultiert oft in fehlendem Vertrauen, gestörten Beziehungen, Leere, Angst und einem unsicheren Selbstbild – Charakteristika, aus denen das Borderline-Syndrom sich zusammensetzt. Man könnte sagen, daß die gegenwärtige Kultur auf ähnliche Weise bei einer gesunden »sozialen Wiederannäherung« stört, indem der Zugang zu den Rettungsankern versperrt wird. In den USA sind viele Eltern gezwungen, die Erziehung ihrer Kinder anderen zu überlassen, weil zwei Gehälter nötig sind, um einen gewissen Lebensstandard aufrechtzuerhalten. Die wenigsten Arbeitgeber unterstützen Eltern durch bezahlten Erziehungsurlaub

oder Kinderkrippen in Firmennähe. Der Beruf führt, ebenso wie wirtschaftlicher und sozialer Druck, zu häufigen Umzügen, und diese geographische Mobilität wiederum entfernt uns noch weiter von unseren stabilisierenden Wurzeln. Wir verlieren die Behaglichkeit von Nachbarschaft, Verwandten, die in der Nähe wohnen, und beständige soziale Rollen (oder haben sie bereits verloren).
Wenn Sitten und Gebräuche verschwinden, können diese durch ein Gefühl des Verlassenseins ersetzt werden, so als ob man in unbekanntem Gewässer umhertreibt. Unseren Kindern fehlt ein Geschichts- und Zugehörigkeitsgefühl – eine verankerte Gegenwart in der Welt. Um in einer entfremdeten Gesellschaft das Gefühl von Kontrolle und tröstlicher Vertrautheit zu etablieren, kann der einzelne auf eine Vielfalt an pathologischen Verhaltensweisen zurückgreifen – Drogenmißbrauch, Eßstörungen, kriminelles Verhalten und so weiter.
Das Versagen der Gesellschaft, Wiederannäherung mit beruhigenden, stabilisierenden Bindungen zu bieten, spiegelt sich in einer unaufhörlichen Serie von radikalen gesellschaftlichen Bewegungen während der letzten drei Jahrzehnte wider. Wir sind vom explosiven »Wir-Jahrzehnt« der sechziger Jahre zum narzißtischen »Ich-Jahrzehnt« der siebziger Jahre gestürmt, hin zu den materialistischen, schnellebigen, verrückten achtziger Jahren. Diese äußerlichen Veränderungen wurden von inneren Wertverschiebungen begleitet: von »Frieden, Liebe und Brüderlichkeit« der sechziger Jahre, Gefühle, die auf andere gerichtet waren, zum »Selbstbewußtsein« der siebziger Jahre hin zum »selbstsüchtigen Materialismus« der achtziger Jahre.
Einer der großen Verlierer bei diesen Verschiebungen hin zu Individualismus und zu der Beschäftigung mit sich selbst war die Gruppentreue – Hingabe an die Familie, die Nachbarschaft, Kirche, Beruf und Land. Da die Gesellschaft weiterhin die Distanz zu Menschen und Institutionen, die beruhigende Wiederannäherung bieten, fördert, reagiert der einzelne mit Verhaltensweisen, die praktisch das Borderline-Syndrom definieren: das verringerte Ge-

fühl einer bestätigten Identität, eine Verschlechterung der zwischenmenschlichen Beziehungen, Isolation und Einsamkeit, Langweile und (da die stabilisierende Kraft des Gruppendrucks fehlt) Impulsivität.

Wie die Welt der Borderline-Persönlichkeit ist auch die unsrige eine Welt großer Widersprüche. Wir glauben angeblich an den Frieden, dennoch sind unsere Straßen, die Kinofilme, das Fernsehen und der Sport voll mit Aggressionen und Gewalttaten. Die amerikanische Nation ist fast ausschließlich auf dem Grundsatz der Nachbarschaftshilfe begründet, dennoch ist sie zu einer der politisch konservativsten, egozentrischsten und materialistischsten Gesellschaften in der Geschichte der Menschheit geworden. Selbstbewußtes Vorgehen und Tatkraft werden gefördert, Nachdenken und Selbstbeobachtung dagegen mit Schwäche und Unfähigkeit gleichgesetzt.

Die zeitgenössischen sozialen Kräfte fordern uns auf, eine mythische Polarität anzunehmen – schwarz oder weiß, richtig oder falsch, gut oder schlecht. Dabei verlassen wir uns auf unsere Sehnsucht nach der Zeit, als alles noch einfach war, nach unserer eigenen Kindheit. Das politische System präsentiert Kandidaten, die polare Haltungen einnehmen: »Ich habe recht, der andere hat unrecht«, Amerika ist gut, während die Sowjetunion das »Reich des Bösen« ist. Religiöse Splittergruppen beschwören uns, daß nur ihr Weg zur Erlösung führt. Das Rechtssystem, das auf der Prämisse beruht, daß ein Mensch entweder schuldig oder nicht-schuldig ist, und das wenig Raum für Zwischentöne läßt, verewigt den Mythos, daß das Leben an sich fair ist und Gerechtigkeit erreicht werden kann – das heißt, wenn dennoch etwas Schlechtes passiert, ist es notwendigerweise die Schuld eines anderen, und der soll dafür bezahlen.

Die Informationsflut und die Freizeitalternativen in unserer immer reicheren und hochtechnisierten Gesellschaft macht es schwierig, im Leben Prioritäten zu setzen. Es wäre ideal, wenn wir – als einzelne und als Gesellschaft – ein Gleichgewicht erreichen könnten zwischen der Ernährung des Körpers und des Geistes, zwischen Arbeit und Freizeit, zwischen Altruismus und Eigennutz. Aber in einer immer stärker materialistisch orientierten Gesellschaft ist es nur ein kleiner Schritt von selbstbewußtem Vorgehen zur Aggressivität, vom Individualismus zur Entfremdung, von der Selbsterhaltung zur Egozentrik.

Die ständig wachsende Achtung vor Wissenschaft und Technologie hat zu einem zwanghaften Drang nach Präzision geführt. Taschenrechner und Computer haben das Kopfrechnen und den Rechenschieber ersetzt. Seit es Schuhlaschen mit Klettband gibt, lernen die Kinder nicht mehr, eine Schleife zu binden. Kreativität und intellektueller Fleiß werden für Bequemlichkeit und Präzision geopfert.

All diese Versuche, einem Universum, das aus Zufällen und Ungerechtigkeiten besteht, Ordnung und gerechtes Verhalten aufzuzwingen, führen zu dem vergeblichen Kampf der Borderline-Persönlichkeit, nur schwarz oder weiß zu wählen, richtig oder falsch, gut oder böse. Die Welt ist jedoch weder gerecht noch exakt; sie setzt sich aus vielen Feinheiten zusammen, die weniger stark vereinfachende Methoden erforderlich machen. Eine gesunde Zivilisation kann unbequeme Mehrdeutigkeiten akzeptieren. Die Versuche, Unsicherheit auszurotten oder zu ignorieren, ermutigen eine Borderline-Gesellschaft nur weiter.

Es wäre naiv zu glauben, daß die kumulative Wirkung all dieser Veränderungen – der unerträgliche Zug von Kräften, die sich gegenüberstehen – keine Auswirkungen auf unsere Psyche gehabt hätte. In gewisser Weise leben wir alle in einer Art Grenzland – zwischen dem reichen, gesunden, hochtechnologischen Amerika einerseits und der Schwachstelle von Armut, Heimatlosigkeit, Drogenmißbrauch und Geisteskrankheiten auf der anderen Seite, zwischen dem Traum von einer gesunden, sicheren Welt und dem wahnsinnigen Alptraum des atomaren Holocausts.

Das Preisschild der sozialen Veränderung besteht in Form von Streß und streßbezogenen, körperlichen Störungen wie Herzinfarkt, Schlanganfällen und erhöhtem Blutdruck. Wir müssen uns jetzt mit der Möglichkeit auseinandersetzen, daß geistige Erkrankungen Teil des psychologischen Preises geworden sind, den wir zahlen.

Die Angst vor der Zukunft

Während der letzten beiden Jahrzehnte wurde in den Praxen der Psychiater eine grundlegende Änderung bei psychischen Krankheiten festgestellt: Sie wechselten von Symptomneurosen zu Charakterstörungen. Bereits 1975 schrieb der Psychiater Peter L. Giovachinni:

> Die Ärzte werden ständig mit der scheinbar wachsenden Zahl von Patienten konfrontiert, die nicht in die gebräuchlichen diagnostischen Kategorien passen. [Sie leiden nicht unter] definitiven Symptomen, sondern unter vagen, schlecht definierten Beschwerden… Wenn ich von dieser Art Patient spreche, weiß praktisch jeder, was ich meine.[4]

In den achtziger Jahren sind derartige Berichte natürlich häufig geworden, da Persönlichkeitsstörungen die klassische Neurose als die führende Krankheit ersetzt haben. Welche sozialen und kulturellen Faktoren haben diese Veränderung verursacht? Viele soziale Beobachter, einschließlich Lasch, glauben, daß ein Faktor unsere Abwertung der Vergangenheit ist:

> Für den Augenblick zu leben ist eine weit verbreitete Leidenschaft – für sich selbst zu leben, nicht für die Ahnen oder die Nachkommen. Wir verlieren immer schneller das Gefühl geschichtlicher Kontinuität, das Gefühl, zu einer Folge von Generationen zu gehören, die ihren Ursprung in der Vergangenheit haben und sich in die Zukunft erstrecken.[5]

Dieser Verlust der geschichtlichen Kontinuität wirkt zeitlich in beide Richtungen. Die Abwertung der Vergangenheit zerstört die Wahrnehmungsverbindung mit der Zukunft, die zu einem riesigen, unbekannten Faktor wird, eine Quelle nicht nur der Hoffnung, sondern auch der Angst. Die Zeit wird als isolierter Punkt wahrgenommen, nicht als eine logische, sich fortsetzende Kette von Ereignissen, die von Leistungen in der Vergangenheit und gegenwärtigen Handlungen beeinflußt wird.

Die atomare Bedrohung trägt mit dazu bei, daß wir unseren Glauben an die Vergangenheit verloren und Angst vor der Zukunft haben. Empirische Untersuchungen mit Jugendlichen und Kindern zeigen beständig ein »Bewußtsein der Gefahr, die Hoffnungslosigkeit, nicht zu überleben, eine verkürzte Zeitperspektive und eine pessimistische Haltung, die gesetzten Lebensziele zu erreichen. Selbstmord wird immer wieder als Strategie erwähnt, um mit der Bedrohung fertigzuwerden.«[6] Andere Untersuchungen haben ergeben, daß die atomare Bedrohung Kinder zu einem überstürzten »frühen Erwachsenwerden« treibt, wie man es ähnlich bei jenen Prä-Borderline-Kindern antreffen kann, die gezwungen sind, die Kontrolle über Familien zu übernehmen, die aufgrund einer Borderline-Erkrankung, Alkoholismus und anderen geistigen Störungen außer Kontrolle geraten sind.[7]

Dem Kinderpsychologen Edward Levin von der Berkeley-Universität zufolge lautet eine häufige Antwort von Jugendlichen auf die Frage: »Was wirst du deiner Meinung nach in zehn Jahren tun?«, »Wir werden alle tot sein«.[8]

Wir wir bereits gesehen haben, fixiert die Borderline-Persönlichkeit diese Orientierung auf das »Jetzt«. Der Betroffene hat wenig Interesse an der Vergangenheit und leidet fast unter kulturellem Gedächtnisschwund. Sein Vorrat an angenehmen Erinnerungen (die ihn in schwierigen Zeiten unterstützen könnten) ist fast leer. Aus diesem Grund ist er dazu verdammt, ohne Verschnaufpause Qualen zu erleiden, ohne konkrete Erinnerungen an glücklichere Tage, die ihm durch schwierige Zeiten helfen könnten. Unfähig aus seinen Fehlern zu lernen, ist er dazu verdammt, sie zu wiederholen.

Eltern, die Angst vor der Zukunft haben, werden sich wahrscheinlich um die Bedürfnisse der nächsten Generation nicht kümmern. Moderne Eltern, die emotional distanziert und entfremdet sind, aber ihre Kinder gleichzeitig verwöhnen und ihnen zu viel durchgehen lassen, sind voraussichtlich Kandidaten, die zukünftige Borderline-Persönlichkeiten formen.

Der Dschungel zwischenmenschlicher Beziehungen

Die größten Veränderungen während der letzten zwanzig Jahre fanden wahreinlich im Bereich der sexuellen Moral, Rollen und Praktiken statt – angefangen bei der unterdrückten Sexualität der fünfziger Jahre hin zur Ethik der »freien Liebe« und »wilden Ehe« der sexuellen Revolution der sechziger Jahre bis hin zu der großen sexuellen Neubewertung in den achtziger Jahren, die größtenteils aus der Angst vor AIDS erwuchs.

Die gesellschaftlichen Kräfte haben tiefe und andauernde Freundschaften, Liebesbeziehungen und Ehen immer schwieriger gemacht. Die Hälfte der Paare, die in den siebziger Jahren geheiratet haben, werden sich in den achtziger Jahren scheiden lassen.[9] Lasch bemerkt: »Da das soziale Leben immer kriegerischer und barbarischer wird, nehmen persönliche Beziehungen, die angeblich Erleichterung von solchen Zuständen versprechen, den Charakter von Kampf an.«[10]

Borderline-Persönlichkeiten sind für diese Art Kampf wahrscheinlich gut geeignet. Das Bedürfnis des narzißtischen Mannes zu beherrschen und idealisiert zu werden, paßt gut zu dem ambivalenten Bedürfnis der Borderline-Frau, die kontrolliert und bestraft werden will. Borderline-Frauen heiraten meistens jung, um dem Chaos des Familienlebens zu Hause zu entkommen. Sie klammern sich an einen herrschsüchtigen Ehemann, mit dem sie die giftige Atmosphäre des Elternhauses wiedererschaffen. Beide gehen möglicherweise ein sadomasochistisches Paarverhältnis ein, etwa nach dem Muster : »Ich hau' dir gleich eine runter!« – »Danke, das habe ich gebraucht«. Weniger typisch, aber dennoch häufig, ist die Umkehrung dieser Rollen, wobei ein Borderline-Mann mit einer narzißtischen Partnerin zusammen ist.

Masochismus ist eine herausragende Charaktereigenschaft von Borderline-Beziehungen. Abhängigkeit zusammen mit Schmerz führt zu dem populären Refrain, daß Liebe wehtut. Als Kind erfährt die Borderline-Persönlichkeit Schmerz und Verwirrung, wenn es versucht eine reifende Beziehung zu seiner Mutter oder Bezugsperson aufzubauen. Später erneuern andere Partner – Ehepartner, Freund, Pastor, Arzt – diese frühe Verwirrung. Kritik oder Mißbrauch bestärken das Selbstbild der Borderline-Persönlichkeit, wertlos zu sein, besonders stark. In Lisas späteren Beziehungen mit ihrem Mann und mit Vorgesetzten wiederholen sich beispielsweise die tiefen Gefühle von Wertlosigkeit, die ihr durch die ständige Kritik ihres Vaters eingegeben worden waren.

Bisweilen verwandelt sich das masochistische Leiden der Borderline-Persönlichkeit in Sadismus. Manchmal ermutigte Ann ihren Mann Larry dazu zu trinken, obwohl sie wußte, daß er ein Alkoholproblem hatte. Dann fing sie Streit an, obwohl sie sich Larrys Neigung zur Gewalt bewußt war, wenn er getrunken hatte. Wenn er sie geschlagen hatte, trug Ann ihre Blutergüsse wie Kampfeswunden zur Schau und erinnerte Larry immer an seine Gewalttätigkeit. Sie bestand darauf, mit ihm in die Öffentlichkeit zu gehen, wo sie ihre Verletzungen als »Unfälle« erklärte und sagte, sie sei »gegen die Tür gelaufen«.

Nach einem solchen Vorfall zeigte Larry tiefes Bedauern und fühlte sich erniedrigt, während Ann sich als geduldige Märtyrerin hinstellte. Auf diese Weise benutzte Ann die Prügel, die sie bezog, um von Larry Bestrafung einzufordern. Die Frage, wer das wirkliche Opfer in dieser Beziehung war, ließ sich immer schwerer beantworten.

Selbst wenn eine Beziehung scheinbar gestört ist, kommt die Borderline-Persönlichkeit angekrochen, um weiter bestraft zu werden, weil sie fühlt, daß sie es nicht besser verdient. Bestrafung ist

ihr bekannt und daher angenehm und läßt sich leichter handhaben als die schreckliche Aussicht von Veränderung und Einsamkeit.
Das typische Szenario moderner sozialer Beziehungen ist das Muster des »überschneidenden Geliebten« – das Bedürfnis, eine neue Romanze zu etablieren, bevor die aktuelle beendet wird. Die Borderline-Persönlichkeit ist ein Beispiel für dieses ständige Bedürfnis nach Partnerschaft: Der Betroffene durchklettert ein Gerüst von Beziehungen und kann die letzte Stange erst loslassen, wenn er die nächste ergriffen hat. Daher verläßt er den gegenwärtigen, mißhandelnden Partner erst, wenn ein neuer »weißer Ritter« zumindest am Horizont erkennbar ist.
Zeiten entspannter sozialer und sexueller Moral und weniger stark strukturierter romantischer Beziehungen (wie gegen Ende der sechziger und zu Beginn der siebziger Jahre) sind für die Borderline-Persönlichkeit schwieriger zu handhaben.
Größere Freiheit und fehlende Struktur sind paradoxerweise wie ein Gefängnis für die Borderline-Persönlichkeit, die stark benachteiligt ist, sich ein eigenes Wertsystem zu schaffen. Umgekehrt kann die Zeit des sexuellen Rückzugs Ende der achtziger Jahre (der teilweise auf AIDS zurückzuführen ist) ironischerweise für die Borderline-Persönlichkeit hilfreich sein. Soziale Ängste zwingen strenge Grenzen auf, die nur unter der Gefahr großen körperlichen Schadens übertreten werden können. Impulsivität und Promiskuität haben jetzt schwere Strafen zur Folge. Diese äußere Struktur kann helfen, den Betroffenen vor seiner Selbstzerstörung zu schützen.

Änderungen der geschlechtlichen Rollenmuster

Zu Anfang dieses Jahrhunderts gab es viel weniger soziale Rollen, sie waren klarer umrissen und ließen sich leichter miteinander verbinden. Die Mutter blieb zu Hause, sie arbeitete im Haushalt und kümmerte sich um die Kinder. Interessen an der Außenwelt, beispielsweise Aufgaben in der Schule, Hobbys und die Arbeit in Wohltätigkeitsorganisationen, entstand auf natürliche Weise aus diesen Pflichten. Der Beruf des Vaters und Arbeiten in der Gemeinde ließen sich ebenfalls gut miteinander kombinieren. Zusammen ergänzten sich ihre Rollen die meiste Zeit über harmonisch.

Die Komplexität der modernen Gesellschaft diktiert jedoch, daß der einzelne eine Überfülle an sozialen Rollen entwickelt, von denen viele nicht so leicht zusammenpassen. Die berufstätige Mutter beispielsweise hat zwei bestimmte Rollen und muß sich abkämpfen, um beiden gerecht zu werden. Die Interessenpolitik der meisten Arbeitgeber macht es erforderlich, daß die berufstätige Mutter Zuhause und Arbeitsplatz trennt. Daher haben viele Mütter Schuldgefühle oder befinden sich in einer peinlichen Lage, wenn Probleme in einem Bereich Auswirkungen auf den anderen haben.

Auch für den berufstätigen Vater sind die Rollen im Berufsleben und zu Hause aufgeteilt. Er ist nicht mehr der Besitzer des örtlichen Lebensmittelladens, der über dem Geschäft wohnt. Wahrscheinlich arbeitet er in ziemlich großer Entfernung von seinem Zuhause und hat viel weniger Zeit, bei der Familie zu sein. Außerdem nimmt der moderne Vater viel stärkeren Anteil an den Aufgaben in der Familie.

Die Rollenmuster, die sich während der letzten fünfundzwanzig Jahre so stark verändert haben, sind von zentraler Bedeutung dafür, warum Borderline-Persönlichkeitsstörungen besonders unter Frauen vorherrschen. Die neuesten Untersuchungen haben ergeben, daß etwa zwei Drittel der Patienten Frauen sind (siehe Kapitel 1). In der Vergangenheit hatte eine Frau im wesentlichen eine Lebensaufgabe: zu heiraten (meistens um die Zwanzig herum), Kinder zu bekommen, zu Hause zu bleiben, um diese Kinder zu erziehen, und jeglichen Ehrgeiz, selbst berufstätig zu sein, zu unterdrücken. Heute steht eine junge Frau im Gegensatz dazu vor einer verwirrenden Ansammlung von Rollenmodellen und Erwartungen –

angefangen bei der alleinstehenden Karrierefrau, hin zu der verheirateten Karrierefrau bis hin zur traditionellen, erziehenden Mutter, der »Supermutter«, die versucht, Ehe, Karriere und Kinder erfolgreich unter einen Hut zu bringen.
Natürlich haben auch die Männer neue Rollen und Erwartungen, aber sie sind keinesfalls so weitreichend wie die der Frauen, auch besteht dieser große Widerspruch nicht. Heute wird von den Männern erwartet, daß sie sensibler und offener sind und größeren Anteil an der Kindererziehung nehmen als früher, dennoch passen diese Eigenschaften und Verantwortungen meistens zu der allgemeinen Rolle des »Versorgers« oder »Mitversorgers«. Selten findet man einen Mann, der seinen beruflichen Ehrgeiz aufgibt oder dies überhaupt in Betracht zieht, um die Rolle des »Hausmannes« zu übernehmen – auch wird dies nicht von ihm erwartet.
Männer müssen sich während der Entwicklung von Beziehungen und in der Ehe weniger anpassen. Umzüge werden beispielsweise meistens durch die Karriere des Mannes diktiert, da er oft der Hauptverdiener ist. In der Zeit von Schwangerschaft, Geburt und Kindererziehung treten in der täglichen Realität des Mannes wenig Veränderungen auf. Die Frau erträgt nicht nur die körperlichen Anforderungen von Schwangerschaft und Geburt, sie ist es auch, die bei der Geburt eine berufliche Pause einlegen und den Übergang zurück in den Beruf schaffen oder ihre Karriere ganz aufgeben muß. Und dennoch übernimmt die Frau meistens den Hauptanteil an den Hausarbeiten, wenn beide Partner berufstätig sind, auch wenn dies nicht offen so ausgesprochen wird. Sie ist es, die normalerweise ihre Pläne ändert, um sich um ein krankes Kind zu kümmern oder auf einen Handwerker zu warten.
Obwohl die Frauen erfolgreich gekämpft haben, um größere soziale und berufliche Möglichkeiten zu erreichen, mußten sie einen hohen Preis zahlen: quälende Lebensentscheidungen im Bereich Karriere, Familie und Kinder, Belastungen der Beziehungen zu Mann und Kindern, der Streß, der aus diesen Entscheidungen resultiert, und Verwirrung über das eigene Leben und die Lebens-

ziele. Aus dieser Perspektive ist es verständlich, daß Frauen Borderline-Persönlichkeitsstörungen gegenüber anfälliger sind, denn bei dieser Störung sind Identitäts- und Rollenverwirrung zentrale Bestandteile.

Aber trotz der statistischen Beweise, die darauf hinweisen, daß die Borderline-Erkrankung eine »Frauenkrankheit« ist, erklären einige Ärzte, daß es heute nicht mehr weibliche Borderline-Fälle gibt als früher, daß nur die Symptome offensichtlicher seien. Das Borderline-Symptom von Zornausbrüchen beispielsweise, das früher für Frauen unannehmbar war, muß heute nicht mehr unterdrückt werden. Für die Frau von heute, die in einer Zeit lebt, die den offenen und ehrlichen Ausdruck von Gefühlen und Kommunikation zuläßt, ja ermutigt, ist es zu einem gesunden Gegenmittel für die Repression geworden, Zorn und andere tiefen Gefühlen offen zu äußern. Besonders von Karrierefrauen wird erwartet, daß sie sich in ihrem Beruf behaupten, und viele »Selbstbehauptungsseminare« wenden sich speziell an die berufstätige Frau. Plötzlich ermutigt unsere von Männern beherrschte Gesellschaft Frauen dazu, aggressives Verhalten und tiefe Gefühle auszudrücken, nachdem jahrhundertelang versucht worden war, »schüchterne und zurückhaltende Wesen« zu formen. Gleichzeitig wird jedoch erwartet, daß Frauen dieses Verhalten nach Belieben wieder abstellen.

Ein weiteres kulturelles Vorurteil illustriert jene Untersuchung, bei der sich herausstellte, daß Borderline-Persönlichkeitsstörungen bei hispanischen Männern und Frauen fast genauso häufig vorkommen, im Gegensatz zu den meisten Untersuchungen, in denen ein höherer Anteil an Borderline-Frauen gegenüber Borderline-Männern festgestellt wurde. Die Forscher nehmen an, daß der Grund dafür in einer Kombination aus soziokulturellen Unterschieden und einer Art klinischem Vorurteil liegt:

> Es ist möglich, daß die Borderline-Persönlichkeitsstörung unter den hispanischen Männern in unserer Untersuchung zu häufig diagnostiziert wurde, weil die Ärzte weiß waren und nicht Spanisch sprachen... Das Verhalten innerhalb der normalen Grenzen der puertorikanischen Kultur

kann als abweichend bewertet werden, wenn es außerhalb des ursprünglichen sozialen Kontexts gesehen wird; so kann beispielsweise das Zeigen von überschwenglichen Manierismen und dramatischem Verhalten durch einen hispanischen Mann einen Arzt, der derartiges Verhalten nicht kennt, dazu verleiten, Impulsivität, unpassenden Zorn und affektive Instabilität wahrzunehmen, Kriterien, die im DSM-III für die Borderline-Persönlichkeitsstörung aufgeführt sind.[11]

Ähnlich mögen vorwiegend weiße und Englisch sprechende Therapeuten Merkmale wie histrionisches Verhalten, schlechte Kontrolle über den Zorn und Impulsivität als das typische Verhalten der hispanischen Frau, oder vielmehr des *Stereotyps* der hispanischen Frau abtun, wenn sie bei der Einschätzung dieser Symptome vielleicht objektiver sein sollten.

Ob es sich bei der Borderline-Persönlichkeitsstörung um eine spezifische Frauenkrankheit handelt, ist eine Streitfrage, die hier nicht beantwortet werden kann. Es mag genügen festzustellen, daß der Preis für größere Verantwortung ein ganzer Satz von unerwünschten (und traditionell männlichen) Verhaltensformen ist, genau wie der Preis für die größere Freiheit der Frau sich in dem unharmonischen Aufruhr im Rollenverständnis niederschlägt. Die Kombination aus all diesen Einflüssen kann zumindest die Symptome der Borderline-Persönlichkeit unter Frauen verschlimmern.

Die nicht-geglückte sexuelle Orientierung und Borderline-Persönlichkeit

Eine nicht-geglückte sexuelle Orientierung kann ebenfalls eine Folge der Rollenverwirrung der Borderline-Persönlichkeit sein. In Übereinstimmung mit dieser Theorie schätzen einige Wissenschaftler, daß das Auftreten von neurotischer Homosexualität, neurotischer Bisexualität und sexuellen Perversionen unter Borderline-Persönlichkeiten besonders hoch ist.[12] Die neurotische Homosexualität einer Borderline-Persönlichkeit mag auf die frühe Kindheit zurückgehen und aus einer Reihe von möglichen Faktoren resultieren: fehlende Rollenmodelle, sexueller Mißbrauch, das unersättliche Bedürfnis nach Zuneigung und Aufmerksamkeit, Unbehagen dem eigenen Körper gegenüber und inkonsequente sexuelle Informationen.

Familien- und Erziehungsmuster

Seit dem Ende des Zweiten Weltkriegs hat unsere Gesellschaft auffällige Veränderungen in den Familien- und Erziehungsmustern erfahren:

- Die Kleinfamilie hat stetig abgenommen. Schätzungsweise verbringen 58 Prozent der amerikanischen Kinder einen wesentlichen Teil ihres Lebens in einer Familie mit nur einem Elternteil, was größtenteils auf Ehescheidungen zurückzuführen ist.[13]
- Alternative Familienstrukturen (beispielsweise »vermischte Familien«, wo sich ein alleinerziehender Elternteil mit Kindern mit einem anderen alleinerziehenden Haushalt zusammentut, um eine neue Familieneinheit zu bilden) haben zu Situationen geführt, in denen viele Kinder nicht mehr von ihren leiblichen Eltern erzogen werden.
- Aufgrund der größeren geographischen Mobilität gibt es die traditionelle erweiterte Familie, in der Großeltern, Geschwister, Cousins und andere Verwandte in der Nähe leben, fast nicht mehr, so daß die Kleinfamilie fast ohne jede Unterstützung zurechtkommen muß.
- Die Zahl der Frauen, die berufstätig sind, ist dramatisch angestiegen. 1980 waren mehr als die Hälfte der amerikanischen Mütter berufstätig, und neue Schätzungen zeigen, daß im Jahr 1990 75 Prozent aller amerikanischen Mütter arbeiten werden. Die Zahl der berufstätigen Mütter mit Kindern im Kindergartenalter ist seit 1945 um das Zehnfache gestiegen.[14]
- Die Folge dieser zunehmenden Berufstätigkeit der Frauen ist eine Steigerung der Versorgung der Kinder in den unterschiedlichsten Tageseinrichtungen, die zu einem immer frühzeitigeren

Zeitpunkt einsetzt. Die Zahl der Kinder in derartigen Tageseinrichtungen ist seit 1980 um 45 Prozent gestiegen.[15]
- Beweise zeigen klar, daß das Auftreten von körperlicher und sexueller Ausbeutung von Kindern während der letzten zehn Jahre beträchtlich gestiegen ist.[16]

Wie sehen die psychischen Auswirkungen für Eltern und Kinder durch diese Veränderungen in der Erziehung aus? Obwohl ein großer Teil davon (vermischte Familien beispielsweise) zu neu ist, um Thema intensiver Untersuchungen zu sein, sind sich Psychiater und Fachleute für Entwicklungsfragen im allgemeinen einig, daß Kinder, die mit familiärer Unruhe, Instabilität oder Mißbrauch aufwachsen, ein viel größeres Risiko laufen, in der Jugend oder im Erwachsenenalter unter emotionalen oder psychischen Problemen zu leiden. Zudem sind Eltern unter derartigen Umständen viel eher in Gefahr, Streß, Schuldgefühle, Depressionen oder ein niedriges Selbstwertgefühl zu entwickeln – alles Merkmale, die mit Borderline-Persönlichkeitsstörungen in Verbindung stehen.
James Masterson merkt an, daß Länder mit ausgedehnten sozialen Wohlfahrtssystemen – etwa Skandinavien und immer mehr auch die USA – eine soziale Abhängigkeit fördern, die Autonomie hemmt und Borderline- und soziopathisches Verhalten unter den Bürgern fördert. In Israel werden Kinder häufig im Kibbuz-Kindergarten erzogen. Die zentralen Bezugspersonen sind nicht die leiblichen Eltern, sondern eine Ansammlung von Elternfiguren. Diese Art der Familienstruktur mag Soldaten und andere Rädchen im Getriebe einer kooperativen Gesellschaft hervorbringen, aber die Aufgabe von Ablösung und Individuation gerät meistens ins Hintertreffen und das Wachstum eines autonomen Ichs und des Gefühls von Individualität wird erschwert. In Japan ist es für die Mutter charakteristisch, daß sie dem Kind zu Anfang in allem nachgibt und es später durch den Einsatz von Schuldgefühlen kontrolliert. Masterson ist der Meinung, daß dies zu einer Gesellschaft führt, in der glattes soziales Funktionieren herausragend ist,

aber persönliche Eigenschaften wie Kreativität, Autonomie und Intimität auf der Strecke bleiben.[17]

Tageseinrichtungen für Kinder: Die unbekannte Quantität

Während der ersten Lebensmonate entwickelt sich beim Säugling das emotionale und kognitive Bewußtsein des Ichs und des umsorgenden »anderen« (siehe Kapitel 3). Das Baby lernt sich selbst kennen, es entwickelt eine Grundlage für sein Ego. Gleichzeitig lernen die Eltern sich als Bezugspersonen kennen. Ein gegenseitiges Kommunikations-Feedback-System entwickelt sich – zum ersten Mal ist das Baby der sozialen Kommunikation ausgesetzt. Das Baby erfährt Gefühle und lernt gleichzeitig, den Erwachsenen, die es umsorgen, Gefühle zu entlocken und auf sie zu reagieren.[18]

T. Berry Brazelton und anderen bekannten Fachleuten für Entwicklungsfragen zufolge sind diese ersten Monate von größter Bedeutung für die zukünftige emotionale Entwicklung, für Reaktionsmuster und Selbsteinschätzung: »Die Erfahrung, einen erwarteten Akt sozialer Kommunikation zu erfüllen, schließt den Feedback-Kreislauf und schafft ein Gefühl von Beherrschung, die das Ichgefühl der Kinder bestätigt und sie zu weiterer Entwicklung ansporpt.«[19]

Das Gewicht der Beweismittel legt nahe, daß ein Kind, das nicht die Chance hatte, über sich selbst etwas zu lernen, wahrscheinlich eine beeinträchtigte emotionale und kognitive Entwicklung durchmachen wird. Später wird dieses Kind wahrscheinlich größere Probleme mit seiner Identität und Selbstachtung, mit Sicherheit, Trennungen und sozialen Beziehungen haben – dies alles sind Probleme des Borderline-Syndroms, wie wir bereits gesehen haben.

Die Auswirkungen von Tageseinrichtungen für Kinder auf die Eltern sind ebenfalls beträchtlich. Immer wieder haben Untersuchungen gezeigt, daß derartige Einrichtungen für berufstätige Eltern eine Hauptquelle für Streß sind.[20] Eltern, die während der ersten Lebensmonate des Babys nicht die Möglichkeit haben, zu Hause bei ihrem Kind zu bleiben, fühlen sich eher depressiv, betrogen, schuldig und sich ihrer Aufgabe als Eltern nicht gewachsen. Besonders Mütter sind anfällig für Gefühle von Machtlosigkeit und Schuld und bauen häufig Verteidigungsmechanismen auf, um mit ihren Gefühlen zurechtzukommen: Erstens, die Verneinung, daß die Gefühle echt sind, zweitens, die Projektion der Rolle der »guten Mutter« auf die Pflegemutter und die Übernahme der Rolle der »bösen Mutter« oder umgekehrt und drittens, die emotionale Trennung vom Kind aufgrund des Trennungsschmerzes.[21]

Neuere Untersuchungen über Pflegestellen für Kinder zeigen, daß die ausgedehnte Unterbringung in einer Kinderkrippe im ersten Lebensjahr zu unsicheren Mutter-Kind-Bindungen führen kann und später in der Kindheit zu Verweigerung, Aggressionen und Unsicherheit.[22] Die Schlußfolgerungen aus diesen Untersuchungen werden von einigen Psychologen bestritten. Sie weisen darauf hin, daß die Unterbringung in einer Tagespflegestätte positive Aspekte für die kognitive und soziale Entwicklung des Kindes mit sich bringt. Da das Phänomen von Kinderkrippen und Pflegemüttern so neu ist, können die Langzeitauswirkungen, die vielleicht erst nach vielen Jahren sichtbar werden, noch gar nicht verstanden werden. »Fast eine ganze Kindergeneration wird auf eine Weise erzogen, wie man sie noch nie gekannt hat«, schreibt Edward Zigler, der bekannte Kinderexperte und Psychologe an der Yale-Universität. »Die tatsächlichen Auswirkungen werden wir erst kennen, wenn diese Kinder erwachsen geworden sind.«[23]

Kindesmißhandlungen und Vernachlässigung: Zerstörer des Vertrauens

Kindesmißhandlungen und Vernachlässigung werden immer erkennbarer zu Gesundheitsproblemen. Selbst konservative Schätzungen gehen davon aus, daß eine Million Kinder in den USA pro Jahr von ihren Eltern mißhandelt werden. Mehr als 200.000 Kinder pro Jahr werden sexuell und 200.000 bis 300.000 psychisch mißbraucht.[24] Einige Untersuchungen schätzen, daß 25 Prozent der Mädchen bis zum Erreichen des Erwachsenenalters irgendeine Form des sexuellen Mißbrauchs erfahren (durch die Eltern oder andere Personen).[25]

Zu den Merkmalen bei körperlich mißhandelten Kindern im Vorschulalter zählen: Hemmungen, Depressionen, Bindungsschwierigkeiten, Verhaltensprobleme (beispielsweise Hyperaktivität und schwere Wutanfälle), schlechte Impulskontrolle, Aggressivität und Probleme im Verhältnis zu Gleichaltrigen.[26]

»Gewalt erzeugt Gewalt«, sagte John Lennon, und dies trifft besonders im Fall von mißhandelten Kindern zu. Da Menschen, die mißhandelt werden, selbst oft zu Mißhandelnden werden, kann sich dieses Problem über viele Jahrzehnte und Generationen fortpflanzen.

Die Häufigkeit von Mißbrauch oder Vernachlässigung unter Borderline-Patienten ist hoch genug, um als Faktor zu gelten, der Borderline-Persönlichkeitsstörungen von anderen Persönlichkeitsstörungen trennt. Verbaler oder psychischer Mißbrauch ist die häufigste Form, gefolgt von körperlichem und schließlich sexuellem Mißbrauch. Körperlicher und sexueller Mißbrauch kann dramatischer sein, aber das emotional mißbrauchte Kind kann unter einem völligen Verlust der Selbstachtung leiden.

Der emotionale Mißbrauch bei Kindern kann sich in verschiedenen Formen ausdrücken:

Erniedrigung – die ständige Abwertung der Leistungen des Kindes und die Überbewertung eines unangemessenen Verhaltens. Nach einer Weile ist das Kind überzeugt davon, daß es wirklich schlecht oder wertlos ist.

Unerreichbarkeit – emotional nicht vorhandene Eltern zeigen wenig Interesse an der Entwicklung des Kindes und geben ihm keine Zuneigung, wenn es sie braucht.

Herrschaft – extreme Drohungen, um das Verhalten des Kindes zu kontrollieren. Einige Fachleute für kindliche Entwicklung haben diese Form des Mißbrauchs mit den Techniken verglichen, mit denen Terroristen ihre Gefangenen einer Gehirnwäsche unterziehen.[27]

Das Muster des vernachlässigten Kindes, wie es von dem Psychologen Hugh Missildine beschrieben wird, spiegelt das Dilemma der Borderline-Persönlichkeit im späteren Leben wider:

> Wenn Sie in der Kindheit gefühlsmäßig vernachlässigt wurden, so mag Sie dies immer aufs neue veranlassen, von einem Menschen zum anderen zu gehen, in der Hoffnung, irgend jemand werde Ihnen geben, was Ihnen fehlt. Vielleicht liegt Ihnen nicht so sehr viel an sich selbst, und Sie meinen, eine Heirat würde die Lösung bringen; und dann befinden Sie sich auf einmal in der beunruhigenden Lage, verheiratet, aber gefühlsmäßig ohne Bindung zu sein… Überdies ist der Vernachlässigte stets unruhig und ängstlich, da er in seinen Beziehungen gefühlsmäßig nicht auf seine Kosten kommen kann… Diese unruhige und impulsive Bewegtheit ruft die Illusion hervor, ein Gefühlsleben zu haben… Solche Leute können zum Beispiel eine Verlobung eingehen und gleichzeitig mit zwei oder drei anderen Partnern sexuelle Beziehungen unterhalten. Jeder zieht sie an, der ihnen Bewunderung und Respekt entgegenbringt – und da ihr Bedürfnis nach Zuneigung so groß ist, gehen sie gleichsam wahllos Beziehungen ein.[28]

Was wir bisher von den Wurzeln der Borderline-Persönlichkeitsstörung verstehen (siehe Kapitel 3), führt zu der Folgerung, daß Mißhandlungen, Vernachlässigung oder längere Trennungen in der frühen Kindheit verantwortlich sind, wenn sich in dem entwickelnden Kind nur schwer Vertrauen ausbilden kann. Selbstachtung und Autonomie werden verkrüppelt. Die Fähigkeit, mit Trennungen fertigzuwerden und eine Identität zu formen, entwickelt sich nicht normal. Auf dem Weg zum Erwachsenwerden wiederholen mißhandelte Kinder wahrscheinlich frustrierende Beziehungen mit anderen. Schmerz und Bestrafung werden mit Nähe assoziiert – schließlich glauben sie, daß »Liebe wehtut«. Wenn der Betroffene älter wird, kann Selbstverstümmelung zum Ersatz für den mißhandelnden Elternteil werden.

Scheidungswaisen: Der Vater verschwindet

Aufgrund der hohen Scheidungsraten wachsen immer mehr Kinder ohne die körperliche und/oder emotionale Gegenwart ihres Vaters auf. Da die Gerichte die Kinder meistens der Mutter zusprechen, steht in der großen Mehrzahl alleinerziehender Haushalte die Mutter an der Spitze. Selbst in Fällen, in denen beide Eltern ein Mitspracherecht haben oder liberale Besuchszeiten festgelegt werden, tritt der Vater bei der Erziehung des Kindes immer mehr in den Hintergrund, da er wahrscheinlich nach der Scheidung eher wieder heiratet und eine neue Familie gründet.

Durch den neuen Trend in der Kindererziehung hin zur größeren Teilung der elterlichen Verantwortung zwischen Vater und Mutter wird eine Scheidung für das Kind sogar noch schlimmer. Die Zuwendung von beiden Eltern ist für Kinder ganz klar von Vorteil, aber sie verlieren auch mehr, wenn die Ehe in die Brüche geht. Dies ist besonders dann der Fall, wenn dieser Bruch während der Entwicklungsjahre des Kindes auftritt, wenn es noch einige wichtige Entwicklungsstufen vor sich hat.

Untersuchungen zu Auswirkungen von Ehescheidungen zeigen, daß Kinder im Vorschulalter auf die Angst vor dem Verlassenwerden meist mit starker Bestürzung, Bedürftigkeit, Regression und akuter Trennungsangst reagieren.[29] Eine beträchtliche Zahl ist depressiv[30] oder zeigt in späteren Entwicklungsstufen in der Kindheit antisoziales Verhalten.[31]

Während einer Trennung und Scheidung nimmt das Bedürfnis des Kindes nach körperlicher Intimität zu. So ist es für ein Kind zur Zeit der Trennung typisch, daß es den Elternteil bittet, bei ihm im Bett schlafen zu dürfen. Wenn diese Praxis fortgesetzt wird und schließlich auch für den Elternteil zu einem Bedürfnis wird, kann das kindliche Gefühl von Autonomie und körperlicher Integrität bedroht werden. In Kombination mit Einsamkeit und der schweren narzißtischen Verletzung durch die Scheidung besteht bei einigen Kinder das große Risiko, daß es zu einem Entwicklungsstillstand kommt, oder, wenn das Bedürfnis nach Zuneigung und Anerkennung zu heftig wird, zu sexuellem Mißbrauch. Der Vater, der von der Familie getrennt lebt, fordert möglicherweise, mehr Zeit mit dem Kind zu verbringen, um seine eigenen Gefühle von Einsamkeit und Deprivation ertragen zu können. Wird das Kind zum Blitzableiter für den Unmut und die Bitterkeit des Vaters, kann sich das Risiko des kindlichen Mißbrauchs wieder erhöhen.

Wenn Eltern sich trennen, wird das Kind in vielen Fällen zum Pfand in einem zerstörerischen Kampf zwischen den Eltern. Ein Vater, der sein Besuchsrecht die meiste Zeit über ignorierte, forderte plötzlich, immer dann, wenn er böse auf die Mutter war, daß seine Tochter mehr Zeit bei ihm verbringen solle. Diese Besuche waren für das Kind, für den Vater und seine neue Familie meistens unangenehm, wurden aber dennoch als Bestrafung für die ehemalige Ehefrau eingesetzt, die sich gegenüber seinen Forderungen schuldig und machtlos fühlte. Ein anderes Kind wurde in die Konflikte zwischen den geschiedenen Eltern hineingezogen, indem die Mutter den Vater regelmäßig durch das Gericht zu höheren Unterhaltszahlungen verurteilen ließ. Bestechungsversuche mit Geschenken oder die Drohung, die Unterstützung für Schul- oder Haushaltszahlungen einzustellen, werden häufig als Waffen zwischen den sich ständig bekämpfenden Eltern eingesetzt; die Bestechungen und Drohungen sind für die Kinder jedoch meistens schlimmer als für die Eltern.

Kinder können sogar in die Kämpfe vor Gericht hineingezogen und gezwungen werden, gegen ihre Eltern auszusagen.[32] In solchen Situationen können weder die Eltern, noch das Gericht oder das Jugendamt das Kind schützen. Es erfährt entweder ein Gefühl von überwältigender Hilflosigkeit (die Konflikte werden trotz seiner Anstrengungen nicht beendet) oder von berauschender Macht (seine Zeugenaussage kontrolliert den Kampf zwischen den Eltern). Das Kind ist in dieser Zwangslage möglicherweise außer sich vor Zorn und hat trotzdem Angst, daß es von allen verlassen werden könnte. All diese Umstände sind fruchtbarer Boden für die Entwicklung der Borderline-Pathologie.

In den letzten zwanzig Jahren wuchsen auch die Kinder von Tausenden von Kriegsveteranen des Zweiten Weltkriegs, des Koreakriegs und des Vietnamkriegs heran und von vielen Überlebenden aus Gefangenen- und Konzentrationslagern. Viele dieser Väter waren nicht nur während eines wichtigen Teils der Entwicklung ihrer Kinder abwesend, sondern viele entwickelten auch eine posttraumatische Belastungsreaktion und verzögerte Trauer (»Belastungstrauer«) in bezug auf ihre Erfahrungen im Kampf, die die Entwicklung ihrer Kinder ebenfalls beeinflußte.[33] 1970 kamen 40 Prozent der ehemaligen Kriegsgefangenen des Zweiten Weltkriegs und des Koreakriegs durch Selbstmord, Mord oder Autounfall (wobei es sich in den meisten Fällen um Unfälle mit einem Autoinsassen handelte) gewaltsam zu Tode.[34] Die Kinder von Überlebenden des Holocausts haben oft schwere emotionale Schwierigkeiten, die in dem massiven psychischen Trauma der Eltern verwurzelt sind.[35]

Das »Syndrom des nicht vorhandenen Vaters« kann zu Krankheiten führen. In Familien, die durch Scheidung oder Tod auseinandergerissen wurden, versucht die Mutter zu kompensieren, indem sie zur idealen Mutter wird und sich um jeden Aspekt im Leben ihres Kindes kümmert. Natürlich hat das Kind dann nur begrenzte Möglichkeiten, eine eigene Identität zu entwickeln. Ohne den Puffer durch den anderen Elternteil kann die Mutter-Kind-Verbindung zu eng werden, so daß keine gesunde Ablösung zustande kommt.

Obwohl die Mutter häufig versucht, den fehlenden Vater zu ersetzen, ist es in vielen Fällen das Kind, das den nicht vorhandenen Vater zu ersetzen sucht. Durch das Nichtvorhandensein des Vaters wird die symbiotische Intensität der Bindung an die Mutter stark vergrößert. Das Kind idealisiert die Mutter und will ihr immer gefallen. Von Elternseite aus kann ebenfalls eine Abhängigkeit von dem Kind bestehen. Diese kann sein Wachstum und seine Individuation behindern, so daß hier die Wurzeln für die Borderline-Persönlichkeitsstörung gelegt werden.

Liberale Praktiken in der Kindererziehung

Die modernen, liberalen Praktiken in der Kindererziehung, in denen traditionelle Elternfunktionen auf Institutionen außerhalb der Familie übertragen werden – Schule, Massenmedien, Industrie – haben die Qualität der Eltern-Kind-Beziehung stark verändert. Der elterliche »Instinkt« wurde durch das Vertrauen auf Bücher und Fachleute für Kindererziehung verdrängt. Die Kindererziehung steht in vielen Haushalten erst an letzter Stelle, da beide Eltern im Beruf gefordert werden. »Qualitätszeit« wird aufgrund von Schuldgefühlen zu einem beschönigenden Ausdruck für »nicht genug Zeit«.

Viele Eltern versuchen dies wiedergutzumachen, indem sie viel Aufmerksamkeit auf die praktischen Bedürfnisse und die Freizeitbedürfnisse des Kindes verwenden, aber nur wenig echte Wärme geben. Narzißtische Eltern nehmen ihre Kinder als Erweiterungen ihrer selbst wahr oder als Objekte/Besitztümer, nicht jedoch als eigenständige menschliche Wesen. Dadurch erstickt das Kind in emotional distanzierter Aufmerksamkeit, was zu einem übertriebenen Gefühl der eigenen Bedeutung führt, zu zurückgebildeten Abwehrmechanismen und zu einem Verlust des Ichgefühls.

Geographische Mobilität: Wo ist das Zuhause?

Wir ziehen mehr als je zuvor um. Größere geographische Mobilität kann dem Kind große Vorteile in der Erziehung und im kulturellen Austausch bringen, aber unzählige Umzüge sind auch von dem Gefühl begleitet, keine Wurzeln zu haben. Einige Wissenschaftler haben herausgefunden, daß Kinder, die häufig umziehen und immer nur für kurze Zeit an einem Ort bleiben, verwirrte Antworten oder überhaupt keine Antwort auf die einfache Frage nach dem Zuhause geben.[36]

Da starke Mobilität normalerweise in Zusammenhang mit einem karriereorientierten Lebensstil und beruflichen Anforderungen steht, arbeitet ein Elternteil oder beide in mobilen Familien sehr lange und ist daher für die Kinder weniger erreichbar. Die Kinder haben nur wenige Konstanten in ihrer Umgebung, die ihnen in ihrer Entwicklung Halt geben, und die Mobilität ist eine weitere zerstörerische Kraft – die Welt wird zu einer Menagerie wechselnder Orte und Gesichter. Solche Kinder können gelangweilt und einsam aufwachsen und nach ständiger Anregung suchen. Da sie ständig gezwungen sind, sich neuen Situationen und Menschen anzupassen, können sie das stabile Ichgefühl verlieren, das durch eine feste Verankerung in der Gemeinschaft aufgebaut wird. Obwohl sie von ihrem Sozialverhalten her sehr würdevoll sind, haben sie das Gefühl, dies nur vorzugeben.

Mit wachsender geographischer Mobilität wird die Stabilität der Nachbarschaft, der Schulsysteme, der Kirche und ziviler Einrichtungen und Freundschaften geschwächt. Generationen sind durch große Entfernungen voneinander getrennt, und die erweiterte Familie, die früher emotionale Unterstützung und Hilfe geboten hat, ist nicht mehr vorhanden. Kinder wachsen auf, ohne ihre Großeltern, Tanten, Onkel und Cousins zu kennen, so daß ihnen eine starke Verbindung zur Vergangenheit und eine Quelle der Liebe und Wärme für gesundes emotionales Wachstum fehlt.

5 Verstehen und heilen

Siehst du, ***hier*** *mußt du immer rennen, so schnell* ***du*** *kannst,*
damit du am selben Ort bleibst.
Wenn du woandershin möchtest,
mußt du mindestens zweimal so schnell rennen.

Aus: Lewis Carroll, *Alice im Spiegelland*

»Ich habe das Gefühl, daß in mir eine Leere herrscht, die ich nie ganz füllen kann.« Elizabeth, eine attraktive, geistreiche Achtundzwanzigjährige war ursprünglich von ihrem Hausarzt zur Therapie überwiesen worden. Seit sechs Jahren war sie mit einem zehn Jahre älteren Mann verheiratet, der früher einmal ihr Chef gewesen war. Vor fünf Monaten hatte sie ihr erstes Kind, eine Tochter, geboren und litt nun unter schweren Depressionen.

Sie sehnte sich nach etwas Eigenem, etwas, das »der übrigen Welt« signalisieren würde, »daß ich hier bin«. Innerlich fühlte sie, daß ihr »wahres Ich« ein Sumpf kindlicher Gefühle war und daß sie ihre Gefühle, die »häßlich und schlecht« waren, immer versteckte. Diese Erkenntnis verwandelte sich in Selbsthaß; sie wollte aufgeben.

Nach ihrer Rechnung hatte Elizabeth während der letzten sechs Jahre neun außereheliche Beziehungen gehabt – es handelte sich um Männer, die sie durch ihren Beruf kennengelernt hatte. Diese

Beziehungen begannen bald nach dem Tod ihres Vaters. Die meisten dieser Verbindungen kontrollierte sie allein: sie begann und beendete sie auch wieder. Sie hatte es als aufregend empfunden, daß diese Männer durch ihre Annäherungsversuche und dann durch ihre plötzliche Zurückweisung so verwirrt schienen. Ihr gefiel die körperliche Nähe, sie gab aber zu, daß sie sich vor zu starken emotionalen Verwicklungen fürchtete. Obwohl sie diese Beziehungen kontrollierte, empfand sie sie sexuell nie als befriedigend, aber auch auf ihren Mann reagierte sie sexuell nicht. Sie erklärte, daß sie sich sicherer fühlte, wenn sie die Sexualität einsetzen konnte, um Beziehungen »gleichzumachen«, um die Kontrolle zu behalten. Ihr Intellekt und ihre Persönlichkeit reichten ihrer Meinung nach nicht aus, um einen Mann zu fesseln.

Elizabeth war in einer katholischen Familie der Arbeiterklasse großgeworden und hatte drei ältere Brüder und eine jüngere Schwester, die mit fünf Jahren bei einem Badeunfall ertrunken war. Elizabeth war damals erst acht Jahre alt gewesen und hatte dieses Ereignis eigentlich nicht richtig verstanden. Sie bemerkte nur, daß ihre Mutter sich stärker zurückzog.

Solange Elizabeth sich erinnern konnte, war ihre Mutter überkritisch gewesen und beschuldigte ihre Tochter ständig, »schlecht« zu sein. Als sie ein junges Mädchen war, bestand ihre Mutter darauf, daß sie sie zur Kirche begleitete, und zwang den Vater, in Elizabeths Zimmer einen Altar zu errichten. Elizabeth fühlte sich mehr zu ihrem Vater hingezogen, einem passiven und stillen Mann, der von seiner Frau beherrscht wurde. Als Elizabeth in der Pubertät war, distanzierte er sich mehr und war weniger liebevoll.

Als Jugendliche war Elizabeth ruhig und schüchtern. Ihre Mutter war nicht einverstanden damit, daß sie sich mit Jungen traf, und ihre Freundschaften mit Mädchen beobachtete sie genau; man erwartete, daß sie »annehmbare« Freundinnen hatte. Ihre Brüder wurden immer vorgezogen; sie machte bei ihren Späßen mit, um »dazuzugehören«. Elizabeth schloß das Gymnasium mit guten Noten ab, wurde aber davon abgehalten, die Hochschule zu besu-

chen. Nach der Abschlußprüfung begann sie, als Sekretärin zu arbeiten.
Mit der Zeit verstärkten sich die Konflikte mit der Mutter. Schon am Gymnasium hatte die Mutter Elizabeth als »Schlampe« verurteilt und beschuldigte sie ständig der Promiskuität, obwohl sie keinerlei sexuelle Erfahrung besaß. Nachdem sie die Streitereien mit ihrer Mutter eine Zeitlang ertragen hatte, sparte sie genug Geld, um ausziehen zu können.
Während dieser unruhigen Zeit trennte sich Elizabeths Chef von seiner Frau und machte eine schmerzliche Scheidung durch. Elizabeth bot Trost und Mitleid an. Er reagierte mit Ermutigung und Unterstützung. Sie begannen, miteinander auszugehen und heirateten bald, nachdem die Scheidung rechtskräftig war. Natürlich war ihre Mutter entsetzt, daß sie einen geschiedenen Mann geheiratet hatte, der zudem noch zehn Jahre älter war als sie und ein vom Glauben abgefallener Katholik.
Ihr Vater blieb distanziert. Ein Jahr nach der Eheschließung seiner Tochter starb er.
Fünf Jahre später stand ihre Ehe vor dem Zusammenbruch, und Elizabeth gab ihrem Mann die Schuld daran. Sie betrachtete ihn als »Dieb«, der ihre Jugend gestohlen hatte. Sie war erst neunzehn Jahre alt gewesen, als sie sich kennengelernt hatten. Damals hatte sie starkes Verlangen danach, umsorgt zu werden, so daß sie ihre Jugend für Sicherheit eintauschte. Es waren die Jahre, in denen sie damit hätte »experimentieren können, was ich sein wollte, sein konnte und hätte sein sollen«.
In den Frühstadien der Behandlung erzählte Elizabeth von ihrer neuesten und wichtigsten Affäre: David war zwölf Jahre älter, ein alter Freund der Familie und der Priester der Gemeinde. Er war ein Mensch, den die ganze Familie kannte und verehrte, besonders ihre Mutter. Er war der einzige Mann, zu dem Elizabeth sich hingezogen fühlte, und die einzige Beziehung, die sie nicht unter Kontrolle hatte. Über einen Zeitraum von zwei Jahren beendete er die Affäre mehrmals abrupt und stellte sie dann wieder her. Später

gestand Elizabeth ihrem Psychiater, daß David der Vater ihres Kindes sei. Ihr Mann wußte offenbar nichts davon.

Elizabeth zog sich immer mehr zurück. Die Beziehung zu ihrem Mann, der häufig aus geschäftlichen Gründen verreist war, verschlechterte sich immer mehr. Sie entfremdete sich noch stärker von ihrer Mutter und den Brüdern, und ihre wenigen Freundschaften drohten in die Brüche zu gehen. Sie widersetzte sich den Versuchen, ihren Mann mit in die Therapie einzubeziehen, weil sie das Gefühl hatte, daß er und ihr Arzt unter einer Decke steckten und »seine Sicht der Dinge« bevorzugten. Selbst die Therapie bestärkte sie also in dem Glauben, daß sie niemandem vertrauen oder an niemanden glauben könne, weil sie immer wieder enttäuscht werden würde. All ihre Gedanken und Gefühle schienen mit Widersprüchen beladen zu sein, so als ob sie sich in einem Labyrinth voller Einbahnstraßen befand. Ihre Sexualität schien der einzige Ausweg aus dem Labyrinth zu sein.

Ihr Therapeut war häufig das Ziel ihrer Klagen, weil er derjenige war, der »die Kontrolle« hatte. Sie schrie ihn an, beschuldigte ihn, unfähig zu sein, drohte, mit der Therapie aufzuhören. Sie hoffte, daß er böse werden, sie anschreien und die Behandlung einstellen würde oder aber defensiv reagieren und sie bitten würde zu bleiben. Er tat jedoch weder das eine noch das andere, und sie wurde wütend, da sie seine Unerschütterlichkeit als Beweis dafür sah, daß er keiner Gefühle fähig war.

Obwohl sie an die häufigen Geschäftsreisen ihres Mannes gewöhnt war, wurde sie ängstlicher, wenn sie allein war. Während seiner Reisen schlief sie aus Gründen, die sie noch nicht kannte, auf dem Fußboden. Wenn er zurückkam, ließ sie ständig ihren Zorn an ihm aus. Sie wurde depressiver. Selbstmord schien weniger eine Wahlmöglichkeit als ein Schicksal, so als ob alles auf dieses Ende zuführte.

Elizabeths Sicht der Realität begann brüchig zu werden: Sie sehnte sich danach, psychotisch zu sein, in einer Phantasiewelt zu leben, in der sie in ihrem Geist »überall hingehen« konnte. Die Welt würde so weit weg von der Realität sein, daß niemand – selbst der beste Psychiater nicht – ihr nahekommen und sehen könnte, »was sich darunter befindet«.

In ihren Tagträumen sah sie sich von einem starken, attraktiven Mann beschützt, der all ihre bewundernswerten Eigenschaften aktiv bewunderte und sich ständig um sie kümmerte. In ihrer Phantasie stellte sie sich vor, daß es sich um ihren früheren Lehrer, ihren Arzt, den Tierarzt und schließlich um ihren Psychiater handelte. Obwohl all diese Männer als mächtig wahrgenommen wurden, erkannte sie auch, daß sie unerreichbar waren. Aber in ihrer Phantasie waren sie von ihrem Charme überwältigt und wurden unwiderstehlich von ihr angezogen. Wenn die Realität ihrem Drehbuch nicht folgte – wenn ein attraktiver Mann nicht aggressiv mit ihr flirtete –, wurde sie verzweifelt und verachtete sich, weil sie glaubte, nicht attraktiv genug zu sein.

Überall, wo sie hinsah, sah sie Frauen, die hübscher, klüger, besser waren. Sie wünschte sich schöneres Haar, eine andere Augenfarbe, eine glattere Haut. Wenn sie in den Spiegel blickte, nahm sie sich völlig verzerrt wahr – nicht als schöne junge Frau, sondern als alte Hexe mit herabhängenden Brüsten, breiten Hüften und dicken Beinen. Sie verachtete sich, weil sie eine Frau war, deren einziger Wert in der Schönheit bestand. Sie sehnte sich danach, ein Mann zu sein, »damit mein Geist zählt«.

Im zweiten Jahr ihrer ambulanten Behandlung mußte Elizabeth mehrere Verluste hinnehmen. Ihr Lieblingsonkel, dem sie sehr nah gewesen war, starb. Sie wurde von wiederkehrenden Träumen und Alpträumen verfolgt, an die sie sich nicht erinnern konnte, wenn sie aufwachte. Sie wurde depressiver und dachte häufiger an Selbstmord, schließlich wurde sie ins Krankenhaus eingewiesen.

Mit Hilfe von Hypnose konnte sie sich an traumatische Ereignisse in der Kindheit erinnern. Es öffnete sich die Büchse der Pandora, die sie mit Erinnerungen überschwemmte. Sie erinnerte sich an schwere körperliche Züchtigungen durch die Mutter und konnte sich dann an den sexuellen Mißbrauch durch ihre Mutter erinnern – Episoden, in denen diese bei ihr Scheidenspülungen und Einläufe durchgeführt und sie zärtlich berührt hatte, um ihre Scheide zu »reinigen«. Diese Rituale begannen, als Elizabeth etwa acht Jahre alt war, kurz nach dem Tod ihrer Schwester, und hielten bis zur Pubertät an. Sie erinnerte sich, wie sie in das Gesicht ihrer Mutter blickte und einen gütigen, friedlichen Ausdruck darin sah; es waren die einzigen Male, wenn die Mutter sich Elizabeth gegenüber nicht ablehnend verhielt.

Elizabeth erinnerte sich daran, daß sie oft stundenlang im Schrank saß und häufig auf dem Fußboden schlief, weil sie Angst hatte, in ihrem Bett belästigt zu werden. Manchmal nahm sie eine Schleife oder einen Preis, den sie in der Schule gewonnen hatte, mit zu sich ins Bett. Sie empfand dies als tröstlich und setzte dieses Verhalten auch als Erwachsene fort. Oft zog sie den Fußboden dem Bett vor und verbrachte viel Zeit allein in einem ruhigen Zimmer oder einem dunklen Schrank.

Im Krankenhaus erzählte Elizabeth von den verschiedenen Seiten ihrer Persönlichkeit. Sie beschrieb Phantasien, in denen sie sich als verschiedene Personen sah und gab diesen Persönlichkeitsfragmenten sogar unterschiedliche Namen. Diese Charaktere waren unabhängige Frauen, sie hatten einzigartige Begabungen und wurden entweder von anderen bewundert oder setzten sich snobistisch über soziale Kontakte hinweg. Wenn Elizabeth etwas erreichte oder erfolgreich war, hatte sie immer das Gefühl, daß es auf die Begabungen dieser separaten Persönlichkeitsfragmente zurückzuführen sei. Sie hatte große Schwierigkeiten, diese Bestandteile in ein stabiles Selbstverständnis zu integrieren.

Sie erkannte sie als Persönlichkeitsfragmente, die jedoch nie ihre Aufgaben insgesamt übernahmen. Sie litt nicht unter deutlichen Perioden von Amnesie oder Dissoziation, und die Symptome wurden nicht als Aspekte einer multiplen Persönlichkeitsstörung betrachtet – obwohl dieses Syndrom häufig mit der Borderline-Erkrankung in Zusammenhang gebracht wird.

Elizabeth setzte diese »anderen Frauen« ein, um Sehnsüchte und Gefühle auszudrücken, die sie gezwungenermaßen unterdrücken mußte. Da sie glaubte, wertlos zu sein, empfand sie diese anderen Teilidentitäten als getrennte, stärkere Wesen. Im Krankenhaus lernte sie langsam, daß dies einfach nicht stimmte, daß sie immer Teil ihrer Persönlichkeit waren. Diese Erkenntnis gab ihr ein Gefühl von Erleichterung und Hoffnung. Sie begann zu glauben, daß Elizabeth stärker und weniger verrückt war, als sie geglaubt hatte, und dies wurde zu einem Wendepunkt in ihrem Leben.

Aber der Sieg war noch nicht errungen. Wie ein Feldmarschall ließ sie die verschiedenen Seiten ihrer Persönlichkeit vor sich antreten und war der Meinung, daß sie nur festentschlossen ins Gefecht ziehen könnten. Elizabeth – der Kern ihres Wesens – hatte noch immer Angst vor Veränderungen, Liebe und Erfolg, suchte immer noch vergeblich nach Sicherheit, floh noch immer vor Beziehungen. Sich selbst zu akzeptieren, würde schwieriger werden, als sie es sich vorgestellt hatte.

Nach sechs Wochen verließ Elizabeth das Krankenhaus und setzte die Behandlung ambulant fort. Während es ihr besser ging, verschlechterte sich die Beziehung zu ihrem Mann. Aber statt sich die Schuld daran zu geben, wie sie es sonst immer getan hatte, versuchte sie, die Meinungsverschiedenheiten zu lösen und bei ihm zu bleiben. Sie distanzierte sich von ungesunden Kontakten mit Familienmitgliedern. Sie entwickelte eine positivere Selbstachtung. Sie besuchte die Hochschule mit sehr guten Ergebnissen und erreichte sogar einen akademischen Grad. Sie schlief mit ihrem ersten Diplom unter dem Kopfkissen, wie sie es als Kind getan hatte. Später besuchte sie die juristische Fakultät und wurde als beste Studentin besonders geehrt. Sie entwickelte neue Beziehungen zu Männern und Frauen und spürte, daß sie damit gut umgehen konnte, ohne diese Beziehungen kontrollieren zu müssen. Sie war mit ihrer Weiblichkeit zufriedener.

Nach und nach wurde Elizabeth geheilt. Sie hatte das Gefühl, daß »der Vorhang langsam hochging«. Sie verglich es mit dem

Gefühl, auf einem dunklen Dachboden, der mit Unrat angefüllt ist, nach einer wertvollen Antiquität zu suchen – sie wußte, daß sie sich irgendwo dort befand, konnte sie aber unter all dem Unrat nicht finden. Als sie sie schließlich erblickte, konnte sie sie nicht erreichen, weil sie »unter einem Haufen Unrat begraben war«. Hin und wieder konnte sie jedoch einen freien Weg zu dem Objekt erblicken, so als ob ein Blitz den Raum für einen Augenblick erleuchtete.

Die Blitze waren jedoch zu kurz. Alte Zweifel tauchten wie die häßlichen Fratzen in einer Geisterbahn wieder auf. Oft hatte sie das Gefühl, mit einem Fahrstuhl nach unten zu sausen; sie kämpfte sich eine Stufe nach oben, um wieder zwei Stufen zurückzufallen. Sie wollte sich noch immer unter Wert verkaufen und fühlte sich anderen für ihre Erfolge verpflichtet. Aber ihre erste wirkliche Herausforderung – Rechtsanwältin zu werden – war fast schon Realität. Fünf Jahre früher wäre sie gar nicht in der Lage gewesen, überhaupt von Studium zu sprechen und hätte nie den Mut gehabt, sich einzuschreiben. Ihre Depressionen bekamen jetzt einen anderen Anstrich: Die Angst zu versagen wurde nun zu einer Angst vor dem Erfolg.

Wachsen und sich verändern

»Sich zu ändern, ist wirklich harte Arbeit!« sagte Elizabeth oft. Dafür ist der bewußte Rückzug von schädlichen Situationen erforderlich und der Wille, ein gesünderes Fundament zu schaffen. Außerdem kommt es zu drastischen Verschiebungen in einem langbestehenden Gleichgewicht.

Wie bei Darwins Evolutionstheorie treten individuelle Veränderungen fast nicht wahrnehmbar auf und entstehen durch Probieren. Der einzelne widersetzt sich Mutationen instinktiv. Er mag in einer Art Morast leben, aber es ist sein Morast. Er weiß, wo sich alles befindet, was in all den Tümpeln und Sümpfen enthalten ist. Diesen Morast zu verlassen, bedeutet, sich ins Unbekannte vorzuwagen und vielleicht in einem noch tieferen Sumpf zu versinken.

Für die Borderline-Persönlichkeit, deren Welt durch die Schwarzweißsicht so klar markiert ist, scheint die Unsicherheit durch Veränderung sogar noch bedrohlicher. Der Betroffene klammert sich möglicherweise an Extreme, aus Angst, unkontrollierbar in den Abgrund eines anderen Extrems zu fallen. Wenn eine Frau beispielsweise an Magersucht leidet, hungert sie aus Angst, daß die Nahrungsaufnahme, selbst wenn sie nur gering ist, zu einem völligen Verlust der Kontrolle und damit unwiderruflich zu Fettleibigkeit führt.

Die Angst der Borderline-Persönlichkeit vor Veränderung ist das grundlegende Mißtrauen gegenüber den eigenen »Bremsen«. Bei gesunden Menschen gestatten diese psychischen Bremsen den langsamen Abstieg von der Bergspitze einer Laune oder eines Verhaltens zu einem sanften Anhalten in der »Grauzone«. Die Borderline-Persönlichkeit hat jedoch Angst, daß die Bremsen nicht funktionieren könnten und befürchtet, nicht anhalten zu können. Sie hat Angst, daß sie unkontrolliert bis zum Fuß des Hügels hinabsausen wird.

Veränderungen machen, auch wenn sie noch so langsam verlaufen, die Änderung automatischer Reflexe erforderlich. Die Borderline-Persönlichkeit befindet sich in einer ähnlichen Situation wie ein Kind, das gewaltsam ein Wimpernzucken oder ein Lachen zu unterdrücken versucht, während ein anderes Kind mit der Hand wedelt oder ein komisches Gesicht zieht. Derartige Reflexe haben sich über Jahre hinweg entwickelt und können nur bewußt verändert werden, wenn der Betroffene sich dazu motiviert fühlt.

Erwachsene verhalten sich bisweilen ähnlich. Ein Mann, der in einer fremden Umgebung einem wütend bellenden Hund begegnet, widersteht dem automatischen Reflex, vor der Gefahr wegzurennen. Er weiß, daß der Hund ihn wahrscheinlich einholen würde, wenn er wegrennt, so daß die Bedrohung noch größer würde. Statt

dessen tut er das Gegenteil – er bleibt ganz still stehen, der Hund schnüffelt an ihm, und er geht dann langsam weg.
Für psychologische Veränderungen ist es nötig, unproduktiven, automatischen Reflexen zu widerstehen und bewußt und absichtlich andere Alternativen zu wählen – Wahlmöglichkeiten, die anders sind und manchmal dem automatischen Reflex sogar entgegengesetzt. Diese neuen Verhaltensweisen können Angst machen, aber es besteht die Hoffnung, daß sie wirkungsvoller sind.

Der Beginn der Veränderung: Die Selbstbeurteilung

Veränderung bedeutet für die Borderline-Persönlichkeit eher eine Feinabstimmung – es geht nicht um einen völligen Wiederaufbau. Man beginnt am besten langsam und nimmt am Anfang nur leichte Änderungen vor. An erster Stelle steht die Selbstbeurteilung: Zuerst muß die gegenwärtige Position erkannt werden, man muß verstehen, in welche Richtung die Änderung gehen sollte.
Man stelle sich die Persönlichkeit als eine Reihe sich überkreuzender Linien vor, von denen jede eine bestimmte Charaktereigenschaft darstellt (siehe Abbildung). Die Extreme der einzelnen Eigenschaften liegen jeweils an den Enden der Linie, so daß der mittlere Bereich im Zentrum liegt. Bei der Linie »Gewissenhaftigkeit bei der Arbeit« symbolisiert ein Ende zwanghafte Überbesorgnis oder »Workaholismus« und das andere »Unverantwortlichkeit«. Die Mitte wäre eine Haltung, die irgendwo zwischen diesen beiden Extremen angesiedelt ist, beispielsweise »gelassener Professionalismus«. Bei der Linie »Sorge um das Erscheinungsbild« bedeutet ein Ende »narzißtische Aufmerksamkeit gegenüber Äußerlichkeiten« und das andere »völliges Desinteresse«. Im Idealfall sieht die Persönlichkeit eines Menschen wie die Speichen eines perfekt geformten Rads aus, bei dem sich alle Linien nah der Mitte in der »Radnabe« überschneiden.
Natürlich ist kein Mensch die ganze Zeit über so mit sich im Einklang. Es ist wichtig, all die Linien zu identifizieren, in denen

eine Veränderung erwünscht ist, und die eigene Position in Beziehung zum Mittelpunkt zu bestimmen. Die Veränderung wird dann zu einem Erkenntnisprozeß, der zeigt, wo man sich befindet und wie weit man auf die Mitte zugehen will. Abgesehen von den Extremen an beiden Enden gibt es keine bestimmte Stelle, die an sich »besser« oder »schlechter« ist als eine andere. Man muß sich selbst kennen (die eigene Position auf der Linie lokalisieren) und in die richtige Richtung gehen.

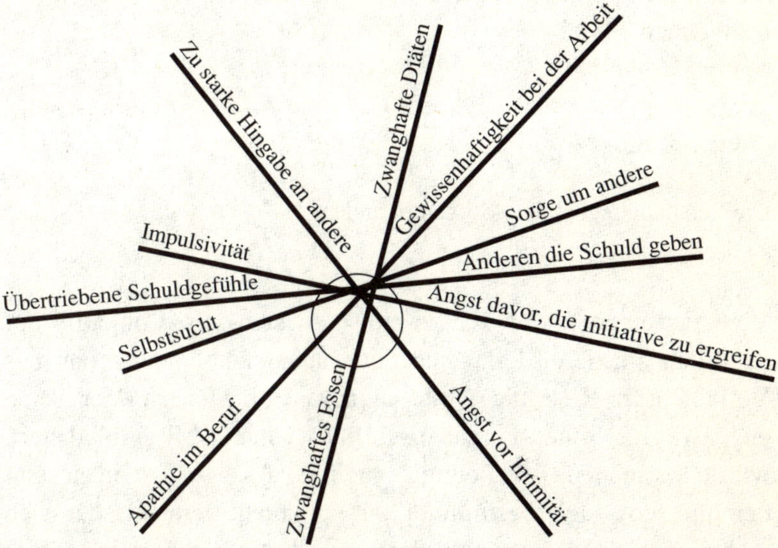

Die Persönlichkeit, dargestellt als eine Reihe von sich durchkreuzenden Linien.

Wenn wir nun beispielsweise die Linie »Sorge um andere« isolieren, repräsentiert ein Ende den Punkt, an dem die Sorge um andere mit der Sorge um sich selbst kollidiert.

Ein solcher Mensch hat möglicherweise das Gefühl, daß er sich ganz für andere hingeben muß, um ein Wertgefühl zu haben. Diese Position kann als eine Art »selbstsüchtige Selbstlosigkeit« wahrgenommen werden, da die »Sorge« eines solchen Menschen unterbewußt auf Eigennutz basiert. Am anderen Ende (»ist mir völlig egal«) steht der Mensch, der wenig Rücksicht auf andere nimmt und der immer nur auf seinen Vorteil aus ist. In der Mitte besteht eine Art Gleichgewicht – eine Kombination aus der Sorge für andere und aus der Verpflichtung, sich auch um die eigenen Bedürfnisse zu kümmern. Ein Mensch, dessen Mitgefühl in dieser mittleren Zone angesiedelt ist, erkennt, daß er anderen nur helfen kann, wenn er sich zuerst um seine wichtigen Bedürfnisse kümmert; man könnte es auch als eine Art »selbstlosen Eigennutz« bezeichnen.

»aufopfernde, übergroße Sorge«	——————— | ———————	»ist mir völlig egal«

Die Persönlichkeitslinie »Sorge um andere«

Veränderungen finden statt, wenn man sich selbst objektiv auf der Skala plazieren kann und dann ausgleicht, indem man das Verhalten in Richtung Mitte anpaßt. Ein Mensch, der seine gegenwärtige Situation realistisch links von der Mitte lokalisiert, würde versuchen, öfter einmal »nein« zu sagen und insgesamt bemüht sein, sich bestimmter zu verhalten. Jemand, der sich rechts von der Mitte einordnet, würde sich mehr zur Mitte hinbewegen, indem er eine Handlungsweise wählt, die die Bedürfnisse anderer stärker beachtet.

Veränderungen praktizieren

Für wahre Veränderung ist mehr erforderlich als isolierte Versuche, automatische Reflexe zu ändern. Dazu gehört, daß man alte Verhaltensweisen durch neue ersetzt, die schließlich so natürlich und bequem wie die alten werden. Das heißt, daß man sich nicht still und heimlich vor dem feindlichen Hund davonstiehlt, sondern

lernt, mit dem Hund Freundschaft zu schließen und mit ihm spazierenzugehen.
Am Anfang bereiten derartige Veränderungen meistens Unbehagen. Ein Vergleich kann dies vielleicht besser erläutern:
Ein Tennisspieler ist der Meinung, daß er seine schlechte Rückhand verbessern muß. Die neuen Techniken, die er zur Verbesserung seines Spiels erlernt, bringen zu Anfang nur schlechte Ergebnisse. Der neue Stil ist nicht so bequem wie der alte Schlag. Er ist versucht, zu seiner alten Technik zurückzukehren. Erst nach ständiger Praxis kann er seine früheren, schlechten Gewohnheiten ablegen und die wirkungsvolleren und schließlich auch bequemeren neuen Reflexe übernehmen. Genauso macht eine psychische Veränderung die Annahme neuer Reflexe als Ersatz für die alten notwendig. Erst nach ausdauernder Praxis kann ein derartiger Wechsel wirkungsvoll, bequem und damit permanent erfolgen.

Humpeln lernen

Veränderungen bedeuten einen ungeheuren Kampf für die Borderline-Persönlichkeit. Sie sind für sie aufgrund der einzigartigen Merkmale der Störung viel schwieriger als für andere. Aufspaltung und fehlende Objektkonstanz (siehe Kapitel 2) bilden zusammen eine bedrohliche Barrikade, so daß man sich und anderen nicht vertrauen und keine sorgenfreien Beziehungen entwickeln kann.
Zu Beginn einer Veränderung muß sich die Borderline-Persönlichkeit aus einer bösen Falle befreien: Damit der Betroffene sich selbst und andere akzeptieren kann, muß er lernen zu vertrauen. Aber anderen zu vertrauen, bedeutet, ihr ständiges Vorhandensein und ihre Zuverlässigkeit zu akzeptieren. Für jemanden, der wie ein kleines Kind glaubt, andere »verschwinden«, wenn sie den Raum verlassen, ist das eine recht schwierige Aufgabe. »Wenn ich Sie nicht sehen kann«, sagte Elizabeth zu Beginn ihrer Behandlung zu ihrem Psychiater, »habe ich das Gefühl, daß Sie gar nicht existieren.«

Die Borderline-Persönlichkeit muß wie ein Mensch nach einer Beinverletzung lernen zu humpeln. Wenn er im Bett liegenbleibt, kommt es zu Muskelschwund; wenn er versucht, zu kräftig zu üben, wird er das Bein wieder verletzen. Statt dessen muß er lernen zu humpeln – er muß das Bein gerade soviel belasten, das es langsam wieder stärker wird, aber nicht so sehr, daß er es überanstrengt und damit die Heilung behindert. Ähnlich muß die Borderline-Persönlichkeit beim Heilungsvorgang gerade so viel Druck ausüben, daß sie sich herausfordert, sich vorwärts zu bewegen.

Die Vergangenheit hinter sich lassen

Die Weltsicht der Borderline-Persönlichkeit wird wie die der meisten Menschen durch Erfahrungen in der Kindheit geformt, in der die Familie als ein Mikrokosmos des Universums diente. Anders als gesunde Menschen kann sich die Borderline-Persönlichkeit weder leicht von anderen Familienmitgliedern ablösen, noch kann sie ihre Familie von der übrigen Welt trennen.

Die Borderline-Persönlichkeit kann ihre Welt nicht durch die Augen eines Erwachsenen sehen, sondern erlebt das Leben weiter wie ein Kind – und somit mit den intensiven Emotionen und Perspektiven eines Kindes. Wenn ein kleines Kind bestraft oder gerügt wird, betrachtet es sich fraglos als schlecht. Es kann sich nicht vorstellen, daß seine Mutter vielleicht einen schlechten Tag hat. Wenn das gesunde Kind heranreift, nimmt es seine sich erweiternde Welt als komplexer und weniger dogmatisch wahr. Aber die Borderline-Persönlichkeit bleibt stecken – sie ist ein Kind, das im Körper eines Erwachsenen lebt.

»In der Kindheit gibt es immer einen Augenblick, wenn sich die Tür öffnet und die Zukunft einläßt«, schrieb Graham Green in *Die Macht und der Ruhm*. Die meisten Borderline-Patienten müssen die Verantwortung des Erwachsenseins in der Kindheit viel zu früh übernehmen; die Tür öffnet sich immer weiter, aber der Betroffene kann das Licht nicht ertragen. Oder vielleicht ist es die unerbittliche Öffnung, die den Ausblick so erschwert.

Für die Borderline-Persönlichkeit treten Veränderungen ein, wenn sie lernt, aktuelle Erfahrungen – und die Rückschau auf Erinnerungen aus der Vergangenheit – durch die »Brille« eines Erwachsenen zu betrachten. Die neue »Sichtweise« ist ähnlich wie das Anschauen eines alten Horrorfilms im Fernsehen, den man seit Jahren nicht gesehen hat: Der Film, der einst auf der großen Leinwand so schrecklich schien, scheint auf dem kleinen Schirm bei normaler Beleuchtung zahm, ja sogar albern. Man kann nicht mehr nachempfinden, warum man sich beim ersten Mal so sehr davor gefürchtet hat.

Als Elizabeth in ihrer psychotherapeutischen Behandlung schon weit fortgeschritten war, konnte sie ihre frühkindlichen Erfahrungen in ganz anderem Licht betrachten. Sie begann, sie zu akzeptieren und den Wert der eigenen Erfahrung zu erkennen. Wären diese frühen Gefühle und Erfahrungen nicht gewesen, hätte sie ihre neue Karriere als Rechtsanwältin nicht mit diesem Elan und dieser Motivation angehen können. »Die Gefühle, die ihren Ursprung in meiner Kindheit haben«, erklärte sie, »verfolgen mich immer noch. Aber selbst das sehe ich jetzt in einem anderen Licht. Die Dinge, die ich gehaßt habe, akzeptiere ich jetzt, weil sie ein Teil von mir sind.«

Mit den ausgeteilten Karten spielen

Das größte Hindernis auf dem Weg zur Veränderung für die Borderline-Persönlichkeit ist die Neigung, alles in absoluten Extremen zu bewerten. Die Borderline-Persönlichkeit muß entweder ganz perfekt sein, oder sie sieht sich als völliger Versager. Sie bewertet sich entweder mit »Eins plus«, aber wahrscheinlich eher mit »Mangelhaft«. Statt aus dem »Mangelhaft« zu lernen, trägt sie es wie ein Brandmal mit sich herum und macht dieselben Fehler immer wieder. Sie erkennt die eigenen Verhaltensmuster nicht, Muster, aus denen sie lernen und an denen sie wachsen könnte.

Die Borderline-Persönlichkeit ist nicht gewillt, mit den Karten zu spielen, die an sie ausgeteilt wurde. Sie legt die Karten ab, verliert den Einsatz, wartet darauf, vier Asse zu bekommen. Wenn sie sich nicht sicher ist, daß sie gewinnen kann, spielt sie nicht aus, was sie in der Hand hat. Die Situation bessert sich, wenn sie lernt, ihre Karten zu akzeptieren, und erkennt, daß sie immer noch gewinnen kann, wenn sie geschickt spielt.

Die Borderline-Persönlichkeit wird bisweilen durch Unentschlossenheit gelähmt. Die verschiedenen Alternativen scheinen überwältigend, und die Borderline-Persönlichkeit fühlt sich unfähig, irgendwelche Entscheidungen zu treffen. Aber wenn sie reifer wird, werden die Wahlmöglichkeiten weniger schrecklich und können sogar zu einer Quelle von Stolz und wachsender Unabhängigkeit werden. An dieser Stelle erkennt die Borderline-Persönlichkeit, daß sie vor Entscheidungen steht, die nur sie treffen kann.

»Ich stelle fest«, bemerkte Elizabeth, »daß die Wurzeln meiner Unentschlossenheit der Beginn meines Erfolgs sind. Das heißt, die Qual, wählen zu müssen, bedeutet für mich, daß ich plötzlich Wahlmöglichkeiten sehe.«

Grenzen festlegen: Die Begründung einer Identität

Eins der Hauptziele der Borderline-Persönlichkeit ist, ein separates Identitätsgefühl zu entwickeln und die Neigung, mit anderen zu verschmelzen, zu überwinden. Biologisch betrachtet, ähnelt dies dem Fortschritt von einer parasitären Lebensform zu einem Zustand der Symbiose und sogar zur Unabhängigkeit. Symbiose und Unabhängigkeit können erschreckend sein, und die meisten Borderline-Persönlichkeiten haben das Gefühl, daß es den ersten Laufversuchen ähnelt, wenn man sich auf sich selbst verläßt.

In der Biologie hängt die Existenz des Parasiten ganz und gar von dem Gastgeberorganismus ab. Wenn die parasitäre Zecke bei einem Hund zuviel Blut saugt, stirbt der Hund und damit auch die Zecke. Menschliche Beziehungen funktionieren am besten, wenn sie weniger parasitär, dafür aber symbiotischer sind. In biose gedeihen zwei Organismen besser zusammen, könn auch unabhängig voneinander bestehen. So hilft beispielsweise Moos, das an der Seite eines Baumes wächst, dem Baum, indem es direktes Sonnenlicht abhält, und hilft sich selbst, da es Zugang zu dem großen Grundwasserreservoir des Baums hat. Wenn das Moos oder der Baum abstirbt, kann der jeweils andere überleben, wenn auch nicht so gut. Die Borderline-Persönlichkeit funktioniert manchmal wie ein Parasit. Ihre fordernde Abhängigkeit kann schließlich den Menschen, an den sie sich so stark klammert, zerstören. Wenn dieser Mensch geht, wird die Borderline-Persönlichkeit möglicherweise zerstört. Wenn sie lernt, gemeinschaftlichere Beziehungen mit anderen herzustellen, können alle zufriedener miteinander leben.

Elizabeth lernte durch die Beziehung zu ihrem Psychiater, auch mit anderen sorgenfreier umzugehen. Nachdem sie monatelang seine Loyalität getestet hatte, indem sie ihn beschimpfte und kritisierte und damit drohte, die Therapie zu beenden, begann Elizabeth ihm zu vertrauen. Sie begann, seine Fehler zu akzeptieren, statt sie als Beweis dafür zu sehen, daß er schließlich ihr gegenüber versagen würde. Nach einiger Zeit übertrug Elizabeth das sich entwickelnde Vertrauen zwischen sich und ihrem Therapeut auf andere Menschen in ihrem Leben. Sie begann, sich selbst zu akzeptieren, mit all ihren Mängeln, genau wie sie jetzt auch andere akzeptierte.

Mit der Verbesserung ihres Zustands wuchs auch ihr Vertrauen, daß sie ihren »inneren Kern« nicht mehr verlieren würde. Früher fühlte sie sich in einer Gruppe Menschen unwohl, fühlte sich gehemmt und fehl am Platze. Jetzt dagegen konnte sie sich in der Gesellschaft anderer wohlfühlen, sie ließ die anderen die Verantwortung für sich selbst übernehmen, während sie die Verantwortung für sich übernahm. Wo sie sich früher gezwungen fühlte, eine Rolle anzunehmen, um sich einer Gruppe anzupassen, konnte sie jetzt an ihrem konstanteren, unveränderlichen Selbstgefühl fest-

halten. Sie mußte nicht mehr wie ein Chamäleon ständig die Farbe wechseln.
Die Begründung einer konstanten Identität bedeutet die Fähigkeit, auf eigenen Füßen zu stehen, ohne sich auf einen anderen zu verlassen. Es bedeutet, dem eigenen Urteil und den eigenen Instinkten zu vertrauen und dementsprechend zu handeln, statt auf das Feedback der anderen zu warten und darauf zu reagieren.

Beziehungen aufbauen

Indem die Borderline-Persönlichkeit sich ein bestimmtes, inneres Identitätsgefühl bildet, grenzt sie sich von anderen ab. Veränderung erfordert, daß man andere als unabhängige Menschen anerkennt und Mitleid zeigt, indem man ihre Kämpfe versteht. Ihre Fehler und Unvollkommenheiten müssen nicht nur anerkannt werden, sondern auch von der Borderline-Persönlichkeit als getrennt wahrgenommen werden.
Die Borderline-Persönlichkeit muß lernen, die positiven und negativen Aspekte anderer Menschen zu integrieren. Wenn sie einem anderen Menschen nahe kommen will, muß sie lernen, so unabhängig zu sein, daß sie auf behagliche, nicht verzweifelte Weise abhängig sein kann. Sie lernt, symbiotisch zu funktionieren, nicht parasitär. Die gesundende Borderline-Persönlichkeit entwickelt eine Konstanz sich selbst und anderen gegenüber. Es entwickelt sich ein Vertrauen zu anderen und zu den eigenen Wahrnehmungen. Die Welt wird ausgewogener und nicht mehr so extrem wahrgenommen.
Wie beim Bergsteigen kommt die schönste Erfahrung, wenn der Kletternde alle Aussichten richtig genießen kann: er sieht nach oben und hat sein Ziel klar vor Augen, er blickt nach unten und sieht, welchen Fortschritt er beim Klettern macht. Und schließlich ruht er sich aus, blickt sich um und bewundert die Aussicht vom aktuellen Punkt aus. Teil der Erfahrung ist die Erkenntnis, daß

niemand den Gipfel je erreicht. Das Leben ist ein ständiger Aufstieg. Für die Psyche ist es sehr wichtig, daß man die Reise genießen kann – daß man die Realität des Ruhegebets des Franz von Assisi akzeptiert: »Gott, gewähre mir die Gelassenheit, die Dinge anzunehmen, die ich nicht ändern kann, den Mut, die Dinge zu ändern, die ich ändern kann, und die Weisheit, den Unterschied zu erkennen.«

Erkennen, welche Auswirkung Veränderungen auf andere haben

Wenn ein Mensch zum ersten Mal zur Therapie kommt, versteht er oft nicht, daß »er« es ist, der sich ändern muß, und nicht die anderen. Wenn er sich jedoch ändert, müssen sich die Menschen, die für sein Leben wichtig sind, ebenfalls anpassen. Stabile Beziehungen sind dynamische, sich ständig verändernde Systeme, die einen Gleichgewichtszustand erreicht haben. Wenn ein Mensch in diesem System in seiner Beziehung zu anderen große Veränderungen vornimmt, müssen sich die anderen anpassen, damit der Zustand des Gleichgewichts wiederhergestellt wird. Wenn diese Anpassungen nicht erfolgen, können das System und die Beziehungen zusammenbrechen.

Eine Frau konsultiert beispielsweise wegen schwerer Depressionen und Angstzustände einen Psychotherapeuten. Während der Therapie wettert sie gegen ihren alkoholkranken Mann, dem sie die Schuld an ihrem Gefühl, wertlos zu sein, gibt. Schließlich erkennt sie die eigene Rolle, die sie in dieser zerbröckelnden Ehe spielt – das eigene Bedürfnis, daß andere von ihr abhängig werden, und die Angst, nach der Unabhängigkeit zu greifen. Plötzlich gibt sie ihrem Mann nicht mehr die Schuld. Sie entwickelt neue, unabhängige Interessen und Beziehungen. Sie stellt ihre Weinepisoden ein, gibt es auf, jedesmal einen Streit anzufangen, wenn er trinkt. Das Gleichgewicht der Ehe hat sich verändert.

Ihr Ehemann empfindet diese Situation vielleicht als viel unbequemer als vorher. Er steigert seinen Alkoholkonsum in dem unbewußten Versuch, das alte Gleichgewicht wiederherzustellen und seine Frau dazu zu bewegen, wieder die sorgende Märtyrerrolle zu übernehmen. Er beschuldigt sie, sich mit anderen Männern zu treffen, und versucht, die Beziehung, die für ihn jetzt unerträglich geworden ist, zu zerstören.

Vielleicht sieht er aber auch die Notwendigkeit einer Veränderung und seine eigene Verantwortung, daß dieses pathologische Gleichgewicht aufrechterhalten wurde. Er kann die Gelegenheit ergreifen, seine eigenen Handlungen klarer zu beurteilen und sein eigenes Leben neu zu bewerten, genau wie er es bei seiner Frau beobachtet hat. Die Teilnahme an einer Therapie kann für alle Betroffenen eine wertvolle Erfahrung sein.

Je interessanter und gescheiter Elizabeth wurde, desto ignoranter erschien ihr ihr Mann. Je offener sie wurde – je mehr Grau sie in einer Situation wahrnehmen konnte –, desto stärker sah er die Situation Schwarzweiß, um das Gleichgewicht wiederherzustellen. Sie hatte das Gefühl, daß sie »jemanden zurückließ«. Diese Person war sie – oder besser gesagt, der Teil von ihr, den sie nicht mehr brauchte oder wollte. Sie selbst bezeichnete es als »Erwachsenwerden«.

Als Elizabeths Behandlung sich dem Ende zuneigte, suchte Sie ihren Arzt nicht mehr so regelmäßig auf, mußte sich aber immer noch mit anderen wichtigen Menschen in ihrem Leben auseinandersetzen. Sie kämpfte mit ihrem Bruder, der sich weigerte zuzugeben, daß er ein Problem mit Drogen hatte. Er beschuldigte sie, »hochnäsig« zu sein und »den neuen psychologischen Quatsch als Waffe zu benutzen«. Sie stritten erbittert über die fehlende Kommunikation innerhalb der Familie. Er erklärte ihr, daß sie trotz all der »Therapien« immer noch »verrückt« sei. Sie kämpfte mit ihrer Mutter, die weiter forderte, sich beklagte und unfähig war, ihr Liebe zu zeigen. Sie stritt mit ihrem Mann, der seine Liebe gestand, aber immer noch stark trank und es kritisierte, daß sie ihre Ausbildung fortsetzen wollte. Er weigerte sich, bei der Erziehung des Sohnes zu helfen, und nach einiger Zeit kam ihr der Verdacht, daß

seine häufige Abwesenheit von zu Hause mit einer anderen Frau zu tun hatte.
Schließlich erkannte Elizabeth, daß sie nicht die Macht hatte, andere zu ändern. Sie begann, sie so zu akzeptieren, wie sie waren, versuchte, sie zu lieben, soweit sie es konnte, und ein eigenständiges Leben zu leben. Sie hatte das Bedürfnis nach neuen Freunden und neuen Aktivitäten im Leben. Elizabeth bezeichnete diesen Prozeß als »Heimkehr«.

6 Die Kommunikation mit der Borderline-Persönlichkeit

Also... was soll ich sagen? Soll ich sagen, es ist komisch,
damit du mir widersprechen und sagen kannst, es sei traurig?
Oder soll ich sagen, es ist traurig,
damit du dich umdrehen und sagen kannst, nein, es ist komisch.
Du kannst dieses verdammte kleine Spiel meinetwegen spielen,
wie du willst!

Aus: *Wer hat Angst vor Virginia Woolf?* von Edward Albee

Wie wir bereits gesehen haben, ist es für jeden, der regelmäßigen Kontakt zu einer Borderline-Persönlichkeit hat, schwierig, sich mit deren Verhalten auseinanderzusetzen. Die Zornausbrüche, die Sprunghaftigkeit in der Stimmung, die nicht voraussagbaren Ausbrüche, die selbstzerstörerischen Handlungen und die unbeständige Kommunikation bringen alle Betroffenen durcheinander.

In diesem Kapitel beschreiben wir eine beständige, strukturierte Methode der Kommunikation mit der Borderline-Persönlichkeit – das SET-System –, das leicht verständlich ist und von der Familie, den Freunden und Therapeuten für den täglichen Gebrauch übernommen werden kann. Es kann die Borderline-Persönlichkeit möglicherweise sogar davon überzeugen, eine Therapie zu machen (siehe Kapitel 7).

Das SET-System wurde von den Mitarbeitern der Comprehensive Treatment Unit am Saint John's Mercy Medical Center in St. Louis entwickelt und entstand aus einem strukturierten Kommunikationsrahmen mit Borderline-Persönlichkeiten, die sich in der Krise befanden. In dieser Zeit wird die Kommunikation mit dem Patienten durch sein undurchdringliches, chaotisches inneres Kraftfeld behindert, das hauptsächlich durch drei Gefühlszustände charakterisiert wird: schreckliche Angst, das Gefühl, mißverstanden zu werden und überwältigende Hilflosigkeit.

Daraus ergibt sich, daß Verwandte, Freunde und Kollegen nicht in der Lage sind, mit der Borderline-Persönlichkeit ruhig und vernünftig zu reden. Statt dessen sind sie gezwungen, sich mit Zornausbrüchen, impulsiver Zerstörung, Selbstmorddrohungen oder – versuchen und unvernünftigen Forderungen nach Zuwendung auseinanderzusetzen. SET-Reaktionen können dazu dienen, zugrundliegende Ängste anzusprechen, den »Borderline-Großbrand« zu löschen und das »Durchschmelzen« in einen größeren Konflikt zu verhindern.

Obwohl SET für die Borderline-Persönlichkeit in der Krise entwickelt wurde, kann das System auch anderen helfen, die präzise, konsequente Kommunikation brauchen, auch wenn sie sich nicht in einer Krisensituation befinden.

Die Set-Kommunikation

»SET« – Support (Unterstützung) Empathy (Mitgefühl) Truth (Wahrheit) – ist ein dreiteiliges Kommunikationssystem. Wenn man sich mit destruktivem Verhalten auseinandersetzt, in Sitzungen, in denen wichtige Entscheidungen getroffen werden, oder in anderen Krisensituationen sollte die Interaktion mit der Borderline-Persönlichkeit alle drei Elemente beinhalten.

Die »S«-Stufe dieses Systems, die »Unterstützung«, ist eine persönliche Stellungnahme, die Sorge ausdrückt. »Ich mache mir wirklich Gedanken um dich« wäre ein Beispiel für eine solche unterstützende Aussage. Die Betonung liegt auf den Gefühlen des Sprechers und ist im wesentlichen das persönliche Bekenntnis, helfen zu wollen.

Mit dem »E«-Teil (Mitgefühl) versucht man, die chaotischen Gefühle der Borderline-Persönlichkeit anzuerkennen: »Du mußt dich wirklich schrecklich fühlen…« Es ist wichtig, Mitgefühl nicht mit Mitleid zu verwechseln (»Du tust mir so leid…«), denn dies könnte zu einem Zornausbruch führen, da der Betroffene sich herablassend behandelt fühlt. Das Mitgefühl sollte zudem neutral ausgedrückt werden und mit möglichst wenig Bezugnahme auf die eigenen Gefühle. Die Betonung liegt hier auf der schmerzlichen Erfahrung der Borderline-Persönlichkeit, nicht auf der des Sprechenden. Eine Aussage wie: »Ich weiß genau, wie schlecht du dich fühlst« könnte zu der spöttischen Antwort führen, daß das ja gar nicht stimme, so daß sich der Konflikt nur verstärkt.

Die »T«-Aussage, die die Wahrheit oder Realität repräsentiert, betont, daß die Borderline-Persönlichkeit zu guter letzt für ihr Leben selbst verantwortlich ist, und daß die Hilfeversuche anderer ihr diese Eigenverantwortung nicht abnehmen können. Während Unterstützung und Mitgefühl subjektive Aussagen sind, die anerkennen, wie der Betroffene sich fühlt, zeigen die Wahrheits-Aussagen, daß ein Problem besteht. Sie beziehen sich auf die praktische Frage, was man tun kann, um eine Lösung zu finden. Andere charakteristische Wahrheitsäußerungen beziehen sich auf Aktionen, zu denen der Sprechende sich verpflichtet fühlt, um auf Verhaltensweisen der Borderline-Persönlichkeit zu reagieren. Diese sollten sachlich und neutral geäußert werden (»Das ist geschehen… So sehen die Folgen aus… Das kann ich dazu beitragen… Was gedenkst du zu unternehmen?«). Sie sollten jedoch so ausgesprochen werden, daß keine Schuld zugewiesen oder sadistisch eine Strafe ausgesprochen wird (»Da hast du uns aber in eine ganz schön blöde Situation gebracht!« »Du hast es angerichtet, sieh zu, wie du damit fertig wirst!«). Der Wahrheitsteil des »SET«-Systems

ist für die Borderline-Persönlichkeit der wichtigste und zugleich schwierigste, da ein großer Teil seiner Welt realistische Konsequenzen ausschließt oder zurückweist.
Die Kommunikation mit der Borderline-Persönlichkeit sollte alle drei Botschaften umfassen. Aber selbst wenn dies der Fall ist, kann die Borderline-Persönlichkeit sie möglicherweise nicht alle gleichzeitig integrieren. Es kommt zu vorhersehbaren Antworten, wenn eine der Botsschaften entweder nicht klar ausgedrückt oder nicht »gehört« wird.
Wenn beispielsweise die Unterstützungsstufe dieses Systems umgangen wird, ist es charakteristisch für die Borderline-Persönlichkeit, den anderen zu beschuldigen, daß er nicht verständnisvoll sei oder nichts mit ihr zu tun haben wolle. Die Borderline-Persönlichkeit schaltet sich dann aus weiteren Gesprächen aus, weil sie der Meinung ist, dem anderen sei es egal oder er wolle Böses. Die Beschuldigung: »Es ist dir doch egal!« weist meistens darauf hin, daß die Unterstützungsaussage nicht integriert wurde.
Die Unfähigkeit, Mitgefühl hinüberzubringen, führt zu dem Gefühl, daß der andere nicht versteht, was die Borderline-Persönlichkeit durchmacht. (»Du weißt nicht, was ich durchmachen muß.«) An dieser Stelle rechtfertigt die Borderline-Persönlichkeit die Zurückweisung der Kommunikation, indem sie behauptet, sie werde mißverstanden. Da der andere den Schmerz nicht verstehen kann, können seine Reaktionen gewertet werden. Wenn die Einleitung mit Unterstützung oder Mitgefühl von dem Betroffenen nicht akzeptiert wird, werden weitere Kommunikationen nicht gehört.
Wenn das Wahrheitselement nicht klar ausgesprochen wird, entsteht eine noch gefährlichere Situation. Die Borderline-Persönlichkeit interpretiert die Einwilligung anderer so, wie es ihren Bedürfnissen am ehesten entspricht, nämlich meistens als Bestätigung dafür, daß andere für sie tatsächlich verantwortlich sein können oder daß die eigenen Wahrnehmungen allgemein geteilt und unterstützt werden. Die zerbrechliche Verbindung der Borderline-Persönlichkeit mit diesen anderen Menschen löst sich schließlich

auf, wenn die Beziehung das Gewicht dieser unrealistischen Erwartungen nicht tragen kann. Wenn Wahrheit und Konfrontation nicht klar ausgedrückt werden, wird es für die Borderline-Persönlichkeit zu weiteren Verstrickungen mit anderen kommen. Wenn ihre Bedürfnisse erfüllt sind, wird sie darauf bestehen, daß alles in Ordnung sei oder zumindest besser werde. Der Beweis für diese Verstrickung ist oft das überraschende, vorübergehende Fehlen von Konflikten: die Borderline-Persönlichkeit zeigt weniger Feindseligkeit und Zorn. Wenn diese unrealistischen Erwartungen jedoch schließlich enttäuscht werden, bricht die Beziehung in einem feurigen Mahlstrom von Zorn und Enttäuschung zusammen.

Das Dilemma der Borderline-Persönlichkeit

Die SET-Grundsätze können in vielen Bereichen eingesetzt werden, um instabile Situationen aufzulösen. Es folgen einige typische Borderline-Zwangslagen, in denen die SET-Strategie eingesetzt werden kann.

Wie man es auch macht: es ist immer falsch
Die Verwirrung der Borderline-Persönlichkeit führt häufig zu widersprüchlichen Botschaften an andere. Oft drückt die Borderline-Persönlichkeit eine Position mit Worten aus, zeigt aber durch ihr Verhalten etwas ganz anderes. Obwohl sich der Betroffene dieses Dilemmas vielleicht gar nicht bewußt ist, befinden sich Freunde oder Verwandte oft in einer ausweglosen Situation, in der der andere immer alles falsch macht, egal was er tut.

Fall 1: Gloria und Alex. Gloria sagt ihrem Mann, daß sie sich verloren und depressiv fühle. Sie erklärt, daß sie sich umbringen will, verbietet ihm aber, Hilfe für sie zu holen.
In dieser Situation erhält Alex zwei widersprüchliche Botschaften:
1. Glorias offene Botschaft, die im wesentlichen lautet: »Wenn du

mich magst, respektierst du meine Wünsche und stellst meine Autonomie, das eigene Schicksal zu kontrollieren und vielleicht auch zu sterben, wenn ich es möchte, nicht in Frage«, und 2. die gegensätzliche Botschaft, die dadurch, daß sie ihre Absicht kundtut, überbracht wird. Diese besagt: »Um Gottes willen, hilf mir, wenn du mich wirklich magst, und laß mich nicht sterben.«

Wenn Alex Glorias Aussagen ignoriert, wird sie ihn beschuldigen, kalt und unfürsorglich zu sein. Wenn er versucht, Gründe anzuführen, warum sie sich nicht töten sollte, wird sie ihn mit harten Gegenargumenten frustrieren und ihn schließlich verurteilen, weil er ihren Schmerz nicht wirklich versteht. Wenn er die Polizei oder den Arzt ruft, weist er ihre Forderungen zurück und beweist damit, daß sie ihm nicht vertrauen kann.

Weil Gloria sich nicht stark genug fühlt, die Verantwortung für ihr eigenes Leben zu übernehmen, möchte sie, daß Alex diese Last für sie übernimmt. Als Folge ihrer Depressionen fühlt sie sich überwältigt und hilflos. Indem sie Alex mit in das Drama hineinzieht, macht sie ihn zu einem Darsteller in ihrem eigenen Drehbuch, das kein feststehendes Ende hat. Das Drama soll nicht durch sie, sondern durch Alex gelöst werden. Sie nimmt diese Ambivalenz bei ihren Selbstmordabsichten hin, indem sie die Verantwortung für das, was mit ihr geschehen wird, auf Alex überträgt.

Außerdem spaltet Gloria die negativen Teile der ihr zur Verfügung stehenden Wahlmöglichkeiten ab und projiziert sie auf Alex, so daß sie sich die positive Seite der Ambivalenz bewahrt. Wie Alex auch reagieren wird, Gloria wird ihn dafür kritisieren. Wenn er nicht aktiv einschreitet, ist er unfürsorglich und herzlos und sie wird »tragisch mißverstanden«. Wenn er versucht, ihre Selbstmordversuche zu stoppen, ist er kontrollierend und unsensibel, während sie ihres Selbstrespekts beraubt wird.

Immer sieht Gloria sich jedoch als hilflose und selbstgerechte Märtyrerin – ein Opfer, das durch Alex' Schuld nicht sein volles Potential erreichen kann. Was Alex betrifft, so ist alles, was er macht, verkehrt!

Die SET-Grundsätze können hilfreich sein, um eine so schwierige Situation zu bewältigen. Es wäre ideal, wenn Alex alle drei Seiten des SET-Dreiecks in seine Reaktionen einbezieht.

Alex' »S«-Aussage sollte eine Erklärung sein, in der er Gloria seine Bindung an sie und seinen Wunsch, ihr zu helfen, klarmacht. Wenn sie zusammen die speziellen Bereiche, die zu ihrem Schmerz beitragen, identifizieren können, könnte er Lösungsmöglichkeiten vorschlagen oder seinen Willen, ihr zu helfen, kundtun: »Ich mache mir wirklich Sorgen, weil es dir so schlecht geht. Ich möchte dir helfen, weil ich dich liebe. Vielleicht haben einige deiner Probleme damit zu tun, daß du Schwierigkeiten mit deinem Chef hast. Laß uns über Alternativen nachdenken. Vielleicht könntest du dich versetzen lassen. Aber wenn der Job zu viele Schwierigkeiten für dich mit sich bringt, solltest du kündigen und dich nach einer anderen Arbeit umsehen.«

Die »E«-Aussage sollte mitteilen, daß Alex sich des aktuellen Schmerzes von Gloria bewußt ist und versteht, daß solch extreme Umstände zu Selbstmordgedanken führen können: »Der Druck, unter dem du in den letzten Monaten gestanden hast, muß unerträglich für dich sein. Dieser Schmerz muß dich zum Äußersten treiben, so weit, daß du das Gefühl hast, es einfach nicht mehr zu schaffen.«

Der wichtigste Teil von Alex' »T«-Aussage sollte das unhaltbare Dilemma, daß alles, was er tut, verkehrt ist, beschreiben. Er sollte auch versuchen, Glorias Ambivalenz gegenüber den Selbstmordabsichten zu klären, indem er sie darauf aufmerksam macht, daß neben dem Teil in ihr, der sein Leben beenden will, ein anderer Teil in ihr gerettet werden und Hilfe annehmen will. Alex' »T«-Reaktionen könnten etwa so aussehen: »Ich weiß, wie schlecht es dir geht und daß du den Wunsch hast zu sterben. Ich weiß, daß du gesagt hast, ich solle dich einfach in Ruhe lassen, wenn du mir wirklich etwas bedeutest. Aber wenn du mir etwas bedeutest, wie könnte ich dann einfach dasitzen und mitansehen, wie du dich zerstörst? Da du mir von deinen Selbstmordabsichten erzählst, weiß ich, daß zumindest ein kleiner Teil in dir nicht sterben will, auch wenn du das Gefühl hast, daß es keinen anderen Ausweg gibt. Und ich meine, daß ich auf diesen Teil reagieren sollte. Ich möchte, daß du mit mir zu einem Arzt gehst, damit er uns bei diesen Problemen helfen kann.«

Abhängig von den jeweiligen Umständen sollte Alex darauf bestehen, daß Gloria sich bald psychiatrisch untersuchen läßt, oder, wenn sie unmittelbar gefährdet ist, sollte er mit ihr in die Notaufnahme fahren oder sich von der Polizei oder Sanitätern helfen lassen.

Zu diesem Zeitpunkt kann Glorias Zorn sich verschärfen, weil sie Alex die Schuld daran gibt, daß er sie zwingt ins Krankenhaus zu gehen. Aber die Wahrheitsaussage sollte Gloria daran erinnern, daß sie nicht durch Alex' Verschulden dort ist, sondern aufgrund dessen, was sie getan hat – durch ihre Selbstmorddrohung. Die Borderline-Persönlichkeit muß häufig daran erinnert werden, daß die Reaktionen anderer in erster Linie darauf basieren, was *sie* tut, und daß *sie* die Verantwortung für die Konsequenzen übernehmen muß, statt anderen für realistische Reaktionen auf ihr Verhalten die Schuld zuzuweisen.

Wenn die unmittelbare Gefahr vorüber ist, sollten nachfolgende »T«-Aussagen sich auf Glorias unproduktive Verhaltensmuster beziehen, mit denen sie Streßsituationen handhabt, und mit der Entwicklung von wirksameren Lebensstrategien. Die Wahrheitsüberlegungen sollten sich auch damit befassen, wie Glorias und Alex' Verhaltensweisen sich auf sie gegenseitig und auf ihre Ehe auswirken. Mit der Zeit können sie vielleicht ein System von Verhaltensweisen ausarbeiten, das die Bedürfnisse beider erfüllt. Dies können sie entweder allein tun oder in einer Therapie.

Dieses Problem trifft man besonders häufig in den Familien von Borderline-Persönlichkeiten an, die auffallende, selbstzerstörerische Verhaltensweisen zeigen. Kriminelle oder selbstmordgefährdete Jugendliche, Alkoholiker und Magersüchtige können ihren Familien ein ähnlich aussichtsloses Dilemma präsentieren. Sie widersetzen sich aktiv jeglicher Hilfe, während sie sich gleichzeitig selbstzerstörerisch verhalten. Meistens ist die direkte Konfrontation, die einer Krise vorausgeht, die einzige Möglichkeit zu helfen. Manche Gruppen, beispielsweise die Anonymen Alkoholiker, raten zu standardisierten Konfrontationssituationen, in denen die Familie, Freunde oder Kollegen den Patienten zusammen mit einem Berater mit seiner Sucht konfrontieren und eine Behandlung verlangen.

»Tough Love«-Gruppen glauben, daß echte Fürsorge den Betroffenen zwingt, sich mit den Konsequenzen seines Verhaltens auseinanderzusetzen, statt ihn vor ihnen zu schützen. Solche Gruppen beispielsweise für die Eltern von Teenagern können darauf bestehen, daß ein jugendlicher Drogensüchtiger sich entweder in einem Krankenhaus behandeln läßt oder nicht mehr nach Hause kommen darf. Diese Methode betont das Wahrheitselement des SET-Dreiecks, ignoriert aber möglicherweise die Teile Unterstützung und Mitgefühl. Daher sind derartige Systeme wahrscheinlich nur teilweise erfolgreich für die Borderline-Persönlichkeit, die vielleicht nur so tut, als ob sie sich verändert, wenn sie durch die Konfrontation mit der Wahrheit dazu gezwungen wird. Die fehlende Fürsorge und das fehlende Vertrauen, das durch Unterstützung und Mitgefühl aufgebaut wird verhindern jedoch, daß ihre Motivation zu wirklicher und andauernder Veränderung führt.

Sich schlecht fühlen, weil man sich schlecht fühlt

Es ist typisch für die Betroffenen des Borderline-Syndroms, daß sie auf Depressionen, Angst, Frustrationen oder Zorn mit einem Anstieg derselben Gefühle reagieren. Aufgrund des Perfektionismus der Borderline-Persönlichkeit und ihrer Neigung, alles in schwarzweißen Extremen wahrzunehmen, versucht sie, unangenehme Gefühle auszulöschen, statt den Versuch zu unternehmen, diese Gefühle zu verstehen und mit ihnen zurechtzukommen. Wenn sie merkt, daß sie derartige schlechte Gefühle nicht einfach wegwischen kann, wird sie noch frustrierter und fühlt sich noch schuldiger. Da schlechte Gefühle verboten sind, fühlt sie sich schlecht, weil sie sich schlecht fühlt. Wenn sich der Zustand dadurch noch verschlimmert, gerät der Betroffene in eine scheinbar endlose Spirale mit Abwärtsbewegung.

Eins der Ziele für den Therapeuten und enge Angehörige besteht darin, diese aufeinanderfolgenden Schichten zu durchdringen, um das ursprüngliche Gefühl zu lokalisieren und dem Patienten zu helfen, es als Teil seiner selbst zu akzeptieren. Der Betroffene muß lernen, daß er sich den Luxus »schlechter« Gefühle leisten kann, ohne deshalb unter Vorwürfen, Schuld oder Selbstverleugnung zu leiden.

Fall 2: Paul und seine Freunde. Paul, ein dreiundfünfzigjähriger Bankangestellter, hat mehr als die Hälfte seines Lebens unter immer wiederkehrenden Depressionen gelitten. Seine Eltern waren früh gestorben, und er wurde fast ausschließlich von seiner viel älteren, unverheirateten Schwester großgezogen, die kalt und heuchlerisch war. Sie war eine religiöse Fanatikerin, die darauf bestand, daß er täglich zur Kirche ging, und die ihn häufig sündiger Vergehen beschuldigte.

Paul wuchs zu einem passiven Mann heran, der von seiner Frau beherrscht wurde. Er wuchs in dem Glauben auf, daß Zorn unannehmbar sei und verneinte, jemals auf andere wütend zu sein. Er arbeitete hart und wurde in seinem Beruf respektiert, erhielt aber wenig Zuneigung von seiner Frau. Sie wies seine sexuellen Annäherungsversuche zurück, was ihn frustrierte und deprimierte. Zuerst wurde Paul zornig, wenn seine Frau ihn abwies, dann fühlte er sich schuldig und wurde auf sich zornig, weil er zornig geworden war, schließlich verfiel er in Depressionen. Dieser Prozeß durchzog auch andere Bereiche in seinem Leben. Immer wenn er negative Gefühle hatte, setzte er sich unter Druck, sie zu beenden. Da er seine inneren Gefühle nicht kontrollieren konnte, wurde er immer enttäuschter und frustrierter. Seine Depressionen verschlimmerten sich.

Pauls Freunde versuchten, ihn zu trösten. Sie sagten, daß sie hinter ihm ständen und immer erreichbar wären, wenn er mit jemandem reden wollte. Sie hatten Mitgefühl wegen seines Unbehagens im Beruf und wegen seiner Probleme mit seiner Frau. Sie wiesen ihn darauf hin, daß »er sich schlecht fühlte, weil er sich schlecht fühlte«, und daß er ein anständiges Leben beginnen sollte. Dieser Rat half jedoch nicht; tatsächlich fühlte Paul sich nun noch schlechter, weil er auch noch seine Freunde im Stich ließ. Je mehr er versuchte, seine negativen Gefühle einzustellen, desto mehr fühlte er sich wie ein Versager und wurde immer depressiver.

SET-Aussagen könnten Paul helfen, sich mit diesem Dilemma auseinanderzusetzen. Er erhielt viel Unterstützung und Mitgefühl von seinen Freunden, aber ihre Wahrheitsbotschaften waren nicht hilfreich. Statt zu versuchen, seine unangenehmen Gefühle auszumerzen (alles oder nichts), muß Paul die Notwendigkeit verstehen, sie als wirklich und angemessen hinzunehmen.

Weitere Wahrheitsaussagen würden die Gründe für Pauls passives Verhalten und die Verhaltensweisen seiner Frau und anderer Menschen in seinem Leben verdeutlichen. Er muß erkennen, daß er sich zu einem gewissen Grad selbst in eine Position bringt, in der er von anderen mißbraucht wird. Obwohl er daran arbeiten kann, diese Situation in der Zukunft zu ändern, muß er sich jetzt mit der Gegenwart auseinandersetzen. Das heißt, er muß seinen Zorn und die Gründe dafür erkennen und sehen, daß es keine andere Wahl gibt, als diesen Zorn zu akzeptieren. Er kann zumindest nicht im Augenblick irgend etwas daran ändern. Obwohl er unannehmbare Gefühle vielleicht bedauert, hat er keine Macht, dies zu ändern (ein Ausspruch, der ähnlich auch von den Anonymen Alkoholikern getroffen wird). Diese unbequemen Gefühle zu akzeptieren bedeutet, sich selbst als unperfekten Menschen zu akzeptieren und die Illusion aufzugeben, daß man unkontrollierbare Faktoren kontrollieren kann. Wenn Paul seinen Zorn oder seine Traurigkeit oder irgend ein anderes unangenehmes Gefühl akzeptieren kann, kommt es bei dem Phänomen, »sich schlecht zu fühlen, weil man sich schlecht fühlt«, zu einem Kurzschluß. Dann kann er dazu übergehen, andere Aspekte seines Lebens zu ändern.

Die Borderline-Persönlichkeit, die sich in diesem Dilemma befindet, befreit sich meistens dann, wenn sie es am wenigsten erwartet – wenn sie sich entspannt, weniger zwanghaft wird, weniger Forderungen an sich stellt und lernt, sich selbst zu akzeptieren. Es ist kein Zufall, daß die Borderline-Persönlichkeit, die eine gesunde Liebesbeziehung sucht, sie eher dann findet, wenn sie am wenigsten danach sucht und sich Aktivitäten hingibt, die zur Selbstverwirklichung führen. In diesem Augenblick ist sie für andere attraktiver und steht weniger unter dem Druck, nach sofortigen und unrealistischen Lösungen für ihre Einsamkeit zu greifen.

Das ewige Opfer

Die Borderline-Persönlichkeit gerät oft in mißliche Lagen, in denen sie zum Opfer wird. Paul nimmt sich beispielsweise als hilfloser Menschen wahr, auf den andere reagieren. Die Borderline-Persönlichkeit ist sich häufig nicht bewußt, daß ihr Verhalten provozierend oder gefährlich ist oder daß es in irgendeiner Weise zur Verfolgung einlädt. Die Frau, die ständig Männer wählt, die sie mißbrauchen, ist sich normalerweise der Muster, die sie wiederholt, nicht bewußt. Die gespaltene Sichtweise der Borderline-Persönlichkeit von sich selbst umfaßt einen guten, berechtigten Teil und einen zornigen, wertlosen Teil, der auf masochistische Weise bestraft werden muß, obwohl sie sich der einen oder anderen Seite vielleicht gar nicht bewußt ist. Tatsächlich ist das Muster von »herausfordernder« Opferung oft ein starkes Anzeichen für eine vorliegende Borderline-Pathologie.

Auch wenn die Rolle des Opfers sehr unangenehm ist, kann sie ihre angenehmen Seiten haben. Ein hilfloses Kind, das von den turbulenten Wogen einer unfairen Welt umhergeworfen wird, ist für manche Menschen sehr attraktiv. Das Gespann hilfloses Kind und starker Partner, der das Bedürfnis hat, andere zu retten und sich um sie zu kümmern, befriedigt die Bedürfnisse beider Seiten.

Die Borderline-Persönlichkeit findet einen freundlichen Menschen, der totalen Schutz verspricht. Und der Partner erfüllt sich den eigenen Wunsch, sich stark, beschützend, wichtig und gebraucht zu fühlen – derjenige zu sein, der »den anderen vor allem schützt«.

Fall 3: Annette. Annette entstammte einer armen, schwarzen Familie. Ihren Vater hatte sie sehr jung verloren, als er die Familie im Stich ließ. Mehrere Männer hintereinander übernahmen jeweils für kurze Zeit die Rolle des »Vaters« zu Hause. Schließlich heiratete ihre Mutter wieder, aber ihr zweiter Mann war ebenfalls ein Trinker. Als Annette etwa acht Jahre alt war, begann ihr Stiefvater sie und ihre Schwester sexuell zu belästigen. Annette hatte Angst, ihrer Mutter davon zu erzählen, die froh war, daß die Familie endlich ein gewisses Maß an finanzieller Sicherheit hatte. Also ließ Annette zu, daß diese Situation andauerte – aus Liebe zu ihrer Mutter.

Mit siebzehn Jahren wurde Annette schwanger und heiratete den Vater des Kindes. Sie bestand die Abschlußprüfung am Gymnasium, wo ihre Noten im allgemeinen gut waren, aber andere Aspekte ihres Lebens waren in Aufruhr: Ihr Mann trank und stellte anderen Frauen nach. Nach einiger Zeit begann er sie zu schlagen. Trotzdem bekam sie weitere Kinder von ihm, klagend und geduldig – um der Kinder willen.

Nach sechs Jahren und drei Kindern verließ Annettes Mann sie. Sein Weggang führte zu einer Art ängstlicher Erleichterung – der wilde Ritt war endlich vorbei, aber Ängste, was sie als nächstes tun sollte, tauchten unheilvoll auf.

Annette und die Kinder versuchten allein zurechtzukommen, aber sie fühlte sich ständig überfordert. Dann lernte sie John kennen, der etwa fünfundzwanzig Jahre älter war als sie (er weigerte sich, sein tatsächliches Alter zu nennen) und sich wirklich um sie zu kümmern schien. Er wurde zu dem guten Vater, den Annette nie gehabt hatte. Er ermutigte und beschützte sie. Er gab ihr Ratschläge, wie sie sich kleiden und wie sie reden sollte. Nach einer Weile wurde Annette selbstbewußter, bekam einen guten Job und begann, das Leben zu genießen. Einige Monate später, zog John bei ihr ein – aber nicht ganz. Er lebte an den Wochenenden bei ihr, schlief aber während der Woche woanders, angeblich wegen beruflicher Aufgaben, weil es »bequemer ist, im Büro zu schlafen«.

Tief in ihrem Innern wußte Annette, daß John verheiratet war, aber sie stellte keine Fragen. Als John weniger verläßlich wurde, öfter nicht kam und im allgemeinen distanzierter wurde, behielt sie ihren Zorn für sich. Im Beruf kam dieser Zorn jedoch an die Oberfläche, und sie wurde mehrfach übergangen, wenn eine Beförderung anstand. Ihre Vorgesetzten behaupteten, sie hätte nicht die akademischen Qualifikationen der anderen, und sagten, daß sie bisweilen abweisend sei, aber Annette akzeptierte diese Erklärungen nicht. Erbost führte sie die Zurückweisungen auf Rassendiskriminierung zurück. Sie wurde immer depressiver und ließ sich schließlich stationär behandeln.

Im Krankenhaus explodierte Annettes Empfindlichkeit wegen ihrer Hautfarbe. Die meisten Ärzte waren Weiße, genau wie der Großteil der Schwestern und Patienten. Die Krankenhausumgebung war »weiß«, die Mahlzeiten waren »weiß«. Ihr ganzer Zorn, der sich über die Jahre hinweg aufgestaut hatte, konzentrierte sich jetzt auf die Ablehnung der Gesellschaft Schwarzen gegenüber. Da Annette sich ausschließlich auf diese Frage konzentrierte, vermied sie es, sich mit ihren persönlichen, bösen Geistern auseinanderzusetzen.

Harry, der Musiktherapeut am Krankenhaus, war eine besondere Herausforderung für sie. Annette hatte das Gefühl, daß Harry (ein Weißer) darauf bestand, nur »weiße« Musik zu spielen und daß sein Aussehen und sein ganzes Verhalten »Weißsein« verkörperten. Annette machte ihrem Zorn auf den Therapeuten Luft und verließ wütend die Musiksitzungen.

Obwohl Harry vor ihren Zornausbrüchen Angst hatte, suchte er Annette auf. Seine Unterstützungsaussage spiegelte seine persönliche Sorge um Annettes Erfolg im Krankenhausprogramm wider. Harry drückte sein Mitgefühl für Annette aus, indem er anerkannte, wie frustrierend es ist, wenn man diskriminiert wird. Er belegte dies mit seinen eigenen Erfahrungen, die er als einer der wenigen Juden während seiner Ausbildung gemacht hatte. Dann versuchte Harry, Annette mit der Wahrheit oder Realität und mit ihren Problemen zu konfrontieren. Er wies darauf hin, daß es sinnlos sei, über rassistische Diskriminierung zu schimpfen, wenn man nicht gleichzeitig für eine Veränderung kämpft. Harry erklärte, daß Annettes Bedürfnis, Opfer zu bleiben, sie davor schützte, die Verantwortung für das zu übernehmen, was in ihrem Leben passierte. Sie fühlte sich gerechtfertigt, indem sie das Schicksal verfluchte, statt mutig die eigene Rolle zu untersuchen, aufgrund derer sie immer wieder von anderen mißbraucht wurde. Annette wickelte einen Schleier selbstgerechten Zorns um sich und vermied jegliche angsterregende Selbstuntersuchung oder Konfrontation, die zu einer Veränderung führen konnte. Auf diese Weise blieben ihre Ohnmacht und Hilflosigkeit erhalten.

Bei der nächsten Musiktherapiesitzung stürmte Annette nicht aus dem Zimmer. Statt dessen beschimpfte sie Harry und die anderen Patienten. Sie schlug andere Lieder vor. Bei der nächsten Zusammenkunft stimmte die Gruppe zu, daß einige Bürgerrechtssongs nach Annettes Wahl gespielt werden sollten.

Harrys Reaktion ist ein Beispiel für die SET-Grundsätze und wäre auch für Annettes Chef und ihre Freunde nützlich gewesen – für jeden, der sich hin und wieder mit ihren Zornausbrüchen auseinandersetzen mußte.

Die SET-Kommunikation kann die Borderline-Persönlichkeit oder jeden, der in einer Opferrolle gefangen ist, befreien, indem die Vorteile, Opfer zu sein (umsorgt zu werden, an schlechten Ergebnissen scheinbar schuldlos zu sein, Verleugnung von Verantwortung), und die Nachteile (Aufgabe der Autonomie, Aufrechterhaltung unterwürfiger Abhängigkeit, im Dilemma des Lebens fixiert und unbeweglich zu bleiben) aufgezeigt werden. Das Borderline-

»Opfer« muß jedoch alle drei Teile der Botschaft hören, denn sonst zeigt sie keine Wirkung. Wenn die Wahrheit befreien soll, muß sie von Unterstützung und Mitgefühl begleitet werden, damit die Botschaft gehört wird.

Die Suche nach dem Sinn
Ein großer Teil des dramatischen Verhaltens der Borderline-Persönlichkeit bezieht sich auf die endlose Suche nach etwas, das die ständig drohende Leere ausfüllt. Beziehungen und Drogen sind zwei der Mechanismen, die der Betroffene einsetzt, um die Einsamkeit zu bekämpfen und das Gefühl zu erlangen, in einer real scheinenden Welt zu existieren.

Fall 4. Richard. »Wahrscheinlich liebe ich zuviel!« sagte Richard, als er die Probleme mit seiner Freundin beschrieb. Er war dreißig Jahre alt und geschieden und hatte mehrere unglückliche Affären mit Frauen gehabt. Er klammerte sich zwanghaft an diese Frauen und überhäufte sie mit Geschenken und Aufmerksamkeiten. Durch sie fühlte er sich ganz, lebendig und erfüllt. Aber er forderte von ihnen – und anderen Freunden – völligen Gehorsam. Auf diese Weise hatte er das Gefühl, die Kontrolle zu haben, nicht nur über sie, sondern, was noch wichtiger war, über sein eigenes Leben.

Er war beunruhigt, wenn diese Frauen Unabhängigkeit forderten. Er redete ihnen zu, war beharrlich und drohte. Um das allgegenwärtige Gefühl von Leere zu mildern, versuchte er, andere zu kontrollieren. Wenn die Betroffenen sich weigerten, seine Wünsche zu erfüllen, wurde Richard ernstlich depressiv und geriet außer Kontrolle. Er wandte sich Alkohol und Drogen zu, um sein Lebensgefühl oder seine Glaubwürdigkeit wiederzuerlangen. Manchmal begann er einen Streit oder schnitt sich, wenn er Angst hatte, den Zugang zu seinen sensorischen und emotionalen Gefühlen zu verlieren. Wenn Zorn und Schmerz keine Veränderung mehr brachten, suchte er sich eine andere Frau, die ihn für »mißverstanden« hielt und meinte, er brauche nur »die Liebe einer guten Frau«. Der Prozeß begann wieder von neuem.

Richard fehlte die Einsicht in sein Dilemma, er bestand darauf, daß es immer der Fehler der Frauen sei. Seine Freunde tat er als verständnislos und gedankenlos ab – sie konnten ihm keine Unterstützung und Mitgefühl geben. Die Frauen, mit denen er sich einließ, zeigten am Anfang zwar Mitgefühl, aber es fehlte die Wahrheitskomponente. Richard mußte mit allen drei Aspekten konfrontiert werden.

In dieser Situation würde die »S«-Botschaft die Sorge um Richard ausdrücken. Der »E«-Teil würde sein Gefühl, »zuviel zu lieben«, ohne Herausforderung akzeptieren, würde ihm aber auch helfen, sein Gefühl von Leere und das Bedürfnis, diese Leere zu füllen, zu verstehen.

Die Wahrheitsbotschaft würde versuchen, auf die Muster in seinem Leben hinzuweisen, die sich endlos zu wiederholen scheinen. Die Wahrheit sollte Richard auch zu der Erkenntnis verhelfen, daß er Frauen wie Drogen und Selbstverstümmelung benutzt – als Objekte oder Manöver, um seine Erstarrung zu erleichtern und sich ganz zu fühlen. So lange er fortfährt, außerhalb seines Ichs nach innerer Zufriedenheit zu suchen, bleibt er frustriert und enttäuscht, weil er äußere Kräfte und besonders andere Menschen nicht so kontrollieren kann wie sich selbst. So wird beispielsweise eine neue Freundin trotz seiner großen Bemühungen, sie unter Kontrolle zu bringen, ein gewisses Maß an Unabhängigkeit außerhalb der Reichweite von Richards Kontrolle bewahren. Oder er könnte einen neuen Job beispielsweise wegen der schlechten Ertragslage eines Unternehmen verlieren. Aber Richard *kann* seine eigene kreative Kraft kontrollieren, seine intellektuelle Neugier und so weiter. Unabhängige persönliche Interessen – Bücher, Hobbys, Kunst, Sport – können verläßliche und dauerhafte Quellen für Befriedigung sein, die nicht so schnell verschwinden können.

Die Suche nach Konstanz
Sich an eine Welt anzupassen, die immer unbeständig und nicht vertrauenswürdig ist, ist ein Problem für die Borderline-Persönlichkeit. Ihrem Universum fehlen Muster und Beständigkeit. Auf Freunde, Beruf und persönliche Fertigkeiten kann sie sich nie verlassen. Der Betroffene muß all diese Aspekte seines Lebens immer wieder testen und neu überprüfen; er lebt in der ständigen Angst, daß ein vertrauter Mensch oder eine vertraute Situation sich genau ins Gegenteil verkehrt, was einem absoluten Betrug gleichkäme. Ein Held wird zum Teufel, der perfekte Arbeitsplatz wird zu einer Plage.

Fall 5. Patrizia und Jochen. Patrizia war eine attraktive Neunundzwanzigjährige, die gerade mit ihrem zweiten Mann in Scheidung lebte. Wie ihren ersten Mann beschuldigte sie ihn, Alkoholiker zu sein und sie zu mißbrauchen. Ihr Rechtsanwalt Jochen betrachtete sie als Opfer, das seines Schutzes bedurfte. Er rief sie häufig an, um sicherzugehen, daß es ihr gut ging. Sie begannen, gemeinsam zu Mittag zu essen. Während der Fall verhandelt wurde, begannen sie eine Liebesbeziehung. Jochen zog von zu Hause aus, verließ seine Frau und die beiden Söhne. Obwohl Patrizia noch nicht geschieden war, zog sie bei ihm ein.
Zuerst bewunderte Patrizia Jochens Intelligenz und Sachkenntnis. Wo sie sich schwach und schutzlos fühlte, schien er »groß und stark«. Aber mit der Zeit wurde sie immer fordender. Solange Jochen sie beschützte, war sie zufrieden. Aber als er schließlich Forderungen stellte, wurde sie feindselig. Sie verübelte es ihm, daß er zur Arbeit ging. Besonders seine Beschäftigung mit anderen Scheidungsfällen gefiel ihr nicht. Sie wollte nicht, daß er seine Kinder besuchte, und beschuldigte ihn, sie ihr vorzuziehen. Sie begann gemeine Streitereien, die oft darin gipfelten, daß sie aus dem Haus rannte, um die Nacht bei einem »platonischen Freund« zu verbringen.
Patrizia fehlte es an Objektkonstanz (siehe Kapitel 2 und Anhang

B). Freundschaften und Liebesbeziehungen mußten immer wieder überprüft werden, weil sie sich bei menschlichen Kontakten nie sicher fühlte. Ihr Bedürfnis nach Rückversicherung war unersättlich. Sie hatte unzählige Beziehungen hinter sich, in denen sie zuerst aufrichtig erschien und ein Bedürfnis nach Fürsorge vorhanden war. Aber dann stellte sie diese Beziehungen mit unerhörten Forderungen auf die Probe. Die Beziehungen endeten immer damit, daß sie verlassen wurde, wovor sie sich fürchtete. Bei der nächsten Romanze wiederholte sich das Ganze.
Zuerst empfand Patrizia Jochen als unterstützend und beruhigend. Sie idealisierte die Beziehung. Aber als er zeigte, daß er auch noch getrennt von ihr funktionierte, wurde sie zornig, beschimpfte und verunglimpfte ihn. Wenn er in seinem Büro war, rief sie ständig an, weil er sie »vergaß«, wie sie sagte. Wenn sie ihren Freundinnen von Jochen berichtete, meinten sie, es handelte sich um zwei völlig verschiedene Menschen – für Patrizia war er das.
In der SET-Konfrontationen der Objektkonstanz wird dieses Dilemma der Borderline-Persönlichkeit anerkannt. Die Unterstützungsaussage muß vermitteln, daß die Sorge um den Betroffenen beständig und bedingungslos ist. Unglücklicherweise hat die Borderline-Persönlichkeit, in diesem Fall Patrizia, Schwierigkeiten zu begreifen, daß sie sich Annahme nicht ständig verdienen muß. Sie lebt in der ständigen Angst, daß ihr die Unterstützung entzogen werden könnte, wenn sie zu irgend einem Zeitpunkt Mißfallen erregt.
Die Mitgefühlaussage sollte bestätigen, daß Patrizia noch nicht gelernt hat, Jochens Versuchen, ihr Rückversicherung zu geben, zu vertrauen. Jochen versucht Patrizia mitzuteilen, daß er sich der schrecklichen Ängste, die sie durchmacht, bewußt ist, daß er weiß, wie schrecklich es für sie ist, allein zu sein.
In den Wahrheitserklärungen muß versucht werden, die gespaltenen Teile wiederzuvereinen. Jochen muß erklären, daß er Patrizia die ganze Zeit über mag, selbst wenn er durch sie frustriert ist. Er muß auch erklären, daß er sich nicht mißbrauchen läßt. Eine

Kapitulation vor ihren Forderungen würde nur in weitere Forderungen münden. Patrizia einen Gefallen zu tun und sie zu befriedigen ist eine unmögliche Aufgabe, denn sie ist nie zu Ende – es werden immer neue Unsicherheiten entstehen. Die Wahrheit wird wahrscheinlich eine länger andauernde Therapie für beide notwendig machen, wenn ihre Beziehung von Dauer sein soll.

Der Zorn der Unschuld

Der Borderline-Zorn ist durch seine Unvorhersehbarkeit und Intensität oft schrecklich. Er kann durch relativ unbedeutende Ereignisse ausgelöst werden und ohne jede Vorwarnung auftreten. Er kann sich gegen bisher geschätzte Menschen richten. Häufig begleitet die Androhung von Gewalt diesen Zorn. All diese Züge unterscheiden den Borderline-Zorn vom normalen Zorn.

Innerhalb kürzester Zeit konnte sich Patrizia von einer fügsamen, abhängigen, kindlichen Frau in eine fordernde, schreiende Hexe verwandeln. Einmal schlug sie Jochen vor, mit ihr irgendwo gemeinsam zu Mittag zu essen. Aber als er ihr erklärte, daß er ins Büro gehen müsse, schrie sie ihn an und sagte ihm direkt ins Gesicht, daß er sich nie um ihre Bedürfnisse kümmere. Sie griff seine Männlichkeit an, klagte über sein Versagen als Vater und Ehemann und über seinen Beruf. Sie drohte, ihn vor der Anwaltskammer wegen standeswidrigem Verhalten anzuklagen. Wenn Jochens Versuche, Patrizia zu beruhigen, nichts fruchteten, verließ er still die Szene, was sie nur noch rasender machte. Aber wenn er wieder nach Hause kam, verhielten beide sich so, als sei nichts geschehen.

Die SET-Grundsätze müssen sich an erster Stelle mit Sicherheitsfragen befassen. In dem oben beschriebenen Szenario sollten Jochens Botschaften für Unterstützung und Mitgefühl an erster Stelle stehen, obwohl Patrizia sie wahrscheinlich als unehrlich zurückweisen wird. In diesem Fall wäre es unklug von Jochen, ihr weiter klarmachen zu wollen, daß er sich Sorgen um sie macht und weiß, daß sie erregt ist. Er muß sofort zur Wahrheitsaussage übergehen, in der er zuerst erklärt, daß niemand verletzt werden wird. Er muß fest darauf bestehen, daß sie sich zurückzieht, um etwas körperliche Distanz zu gewinnen. Er kann erklären, daß er sich ruhig mit ihr unterhalten will. Wenn sie dies nicht zuläßt, kann er sagen, daß er geht, bis die Situation sich etwas beruhigt hat, so daß sie die Diskussion zu einem späteren Zeitpunkt wiederaufnehmen können. Er muß versuchen, jeglichen Körperkontakt zu vermeiden, trotz der Provokationen durch Patrizia. Obwohl sie möglicherweise unbewußt möchte, daß Jochen sie körperlich überwältigt, basiert dieses Bedürfnis auf schädlichen Erfahrungen in der Vergangenheit und würde später wahrscheinlich eingesetzt werden, um ihn noch heftiger zu kritisieren.

Wahrheitsaussagen, die bei Streitigkeiten gemacht werden, sollten sich besser auf die zugrundeliegende Dynamik richten und nicht auf spezielle Ursachen dieses Streits. Die weitere Diskussion darüber, ob es wichtiger sei, mit Patrizia zum Mittagessen zu gehen statt ins Büro, wäre wahrscheinlich nicht produktiv. Jochen könnte jedoch Patrizias offensichtliches Bedürfnis nach Streit und ihren möglichen Wunsch nach Überwältigung ansprechen. Er könnte ihr Verhalten auch als Bedürfnis nach Zurückweisung interpretieren. Hat sie so starke Angst vor erwarteter Zurückweisung, daß sie sie heraufbeschwört, um »es hinter sich zu bringen«? Die wichtigste Wahrheitsaussage lautet, daß dieses Verhalten Jochen abstößt. Er könnte fragen, ob das wirklich Patrizias Wunsch ist.

Eine verhängnisvolle Affäre

In dem Film *Eine verhängnisvolle Affäre* ist Dan Gallagher ein glücklich verheirateter Mann, der eine stürmische Beziehung mit Alex Forrest eingeht, einer attraktiven, scheinbar erfolgreichen Karrierefrau. Obwohl der Film Alex' Charakter nicht tiefgehend untersucht, ist offensichtlich, daß die Filmemacher an mehrere Borderline-Züge dachten, als sie die Rolle schufen. Alex hat wenige Freunde (wenn sie überhaupt welche hat) und ihre Arbeitsstelle mehrfach gewechselt. Als Dan versucht, die Beziehung zu beenden, wird Alex wütend, weil er sie verlassen wird. Sie gerät in Panik, wenn sie daran denkt, allein zu sein. Aus einer raffinierten, sorglosen Verführerin wird ein klammerndes, abhängiges Kind, das mit Selbstmord droht. In ihrer Verzweiflung zerschneidet sie impulsiv ihre Handgelenke und manipuliert Dan auf diese Weise, bei ihr zu bleiben.

Von diesem Punkt aus beschreibt der Film eine Reihe von dramatischen und bisweilen gewalttätigen Konfrontationen zwischen Alex, Dan und Dans Frau Beth. Die Geschichte des Films, die beschreibt wie eine Borderline-Persönlichkeit in den Wahnsinn abdriftet – und wie andere damit umgehen –, muß beim amerikanischen Publikum den richtigen Nerv getroffen haben, denn der Film war einer der größten Erfolge an den Kinokassen im Jahr 1987 und 1988 der beliebteste Film im Videoverleih.

In gewisser Hinsicht war der Film selbst eine Borderline-Kreation mit seinem Hollywood-Porträt von »guten« und »schlechten Kerlen«: Alex wurde als die typische »böse Schurkin« dargestellt und nicht als komplexe, gequälte, geisteskranke Frau; Dan war der »gute Ehemann, der sich zufällig verirrt hat« und nicht der willensschwache Ehebrecher, der zumindest eine indirekte Rolle dabei spielte, daß es zum Ausbruch von Gewalt kam. Es war kein Zufall, daß der Film zu Beifallsstürmen und Buhrufen in den Kinos führte, wie alte Westernfilme, in denen die Darsteller weiße beziehungsweise schwarze Hüte trugen.

Bei Dans Reaktionen auf Alex wurden grundlegende SET-Prinzipien ignoriert, so daß die drei Hauptdarsteller unausweichlich auf das blutige Ende des Films zugingen. Das folgende Drehbuch wäre zwar nicht so sensationell (und wahrscheinlich auch nicht so erfolgreich) gewesen wie das Original, aber es hätte wahrscheinlich allen viel Qual erspart:

Als Dan mit Alex' blutenden Handgelenken konfrontiert wurde, hätte er zuerst seine Unterstützung und seine Sorge um Alex ausdrücken sollen – »Ich bin völlig schockiert und besorgt über das, was du getan hast, und ich möchte dir helfen.« Zur Unterstüt-

zung hätte weiter gehört, daß er ihr geholfen hätte, die Wunden zu reinigen und zu verbinden.
Seine Botschaft des Mitgefühls hätte widergespiegelt, daß er ihre Qual versteht. »Du bist offenbar sehr durcheinander, mehr als ich gedacht habe. Du bist im Innern sicher sehr verletzt.« Wenn er sie ermutigt hätte, über ihre Einsamkeit zu reden, über das, was sie fühlte und warum, wäre diese Aussage des Mitgefühls sehr hilfreich gewesen.
Im Film war Dan aufgrund seiner eigenen charakterlichen Schwächen nicht in der Lage, der Wahrheit von Alex' oder seinen eigenen Handlungen ins Gesicht zu schauen, und verstrickte sich daher hoffnungslos. Zu den Wahrheitsbotschaften hätte gehört, Alex daran zu erinnern, daß er verheiratet war und zu seiner Familie zurückkehren würde, auch wenn sie die Affäre als gleichberechtigte Partner genossen hatten. Noch wichtiger war, daß Alex und nicht er sich selbstzerstörerisch verhielt. Abhängig davon, wie ernsthaft die Schnitte an Alex' Handgelenken waren, hätte er darauf bestehen sollen, daß sie einen Arzt aufsuchte. Er hätte sie ermutigen sollen, einen Psychiater aufzusuchen (aber gleichzeitig zugeben müssen, daß er sie nicht dazu zwingen konnte). Er hätte auch seine Rolle in dieser klar destruktiven Beziehung erkennen müssen und die offensichtliche Notwendigkeit, sie zu beenden. Bei all diesen Wahrheitsbotschaften hätte Dan versucht, die Grenzen zwischen dem, was er tun kann, und dem, was Alex tun kann, abzustecken.

Das Bedürfnis nach Konstanz

Alle Wahrheitsaussagen müssen auch tatsächlich wahr sein. Für die Borderline-Persönlichkeit, die bereits in einer Welt voller Widersprüche lebt, ist es viel schlimmer, leere Drohungen über die Konsequenzen einer Handlung zu machen, als es passiv zuzulassen, daß unangemessenes Verhalten weiter fortsetzt wird. In dem Film *Eine verhängnisvolle Affäre* war Alex daran gewöhnt, sich der Zurückweisung durch andere zu widersetzen, indem sie sie manipulierte. Daß Dan erklärte, er würde die Beziehung beenden, ohne dies unmißverständlich zu tun, war destruktiv. Natürlich wußte er nicht, daß eine Borderline-Persönlichkeit nach der Beendigung einer intensiven Beziehung nicht in der Lage ist, mit dem anderen einfach freundschaftlich zu verkehren. Dies wäre eine »Zwischen«-Beziehung, die der Betroffene nicht tolerieren könnte. Da die Borderline-Persönlichkeit solche Schwierigkeiten mit der Zweideutigkeit hat, müssen Absichten mit klaren, vorhersehbaren Handlungen unterlegt werden. Wenn Eltern ihrem Teenager drohen, ihm beispielsweise bei bestimmten Verhaltensweisen Privilegien zu entziehen und dieses Versprechen dann nicht einlösen, werden die Probleme nur noch schlimmer. Ein Therapeut, der die Absicht hat, in der Therapie Grenzen zu setzen – Geldstrafen einzurichten, Telefonanrufe zu begrenzen usw. – und dies dann nicht durchführt, lädt die Borderline-Persönlichkeit ein, ihn weiter zu testen.

Borderline-Persönlichkeiten wachsen häufig in Situationen auf, in denen Drohungen und dramatische Aktionen die einzige Möglichkeit sind, das Gewünschte zu erreichen. Da die Borderline-Persönlichkeit meint, angenommen werden sei von Bedingungen abhängig, kann sie auch Zurückweisung auf diese Weise sehen. Die Borderline-Persönlichkeit hat das Gefühl, daß sie schließlich bekommt, was sie will, wenn sie nur attraktiv genug, klug genug oder reich genug ist. Je stärker unerhörtes Benehmen belohnt wird, um so mehr wird die Borderline-Persönlichkeit derartige Manöver einsetzen.

Obwohl die SET-Grundsätze für die Arbeit mit Borderline-Persönlichkeiten entwickelt wurden, können Sie auch beim Umgang mit anderen nützlich sein. Wenn die Kommunikation zwischen Menschen zum Stillstand gekommen ist, kann SET helfen, sich auf die Botschaften zu konzentrieren, die nicht erfolgreich vermittelt werden. Wenn ein Mensch das Gefühl hat, daß er nicht unterstützt oder respektiert wird, wenn er glaubt, daß er mißverstanden wird, oder wenn er sich weigert, Probleme realistisch anzugehen, können spezielle SET-Schritte unternommen werden, um diese bestimmten Bereiche zu verstärken. In der komplizierten Welt von heute ist ein klarer Satz an Kommunikationsgrundsätzen nötig, um die Widerwärtigkeiten des Borderline-Chaos zu bezwingen. Dazu zählen auch Liebe und Vernunft.

7 Die Therapie

Ich gebe ihm noch ein Jahr, bevor ich nach Lourdes gehe.

Woody Allen über seinen Psychiater in *Annie Hall*

Dr. Smith, ein landesweit bekannter Psychiater, rief mich wegen seiner Nichte an. Sie litt unter Depressionen und brauchte einen guten Psychiater. Er teilte mir mit, daß er mich empfohlen hatte. Einen Termin zu vereinbaren, erwies sich als schwierig. Sie konnte ihren Terminplan nicht umstellen, um meinen Sprechzeiten gerecht zu werden. Also stellte ich meine Termine um. Ich fühlte mich unter Druck gesetzt, gefällig und brillant zu sein, damit Dr. Smiths gute Meinung von mir gerechtfertigt war. Ich hatte gerade erst meine Praxis eröffnet und brauchte unbedingt eine Bestätigung meiner professionellen Fähigkeiten. Dennoch wußte ich, daß diese Gefühle ein schlechtes Zeichen waren: Ich war nervös.

Julie war ungeheuer attraktiv. Sie war groß und blond und hätte leicht Fotomodell sein können. Sie studierte Jura, war fünfundzwanzig Jahre alt, intelligent und konnte sich sehr gut ausdrücken. Sie kam zehn Minuten zu spät, aber entschuldigte sich nicht, ja sie erwähnte es nicht einmal. Als ich näher hinschaute, sah ich, daß ihr Augenmakeup etwas zu dick aufgetragen war, so als ob sie eine innere Traurigkeit und Erschöpfung verstecken wollte.

Julie war ein Einzelkind und von ihren erfolgreichen Eltern, die ständig unterwegs waren, sehr abhängig. Da sie es nicht ertragen konnte, allein zu sein, hatte sie eine Reihe von Affären. Wenn ein Mann die Beziehung beendete, wurde sie sehr depressiv, bis sie die nächste Beziehung begann. Im Moment stand sie gerade »zwischen zwei Beziehungen«. Ihr letzter Freund hatte sie verlassen, und »es gab niemanden, der ihn ersetzen konnte«.

Es dauerte nicht lange, bis sich bei ihrer Behandlung eine gewisse Routine einstellte. Gegen Ende der einzelnen Sitzungen brachte sie immer einen wichtigen Punkt zur Sprache, so daß die Gespräche immer etwas später endeten. Die Telefonanrufe zwischen den einzelnen Terminen wurden häufiger und dauerten länger.

Während der nächsten sechs Wochen trafen wir uns einmal pro Woche, aber kamen dann überein, uns zweimal pro Woche zu treffen. Sie erzählte von ihrer Einsamkeit und ihren Schwierigkeiten bei Trennungen, fühlte sich aber weiterhin hoffnungslos und allein. Sie erzählte mir, daß sie gegenüber Freunden häufig zu Zornausbrüchen neigte, obwohl ich mir derartige Ausbrüche bei ihr nur schwer vorstellen konnte. In meiner Praxis war sie immer sehr zurückhaltend. Sie hatte Schlafprobleme, ihr Appetit ließ nach und sie verlor an Gewicht. Sie begann, von Selbstmord zu sprechen. Ich verschrieb ihr ein Medikament gegen Depressionen, aber sie wurde nur noch depressiver und konnte sich nicht mehr auf ihr Studium konzentrieren. Schließlich empfahl ich ihr nach dreimonatiger Behandlung, sich ins Krankenhaus einweisen zu lassen, was sie nach einigem Zögern auch tat. Es war offensichtlich mehr intensive Arbeit nötig, um mit den andauernden Depressionen fertigzuwerden.

Das erste Mal lernte ich ihren Zorn an dem Tag kennen, als Julie von ihrer Entscheidung, sich stationär behandeln zu lassen, berichtete. Sie weinte leise vor sich hin und erzählte von der Angst, die sie durchgemacht hatte, als sie ihrem Vater von der Krankenhauseinweisung erzählte.

Plötzlich verhärtete sich ihr Gesicht und sie sagte: »Wissen Sie, was dieses Miststück getan hat?« Es dauerte eine Weile, bevor ich wußte, daß Julie jetzt von Irene sprach, der Krankenschwester, die sie in die Abteilung gebracht hatte. Wütend beschrieb Julie die mangelnde Aufmerksamkeit der Schwester, ihre Unbeholfenheit beim Anlegen der Manschetten des Blutdruckmeßgeräts und ein Versehen mit dem Essenstablett. Ihr wunderschönes Gesicht war plötzlich von Zorn und Schrecken verzerrt. Ich zuckte zusammen, als sie mit der Faust auf den Tisch schlug.

Nach einigen Tagen terrorisierte Julie die Abteilung mit ihren Forderungen und Schimpftiraden. Ein paar Schwestern und Patienten versuchten, sie zu beruhigen und zu besänftigen; andere wurden böse, wenn sie ihre Zornausbrüche hatte, mit Gegenständen um sich warf und Gruppensitzungen einfach verließ.

»Wissen Sie, was *Ihre* Patientin heute morgen gemacht hat, Herr Doktor?« fragte eine Schwester, als ich auf der Bildfläche erschien. Die Betonung lag klar auf »Ihre«, so als ob ich für Julies Verhalten verantwortlich sei und die Rügen des Personals verdiente, weil ich sie nicht kontrollieren konnte. »Sie beschützen sie zu sehr. Sie manipuliert Sie. Man muß ihr entgegentreten.«

Auf der Stelle verteidigte ich mich – und Julie. »Sie braucht Unterstützung und Fürsorge«, antwortete ich. »Sie braucht wieder elterliche Zuneigung. Sie muß lernen zu vertrauen.« Wie konnten sie es wagen, mein Urteil in Frage zu stellen! Wagte ich es, es in Frage zu stellen?

Während der ersten Woche hatte Julie sich über die Schwestern, die anderen Patienten und die Ärzte beklagt. Sie sagte, daß ich verständnisvoll sei und fürsorglich und viel größere Einsicht und Kenntnisse habe als alle anderen Therapeuten, die mit ihr gearbeitet hatten.

Julie brauchte einen Urlaubsschein fürs Wochenende, um ein paar Dinge zu erledigen. Die Schwestern waren skeptisch; sie kannten sie nicht gut genug. Julie hatte nicht viel von sich erzählt, auch nicht in der Gruppentherapie. Sie sprach nur mit ihrem Arzt; aber sie brauchte den Schein, und ich gab meine Zustimmung.

Sie kam betrunken und mit Kratzern am Handgelenk zurück. Obwohl die Schwestern nicht direkt sagten: »Haben wir es doch gleich gewußt«, waren ihre hochmütigen Blicke unmißverständlich und unerträglich. Ich ging ihnen noch mehr aus dem Weg als bisher. Ich begann wieder mit Julies Einzeltherapie und nahm sie aus den Gruppensitzungen heraus.

Am nächsten Wochenende brauchte sie wieder einen Urlaubsschein. Als ich dies ablehnte, explodierte sie. »Ich dachte, Sie würden mir vertrauen«, sagte sie. »Ich dachte, Sie verstehen mich. Aber Sie interessieren sich nur für Ihre Macht. Sie lieben es, andere zu beherrschen.«

Vielleicht hat sie recht, dachte ich. Vielleicht bin ich zu kontrollierend, zu unsicher. Oder griff sie nur meine verletzlichen Seiten an, mein Bedürfnis, als fürsorglich und vertrauenswürdig zu gelten? Wer war hier das Opfer? Sie oder ich?

»Ich dachte, Sie seien anders«, sagte sie. »Ich dachte, Sie seien etwas Besonderes. Ich habe geglaubt, daß Sie sich wirklich Gedanken um mich machen.« Das Problem war, daß ich das auch glaubte.

Ein paar Wochen später gab ich ihr einen weiteren Urlaubsschein. Sie kehrte nach einer schäbigen Affäre mit einem Fremden in einer Bar betrunken und weinerlich zurück. Sie bettelte darum, daß man ihr Grenzen setzte, sie kontrollierte und ihr Struktur gab, konnte diese Abhängigkeit aber nicht zugeben. Also verhielt sie sich ungeheuerlich, damit Kontrollen nötig wurden, wurde dann wütend und verneinte, daß dieser Wunsch bestand.

Ich wußte das, aber sie konnte es nicht erkennen. Langsam freute ich mich nicht mehr darauf, sie zu sehen. Jedesmal, wenn ich sie besuchte, wurde ich an mein Versagen erinnert, und ich wünschte, daß es ihr entweder besser ginge oder sie einfach verschwinden würde. Als sie erklärte, daß vielleicht der Arzt ihrer Zimmernachbarin besser für sie sei, interpretierte ich dies so, daß sie vor sich selbst und den wirklichen Problemen wegrennen wollte. Ich wußte, daß ein Wechsel das Gegenteil bewirken würde, aber insgeheim hoffte ich, daß sie um meinetwillen den Arzt wechseln würde. Sie sprach immer noch davon, daß sie sich umbringen wollte, und ich hatte Schuldgefühle bei der Vorstellung, daß es für mich fast eine Erleichterung wäre, wenn sie ihre Drohung wahrmachte. Durch ihr wechselhaftes Verhalten hatte ich mich von einem Masochisten in einen Sadisten verwandelt.

Während der dritten Woche ihres Krankenhausaufenthalts erhängte sich ein anderer Patient, als er einen Urlaubsschein hatte und zu Hause war. Voller Angst geriet Julie in Wut: »Warum wußten Sie und das Personal nicht, daß er sich umbringen würde?« schrie sie. »Wie konnten Sie das zulassen? Warum haben Sie ihn nicht beschützt?«

Julie war am Boden zerstört. Wer würde sie beschützen? Wer würde dafür sorgen, daß ihr Schmerz vergehen würde? Endlich erkannte ich, daß Julie dies selbst bewerkstelligen mußte. Niemand anders steckte in ihrer Haut. Langsam ergab dies für mich und Julie Sinn.

Sie erkannte, daß sie nicht vor sich selbst fliehen konnte, egal wie sehr sie versuchte, vor ihren Gefühlen davonzurennen. Obwohl sie vor dem schlechten Menschen, für den sie sich hielt, wegrennen wollte, mußte sie lernen, sich zu akzeptieren, wie sie war, nebst Fehlern. Schließlich würde sie erkennen, daß sie sie selbst sein konnte.

Julies Zorn auf das Krankenhauspersonal ging langsam auf das Selbstmordopfer über, das »sich keine Chance gegeben hatte«. Als sie seine Verantwortung erkannte, begann sie, auch die ihre zu sehen. Sie erkannte, daß die Menschen, denen sie wirklich etwas bedeutete, sie nicht einfach tun ließen, was sie wollte, so wie ihre Eltern es getan hatten. Manchmal bedeutet Fürsorge auch, Grenzen zu setzen. Manchmal bedeutete es, ihr Dinge zu sagen, die sie nicht hören wollte. Und manchmal bedeutete es, sie daran zu erinnern, daß sie für sich selbst verantwortlich war.

Es dauerte nicht lange, und alle – Julie, das Krankenhauspersonal und ich – arbeiteten zusammen. Ich gab es auf, um alles in der Welt sympathisch, klug und fehlerlos sein zu wollen; es war wichtiger, konsequent und verläßlich zu sein – *da zu sein.*

Nach sieben Wochen wurde Julie aus dem Krankenhaus entlassen. Sie fühlte sich immer noch einsam und ängstlich, aber sie mußte sich keinen Schmerz mehr zufügen. Noch wichtiger war, daß sie die Tatsache akzeptierte, daß sie Einsamkeit und Angst überleben, aber sich selbst immer noch mögen konnte.

Nach einiger Zeit lernte Julie einen Mann kennen, der sie wirklich zu mögen schien. Was mich betraf, so lernte ich ebenfalls ein paar Dinge – daß unangenehme Gefühle weitgehend bestimmen, wer ich bin, und daß die Annahme dieser unangenehmen Seiten meiner selbst mir hilft, meine Patienten besser zu verstehen.

Therapeuten, die Borderline-Patienten behandeln, erleben häufig, daß die Härte der Behandlung eine große Belastung für ihre professionellen Fähigkeiten und ihre Geduld bedeutet. Die Behandlungssitzungen sind stürmisch, frustrierend und nicht vorhersehbar. Die Behandlungszeit bewegt sich im Schneckentempo. Die meisten Psychotherapeuten stimmen darin überein, daß eine effektive Behandlung mehrere Jahre in Anspruch nimmt. Mehr als 90 Prozent der Borderline-Patienten, die eine Therapie beginnen, geben sie schließlich vorzeitig auf.[1]

Die Behandlung ist so schwierig, weil der Borderline-Patient auf sie ähnlich wie auf andere persönliche Beziehungen reagiert. Er betrachtet den Therapeuten in einem Augenblick als fürsorglich, fähig und ehrlich und im nächsten Moment als falsch, unaufrichtig und unfürsorglich.

In der Therapie kann der Borderline-Patient äußerst fordernd, abhängig und manipulierend sein. Es ist für einen solchen Patienten nicht ungewöhnlich, daß er zwischen den einzelnen Sitzungen ständig anruft und dann unerwartet in der Praxis auftaucht und droht, sich etwas anzutun, wenn der Therapeut nicht auf der Stelle erscheint.

Schimpftiraden, die sich gegen den Therapeuten und den Therapieprozeß richten, sind häufig. Oft kann der Borderline-Patient die Empfindlichkeit des Therapeuten sehr gut wahrnehmen und

ihn zu Zorn, Frustration, Selbstzweifel und Hoffnungslosigkeit treiben.
Wenn man die große Auswahl der möglichen Ursachen für Borderline-Persönlichkeitsstörungen betrachtet und die extremen Verhaltensweisen, die daraus hervorgehen, gibt es folglich eine ganze Reihe von Behandlungsmethoden: 1. die psychoanalytisch orientierte Psychotherapie, 2. die sogenannte »unterstützende« Psychotherapie, 3. spezielle Formen der Psychotherapie wie Gruppen-, Familien- und expressive Psychotherapie (Kunst, Musik, Tanz), 4. die psychopharmakologische (medikamentöse) Therapie und 5. die Therapie im Krankenhaus. Diese Methoden können sich überschneiden (so kann beispielsweise die Gruppentherapie erforschend oder unterstützend sein). Da es bei den einzelnen Therapiearten unterschiedliche Erfolgsraten gab, wird unter Psychologen und Psychiatern immer noch diskutiert, welches die beste Behandlungsmethode ist.
Andere Therapieformen (Verhaltensmodifikation und Hypnose) werden bei der Behandlung der Borderline-Persönlichkeit meistens nicht eingesetzt, es sei denn, besondere Umstände machen dies erforderlich. Für sorgfältig ausgewählte Patienten kann die Hypnotherapie beispielsweise nützlich sein, um Traumata aus der Vergangenheit in die Erinnerung zu rufen. Da ein Trancezustand jedoch zu einem unstrukturierten oder unbekannten Bewußtseinszustand führen kann, können bei einem Borderline-Patienten, der für diese Behandlung nicht geeignet ist, schwere Panik oder Psychosen ausgelöst werden.

Der Borderline-Patient auf der Couch des Psychiaters

In den vierziger und fünfziger Jahren betrachtete man die individuelle Psychoanalyse als wichtigste Behandlungsmethode bei Krankheiten im seelischen Bereich. Da das Konzept der Borderline-Persönlichkeitsstörung während der folgenden Jahrzehnte jedoch besser definiert wurde, kam man zu dem Schluß, daß die traditionelle Psychoanalyse bei den Patienten, die als Borderline-Persönlichkeiten eingestuft wurden, nicht sinnvoll war.

Bei der klassischen Psychoanalyse wird der Patient aufgefordert, sich der »freien Assoziation« hinzugeben – das heißt, frei über alles zu sprechen, was ihm in den Sinn kommt. Dabei muß er seine Gedanken nicht zensieren und wird nicht vom Analytiker angeleitet. Die Patienten befassen sich meistens mit Erinnerungen an die frühe Kindheit und bringen sie mit Träumen und zufälligen Gedanken in Verbindung.

Für den Borderline-Patienten kann eine derart unstrukturierte Therapie jedoch zerstörerisch sein. In der klassischen Psychoanalyse werden die Abwehrmechanismen angegriffen, aber dem Borderline-Patienten fehlen die Hilfsmittel, um sie zu ersetzen. Die Gefühlsübertragung auf den Therapeuten und andere kann so intensiv sein, daß sie psychotische Ausmaße annimmt.

Die Analytiker entdeckten bald, daß sich der Zustand des Patienten »auf der Couch« verschlechterte. Die Reizung durch die Analyse, die bei einem gesünderen Patienten therapeutisch sein konnte, führte bei der Borderline-Persönlichkeit zu Panik. Es kamen Ängste zum Vorschein, die nicht kontrolliert oder gelöst werden konnten. Die Borderline-Patienten verloren bisweilen den Kontakt zur Realität.

Während der letzten dreißig Jahre hat das Borderline-Syndrom andere Erkrankungen der Psyche immer mehr verdrängt. Heute ist es die häufigste Krankheit, mit der Psychiater konfrontiert werden. Da Borderline-Patienten sich früher als traditionelle Neurotiker maskieren, wurden sie zu Beginn mit der klassischen Psychoanalyse behandelt, was zu schlimmen Ergebnissen führte. Aber als die Verschiebung unter den psychisch Kranken besser erkannt wurde, kam es zu Änderungen in den traditionellen Techniken der Psychoanalyse. Derartige Anpassungen könnte man als »psychoanalytisch orientierte« oder »psychodynamische« Therapieformen bezeichnen. Im wesentlichen wird die theoretische Grundlage der

Psychoanalyse beibehalten, aber ohne das übliche Drum und Dran. Die Couch, der »stille« Analytiker und die freie Assoziation werden durch die direkte Kommunikation mit einem stärker interagierenden Therapeuten ersetzt.
In den fünfziger Jahren wurden auch andere Behandlungsmethoden akzeptabler. Nicht-analytische Einzeltherapien bekamen ihre eigenen wissenschaftlichen Grundlagen. Der Wert von Techniken aus der Familien- und Gruppentherapie wurde bei der Behandlung seelischer Erkrankungen verschiedenster Art erkannt.
Die Ankunft der »Pharmakotherapie-Ära« versprach Heilung durch medikamentöse Behandlung. Die Behandlung im Krankenhaus entwickelte sich weiter, so daß ein kontrolliertes, strukturiertes und intensives Behandlungsmilieu entstand und die Auffassung vom Krankenhaus als Bewahranstalt keine Grundlage mehr hatte.

Die Ziele der Therapie

Alle Behandlungsmethoden haben ein gemeinsames Ziel im Auge: effektiveres Funktionieren in einer Welt, die als weniger geheimnisvoll, weniger schädlich und damit als angenehmer wahrgenommen wird. Bei dem Prozeß geht es meistens darum, Einsicht in die Unproduktivität des aktuellen Verhaltens zu entwickeln. Dies ist der leichte Teil. Schwieriger wird es, wenn es darum geht, alte Reflexe aufzuarbeiten und neue Möglichkeiten zu entwickeln, um mit den Belastungen des Lebens besser fertigzuwerden.
Der wichtigste Teil einer Therapie ist die Beziehung zwischen Patient und Therapeut. Diese Wechselbeziehung bildet die Grundlage für Vertrauen, Objektkonstanz und emotionale Intimität. Der Therapeut muß zu einer Vertrauensfigur werden, ein Spiegel, der die sich entwickelnde, beständige Identität widerspiegelt. Mit dieser Beziehung am Anfang lernt der Borderline-Patient, die passenden Erwartungen und sein Vertrauen auch auf andere zu erweitern.

Das wichtigste Ziel des Therapeuten besteht darin, darauf hinzuarbeiten, den Patienten zu verlieren (nicht, ihn zu behalten). Dies wird erreicht, indem er die Aufmerksamkeit des Patienten auf bestimmte, zu überprüfende Bereiche lenkt und nicht, indem er ihn kontrolliert. Obwohl der Therapeut die Rolle des Navigators übernimmt, auf Landschaften, die von Interesse sein könnten, hinweist und die Reise um stürmische Gefilde herumleitet, ist es der Patient, der fest im Pilotensessel sitzen muß. Die Familie und andere wichtige Bezugspersonen werden bei dieser Reise meistens miteinbezogen. Ein Hauptziel ist, daß der Patient nach Hause zurückkehren und die Beziehungen verbessern kann, statt sie aufzugeben.
Manche Menschen haben Angst vor der Psychiatrie und Psychotherapie, weil sie den Prozeß als eine Form der »Verstandeskontrolle« oder Verhaltensmodifikation wahrnehmen, der an hilflosen, abhängigen Patienten, die von bärtigen Mesmerianern zu Robotern umgeformt werden, ausprobiert wird. Das Ziel der Psychotherapie liegt darin, dem Patienten zu helfen, sich individuell zu entwickeln und mehr Freiheit und persönliche Würde zu erreichen. Leider glauben manche Menschen, daß man gegen den eigenen Willen therapiert werden kann, genau wie sie glauben, daß man gegen den eigenen Willen hypnotisiert werden kann. Derart irrationale Ängste können Menschen der Möglichkeit berauben, einer selbstauferlegten Gefangenschaft zu entkommen und Selbstannahme zu erreichen.

Die Therapiedauer

Da in der Therapie vor allen Dingen die Psychoanalyse vorherrscht, die normalerweise mehrere Jahre der Behandlung erforderlich macht, betrachten die meisten Menschen jede Form der Psychotherapie als ausgedehnt und langgezogen und aus diesem Grund als sehr teuer. Zusätzliche Medikamente und spezialisierte

Behandlungsmethoden (etwa die sogenannte »zeitbegrenzte« Therapie) sind Reaktionen auf das Bedürfnis nach praktischen und bezahlbaren Behandlungen. Knochen wachsen wieder zusammen und Infektionen heilen ab, aber Narben in der Psyche brauchen möglicherweise eine viel längere Behandlung.

Wenn die Therapie zu schnell vorüber ist, sollte man sich fragen, ob sie nur oberflächlich war. Wenn sie sich über mehrere Jahre hinzieht, fragt man sich vielleicht, ob es sich nur um ein intellektuelles Spiel handelt, das den Psychotherapeuten reich macht, während der abhängige und hilflose Patient finanziell zum Sklaven wird.

Wie lange sollte eine Therapie also dauern? Die Antwort hängt von den spezifischen Zielen ab. Die Lösung spezifischer Symptome, die ins Auge gefaßt werden – beispielsweise Depressionen, schwere Ängste oder Zornausbrüche – läßt sich in relativ kurzer Zeit erreichen, etwa in Wochen oder Monaten. Wenn es jedoch um eine weiterreichende Neustrukturierung geht, ist mehr Zeit erforderlich.

Die Therapie kann unterbrochen werden. Es ist für den Borderline-Patienten nicht ungewöhnlich, daß er mehrere getrennte Therapierunden durchmacht, bei verschiedenen Therapeuten und mit unterschiedlichen Techniken. Pausen während der Therapie können nützlich sein, um Ideen zu festigen, neugewonnene Einsichten auszuprobieren oder um einfach wieder im normalen Leben aufzuholen und Zeit zum Reifen und Wachsen zu haben. Finanzielle Grenzen, bedeutsame Veränderungen im Leben oder auch nur das Bedürfnis nach einer Pause von der Intensität der Behandlung können eine Unterbrechung erforderlich machen.

Meistens braucht die Borderline-Persönlichkeit Jahre der Therapie, um substantielle Funktionsveränderungen zu erreichen. Wenn die Veränderungen sich nur langsam einstellen, kann es schwer werden zu entscheiden, ob weitergearbeitet werden soll oder ob man alle Möglichkeiten ausgeschöpft hat. Der Therapeut muß die Neigung des Borderline-Patienten, der versucht, sich der Konfronta-

tion mit seinen schädlichen Verhaltensweisen zu entziehen, in Betracht ziehen und die Neigung des Patienten, sich vom Therapeuten (und anderen) abhängig zu machen.
Für manche Borderline-Persönlichkeiten endet die Therapie offiziell nie. Ihnen tut es möglicherweise gut, mit Unterbrechungen ständigen Kontakt zu einem Therapeuten, dem sie vertrauen, zu haben. Ein solches Arrangement könnte man als »Pausen zum Auftanken« auf der Straße zur größeren Unabhängigkeit betrachten, vorausgesetzt, der Patient verläßt sich nicht auf diese Kontakte zur Steuerung seines Lebens.

Wie die Psychotherapie funktioniert

Therapie bedeutet eine Diskussion der Vergangenheit und Gegenwart, um Muster zu entdecken, die die Zukunft beeinflussen können. Der Therapeut versucht in Einzel-, Gruppen- oder Familiensitzungen die Patienten anzuleiten, ihre Erfahrungen zu untersuchen. Er dient außerdem als Prüfstein für neue Verhaltensweisen. Schließlich akzeptiert der Patient seine eigenen Wahlmöglichkeiten im Leben und ändert sein Selbstbild, das bisher darin bestand, daß er sich als Schachfigur betrachtete, die von Mächten außerhalb seines Kontrollbereichs bewegt wurde. Ein großer Teil dieses Prozesses entwickelt sich aus der primären Beziehung zwischen Therapeut und Patient. Während der Therapie entwickeln beide intensive Gefühle, die als »Übertragung« und »Gegenübertragung« bezeichnet werden.

Übertragung
Die Übertragung bezieht sich auf die unrealistischen Projektionen von Gefühlen und Haltungen des Patienten, die dieser früher mit anderen wichtigen Menschen in seinem Leben erlebt hat, auf den Therapeuten. Der Patient kann beispielsweise wütend auf den Arzt werden, was nichts mit der realen Aussage des Arztes zu tun hat,

sondern mit dem Gefühl, daß der Arzt wie die Mutter ist, die in der Vergangenheit im Patienten viel Zorn ausgelöst hat. An sich ist die Übertragung weder negativ noch positiv; aber sie ist immer eine Verzerrung, eine Projektion vergangener Emotionen auf aktuelle Objekte.

Die Borderline-Übertragung ist wahrscheinlich sehr unbeständig, wie jeder Aspekt des Lebens des Patienten. Der Betroffene wird den Therapeuten in einem Moment als fürsorglich, fähig und ehrlich sehen und im nächsten als betrügerisch, unaufrichtig und gefühllos. Diese Verzerrungen machen die Etablierung einer Allianz mit dem Therapeuten sehr schwierig. Aber gerade der Aufbau und die Aufrechterhaltung dieser Allianz ist der wichtigste Teil jeder Therapie.

Im Anfangsstadium der Therapie sehnt sich der Borderline-Patient nach der Nähe des Therapeuten und fürchtet sie gleichzeitig. Er möchte umsorgt werden, hat aber Angst, erdrückt und kontrolliert zu werden. Er versucht den Arzt dazu zu verführen, daß er sich um ihn kümmert, und rebelliert gegen dessen Versuche, »sein Leben zu kontrollieren«. Wenn der Therapeut gegenüber seinen Schimpftiraden standhaft und beständig bleibt, entwickelt sich eine Objektkonstanz – der Borderline-Patient vertraut darauf, daß der Therapeut ihn nicht verlassen wird. Von dieser anfänglichen Vertrauensbasis aus, kann die Borderline-Persönlichkeit neue Beziehungen wagen und vertrauensvollere Kontakte etablieren. Zu Anfang kann der Erhalt derart neuer Freundschaften für die Borderline-Persönlichkeit jedoch schwierig sein, da sie möglicherweise in der Vergangenheit gelernt hat, daß der Aufbau neuer Verbindungen vergeblich war. Sie befürchtet vielleicht sogar, daß ihr Partner, Freund oder Therapeut eifersüchtig und zornig wird, wenn sie ihre sozialen Kontakte erweitert.

Wenn der Patient Fortschritte macht, richtet er sich mit einer behaglicheren, vertrauensvolleren Abhängigkeit ein. Gegen Ende der Therapie kann es jedoch wieder zu Unruhe in der Beziehung kommen. Möglicherweise sehnt er sich nach der früheren Art der

Funktion und ist böse, weil er weitermachen muß; er fühlt sich möglicherweise wie ein Schwimmer, der langsam müde wird und erkennt, daß er bereits die Hälfte der Strecke hinter sich gebracht hat, aber weiterschwimmen muß, bevor er die andere Seite für eine Erholungspause erreicht.

Zu diesem Zeitpunkt muß der Borderline-Patient sich auch mit seiner Getrenntheit auseinandersetzen und erkennen, daß er und nicht der Therapeut diese Änderung bewirkt hat. Wie Dumbo, der seine Fähigkeit zu fliegen zuerst auf seine »magische Feder« zurückführt, aber dann erkennt, daß es sein eigenes Talent ist, muß die Borderline-Persönlichkeit die eigenen Fähigkeiten erkennen und unabhängig funktionieren. Und sie muß neue Bewältigungsmechanismen entwickeln, die die alten, die nicht mehr funktionieren, ersetzen.

Wenn es der Borderline-Persönlichkeit besser geht, verringert sich die Intensität der Übertragung. Zorn, impulsive Verhaltensweisen und Launenhaftigkeit – oft auf den Therapeuten gerichtet oder speziell für ihn inszeniert – lassen nach. Panikhafte Abhängigkeit geht langsam zurück und wird durch wachsendes Selbstvertrauen ersetzt; es kommt nicht mehr so oft zu Zornesausbrüchen, und die Entschlossenheit, für das eigene Leben verantwortlich zu sein, wächst. Ungeduld und Launenhaftigkeit werden geringer, da der Betroffene ein getrenntes Identitätsgefühl entwickelt, das sich ohne Bedürfnis nach Bindung entwickeln kann.

Gegenübertragung

Der Begriff Gegenübertragung bezieht sich auf die emotionalen Reaktionen des Therapeuten auf den Patienten. Sie basieren mehr auf der Erfahrung und den Bedürfnissen des Therapeuten in der Vergangenheit als auf realistischen Betrachtungsweisen. Ein Beispiel dafür ist der Arzt, der den Patienten als bedürftiger und hilfloser wahrnimmt, als es wirklich der Fall ist, weil der Arzt sich als fürsorglich und mitfühlend wahrnimmt und Konfrontation vermeidet.

Die Borderline-Persönlichkeit nimmt andere Menschen, den Therapeuten nicht ausgenommen, oft sehr genau wahr. Diese Sensibilität provoziert oft die eigenen ungelösten Gefühle des Therapeuten. Das Bedürfnis des Arztes nach Anerkennung, Zuneigung und Kontrolle kann ihn bisweilen zu unangemessenem Verhalten veranlassen. So schützt er möglicherweise einen Patienten zu stark und ermutigt Abhängigkeitsgefühle. Vielleicht kontrolliert er zu sehr und fordert, daß der Patient sich nach seinen Anweisungen richtet. Möglicherweise beklagt er sich über eigene Probleme und verleitet den Patienten dazu, sich um ihn zu kümmern. Vielleicht beginnt er sogar eine sexuelle Beziehung mit dem Patienten, um ihn »Intimität zu lehren«. Der Therapeut mag all diese Dinge als notwendig für einen »sehr kranken« Patienten wahrnehmen, aber in Wirklichkeit befriedigt er damit seine eigenen Bedürfnisse.
Der Borderline-Patient kann im Therapeuten Gefühle von Zorn, Frustration, Selbstzweifel und Hoffnungslosigkeit wachrufen, die seine eigenen Gefühle widerspiegeln. Zu Emotionen angespornt, die seinen beruflichen Selbstwert herausfordern, kann der Therapeut durch die Gegenübertragung echten Haß auf den Patienten entwickeln und glauben, daß dieser nicht zu behandeln sei. Die Behandlung der Borderline-Persönlichkeit kann so aufreibend sein, daß der Begriff »Borderline« bisweilen von Psychiatern als Schimpfwort für Patienten verwendet wird, die besonders irritierend sind und auf eine Therapie nicht gut ansprechen. In diesen Fällen spiegelt »Borderline« eher die Gegenübertragungsfrustration des Therapeuten wider als eine wissenschaftliche Diagnose.

Die »Paßform« von Patient und Therapeut

Alle in diesem Kapitel beschriebenen Behandlungsmethoden können für den Borderline-Patienten produktiv sein. Keine hat sich bisher gegenüber den anderen als überlegen erwiesen. Keine einzelne therapeutische Technik hat bisher in allen Fällen zur Heilung geführt. Der einzige Faktor, der bisher konstant mit Verbesserungen in Beziehung gebracht werden kann, ist die Beziehung zwischen Patient und Therapeut, die von gegenseitigem Respekt gekennzeichnet ist.

Selbst wenn ein Arzt bei der Behandlung von einem oder mehreren Borderline-Patienten erfolgreich ist, bedeutet dies bei der Behandlung weiterer Patienten nicht automatisch Erfolg. Der Faktor, der in erster Linie über den Erfolg entscheidet, ist meistens das positive, optimistische Gefühl, das von beiden Teilnehmern geteilt wird – eine Art »Paßform« von Patient und Therapeut.

Eine gute Paßform läßt sich nicht genau erklären, sie bezieht sich auf die Fähigkeiten des Patienten und des Therapeuten, die vorhersehbare Unruhe in der Therapie zu tolerieren, während gleichzeitig eine stabile Allianz aufrechterhalten wird, solange die Therapie andauert.

Die Rolle des Therapeuten

Da bei der Behandlung von Borderline-Persönlichkeitsstörungen die Kombination verschiedener Therapien möglich ist – Einzel-, Gruppen- und Familienpsychotherapie, medikamentöse und stationäre Behandlung –, kann die Rolle des Therapeuten bei der Behandlung so unterschiedlich sein wie die verschiedenen Therapien. Der Arzt kann konfrontierend oder nichtlenkend sein, er kann spontan fordern oder Ratschläge geben, er kann weniger Interaktion in Gang setzen und erwarten, daß der Patient für den Fortschritt der Therapie größere Verantwortung übernimmt. Wichtiger als der spezielle Arzt oder die Behandlungsmethode ist das Gefühl von Unterstützung und Vertrauen, das bei Patient und Therapeuten vorherrschen sollte. Beide müssen spüren, daß auch der andere Verpflichtung, Verläßlichkeit und wahre Partnerschaft einbringt.

Um dieses Gefühl gegenseitiger Unterstützung zu erreichen, müssen Patient und Arzt gemeinsam Ziele verstehen und teilen. Sie sollten sich über die Methoden einig sein und vom Stil her zusammenpassen. Das Wichtigste ist, daß der Arzt erkennt, daß er einen Borderline-Patienten vor sich hat.

Der Therapeut sollte damit rechnen, daß es sich um eine Borderline-Persönlichkeitsstörung handelt, wenn er einen Patienten annimmt, dessen Krankengeschichte widersprüchliche Diagnosen enthält, mehrfache stationäre Behandlungen in der Vergangenheit oder die Erprobung vieler Medikamente. Vielleicht berichtet der Patient, daß er bei früheren Therapien »hinausgeworfen« wurde und in der örtlichen Notaufnahme als »persona non grata« betrachtet wird. Vielleicht hat das Personal dort ihm auch schon einen Spitznahmen (»Überdosis-Eddie«) verpaßt.

Der erfahrene Arzt wird auch in der Lage sein, seinen Reaktionen von Gegenübertragung auf den Patienten zu vertrauen. Borderline-Patienten lösen normalerweise sehr starke emotionale Reaktionen bei anderen aus, und der Therapeut macht da keine Ausnahme. Wenn der Therapeut zu Anfang der Bewertung des Patienten das starke Verlangen hat, den Betroffenen zu schützen oder zu retten, wenn er sich für ihn verantwortlich fühlt oder zornig auf ihn ist, sollte er erkennen, daß seine intensiven Reaktionen Signalreaktionen auf eine Borderline-Persönlichkeit sein können.

Die Wahl des Therapeuten

Therapeuten, die unterschiedliche Behandlungsstile haben, können mit Borderline-Patienten gleich gut zurechtkommen. Umgekehrt können Ärzte, die spezielle Erfahrungen und Interesse an Borderline-Persönlichkeitsstörungen haben und die normalerweise gut mit Borderline-Patienten auskommen, nicht für jeden Patienten Erfolg garantieren.

Ein Patient kann unter einer Vielfalt von Ärzten im Bereich der Psychotherapie wählen. Obwohl Psychiater jahrelang in psychotherapeutischen Techniken ausgebildet wurden (und als Ärzte als einzige in der Lage sind, gleichzeitig bestehende körperliche Erkrankungen zu behandeln, Medikamente zu verschreiben und Patienten stationär einzuweisen), können andere ausgebildete Fachleute – Psychologen, Sozialarbeiter, Seelsorger, das Krankenhauspersonal in der Psychiatrie – ebenfalls Sachkenntnis in der psychiatrischen Behandlung von Borderline-Patienten erlangen.

Im allgemeinen besitzt ein Therapeut, der gut mit Fällen von Borderline-Persönlichkeitsstörungen zurechtkommt, bestimmte Qualitäten, die ein potentieller Patient meistens erkennen kann. Er sollte in der Behandlung von Borderline-Persönlichkeitsstörungen erfahren und tolerant sein und den Patienten akzeptieren, damit dieser eine Objektkonstanz entwickeln kann (siehe Kapitel 2). Er sollte flexibel und innovativ sein, um sich den Verrenkungen, zu denen die Therapie eines Borderline-Patienten ihn zwingen könnte, anzupassen. Er sollte Sinn für Humor haben oder zumindest einen klaren Sinn für Proportionen, um dem Patienten ein geeignetes Modell zu präsentieren und um sich selbst von der schonungslosen Intensität zu schützen, die für eine solche Therapie erforderlich ist.

So wie der Arzt den Patienten während der ersten Gespräche einschätzt, sollte der Patient den Arzt einschätzen, um zu entscheiden, ob eine gewinnbringende Zusammenarbeit möglich ist.

Zuerst sollte der Patient sich fragen, ob er mit der Persönlichkeit und dem Stil des Arztes zufrieden ist. Wird er offen und ehrlich mit ihm reden können? Ist er zu einschüchternd, zu drängend, zu schwach, zu verführerisch?

Zweitens, stimmen seine Einschätzung und seine Ziele mit denen des Patienten überein? Die Behandlung sollte eine Zusammenarbeit sein, in der beide Parteien dieselben Ansichten teilen und dieselbe Sprache benutzen. Was hofft man mit der Therapie zu erreichen? Wie wird man wissen, wann man am Ziel angelangt ist? Wie lange sollte die Therapie dauern?

Schließlich, sind die empfohlenen Methoden für den Patienten akzeptabel? Über die Art der befürworteten Therapie und die vorgeschlagene Häufigkeit der Sitzungen sollte Übereinstimmung bestehen. Werden Arzt und Patient sich in Einzelsitzungen treffen oder zusammen mit anderen? Wird an eine Kombination von Methoden gedacht, beispielsweise eine Einzeltherapie auf wöchentlicher Basis zusammen mit gemeinsamen Sitzungen mit dem Ehepartner zwischendurch? Wird die Therapie eher erklärend oder unterstützend sein? Werden eventuell Medikamente verschrieben oder wird eine stationäre Behandlung empfohlen? Um welche Medikamente und um welches Krankenhaus handelt es sich?

Diese erste Einschätzung erstreckt sich meistens über mindestens ein Gespräch, oft sind mehrere erforderlich. Patient und Arzt sollten beide ihre Fähigkeit und ihren Willen abschätzen, miteinander zu arbeiten. Eine derartige Einschätzung sollte als unverbindlicher Austausch betrachtet werden: Es ist unerheblich und wahrscheinlich unmöglich, den Therapeuten oder den Patienten dafür verantwortlich zu machen, wenn es nicht zu einer guten Verständigung kommt. Die Frage dreht sich nur darum, ob eine therapeutische Übereinkunft überhaupt möglich ist. Wenn ein Patient jedoch jeden Psychotherapeuten, den er aufsucht, als unannehmbar empfindet, sollte sein Wille zur Therapie in Frage gestellt werden. Er sollte die Möglichkeit in Betracht ziehen, daß er einfach nur versucht, einer Therapie aus dem Weg zu gehen. In diesem Fall sollte er einen Arzt wählen, der vielleicht nicht perfekt ist, aber der ihm helfen kann zu gesunden.

Einen anderen Arzt um Rat bitten

Wenn man mit der Therapie begonnen hat, ist es nicht ungewöhnlich, wenn die Behandlung hin und wieder unterbrochen wird oder wenn sich die Form der Therapie mit der Zeit ändert. Es mögen Anpassungen nötig sein, weil die Borderline-Persönlichkeit mit zunehmendem Fortschritt vielleicht Veränderung braucht.

Manchmal läßt sich jedoch nur schwer entscheiden, ob sich die Therapie festgefahren hat oder ob sie sich mit schmerzlichen Problemen befaßt. Bisweilen ist es schwer, Abhängigkeit und die Angst, sich weiterzubewegen, von der quälenden Erkenntnis zu unterscheiden, daß die Sache noch nicht erledigt ist. In solchen Momenten wird sich die Frage ergeben, ob man wie bisher weitermachen oder einen Schritt zurückgehen und sich neu gruppieren soll. Zu diesem Zeitpunkt kann es ratsam sein, die Meinung eines anderen Arztes zu hören. Oft wird der behandelnde Therapeut dies selbst vorschlagen, aber manchmal muß auch der Patient diese Möglichkeit in Betracht ziehen.

Vielleicht hat der Patient Angst, daß sein Arzt durch die Bitte um die Beratung durch einen anderen Fachmann beleidigt ist, aber ein kompetenter und sicherer Therapeut wird sich dieser Bitte nicht widersetzen. Es sollte jedoch untersucht werden, ob es sich bei dem Patienten dabei um den Versuch handelt, vor der Therapie davonzulaufen, oder ob es sich um einen unbewußten, zornigen Verweis für den Therapeuten handelt. Eine zweite Meinung kann dem Patienten und seinem Arzt helfen, dem Behandlungsprozeß eine neue Zielsetzung zu verleihen.

Die Therapie gewinnbringend gestalten

Die Behandlung als Zusammenarbeit zwischen Patient und Therapeut zu begreifen, ist der wichtigste Schritt, um die Therapie möglichst gewinnbringend zu gestalten. Der Borderline-Patient verliert dieses wichtige Prinzip häufig aus den Augen. Statt dessen sieht er manchmal den Zweck der Therapie darin, dem Arzt zu gefallen oder mit ihm zu kämpfen, sich umsorgen zu lassen oder vorzugeben, daß keine Probleme bestehen.

Der Betroffene muß häufig an die Parameter der Therapie erinnert werden. Er sollte die Gruppenregeln verstehen, beispielsweise, wann ihm der Arzt zur Verfügung steht und welche Grenzen er hat, zeitliche Zwänge, die Beschränkung von Hilfsmitteln und die vereinbarten gemeinsamen Ziele.

Der Patient darf nicht vergessen, daß er sich, seine Zeit und seine Hilfsmittel bei der schwierigen Aufgabe, sich besser zu verstehen und eine Änderung seiner Lebensmuster zu bewirken, mutig einbringt. Ehrlichkeit in der Therapie ist daher von höchster Bedeutung um des *Patienten* willen. Er darf schmerzliche Bereiche nicht auslassen oder mit dem Therapeuten, dem er sich anvertraut hat, spielen. Er sollte das Bedürfnis, den Therapeuten zu kontrollieren oder von ihm gemocht zu werden, aufgeben. Wenn der Borderline-Patient versucht, eine angenommene Rolle zu spielen, verliert er die Tatsache aus den Augen, daß er nicht dem Therapeuten gefallen, sondern mit ihm als gleichberechtigtem Partner zusammenarbeiten soll.

Am wichtigsten ist, daß der Patient immer das Gefühl haben sollte, er arbeite bei seiner Behandlung aktiv mit. Er sollte weder eine völlig passive Rolle annehmen und sich ganz vom Arzt kontrollieren lassen, noch zu einem wetteifernden, streitsüchtigen Rivalen werden, der auf die Beiträge des Therapeuten nicht hören will. Der Aufbau einer lebensfähigen Beziehung zum Therapeuten wird zur hauptsächlichsten und zu Beginn wichtigsten Aufgabe des Borderline-Patienten, wenn er seine Reise hin zu geistiger Gesundheit beginnt.

Einzeltherapien

Die meisten Ärzte unterscheiden bei der Einzeltherapie zwischen erforschenden und unterstützenden Techniken. Obwohl beide Stile sich überlappen, unterscheiden sie sich durch die Intensität der Therapie und durch die angewendeten Strategien.

Die erforschende Therapie

Die erforschende Psychotherapie, wie sie von Otto Kernberg, James Masterson und anderen für die Behandlung der Borderline-Störung empfohlen wird, ist eine Abwandlung der klassischen Analyse. Meistens werden drei bis vier Sitzungen pro Woche abgehalten. Diese Form der Einzeltherapie ist intensiver als die unterstützende Therapie, ihr Ziel ist ehrgeiziger: die Persönlichkeitsstruktur soll geändert werden. Der Therapeut gibt dem Patienten wenig direkte Anleitung. Er konfrontiert den Patienten, statt auf die Destruktivität bestimmter Verhaltensweisen hinzuweisen und unbewußte Verhaltensweisen zu interpretieren, in der Hoffnung, daß sie dadurch ausgerottet werden.

Wie auch bei weniger intensiven Formen der Therapie liegt die Hauptbetonung auf Fragen des Hier und Jetzt. Die genetische Rekonstruktion, die sich auf die Kindheit und Entwicklungsprobleme konzentriert, ist wichtig, wird aber weniger als in der klassischen Psychoanalyse betont. Die Hauptziele in den Anfangsstadien der Behandlung sind, Verhaltensweisen zu verringern, die selbstzerstörerisch sind und den Behandlungsprozeß stören (dazu zählt auch die vorzeitige Beendigung der Therapie), die Verpflichtung des Patienten, sich zu ändern, zu festigen und eine vertrauensvolle, verläßliche Beziehung zwischen Patient und Arzt zu etablieren. In späteren Stadien werden die Prozesse, die zu einem getrennten, selbstakzeptierenden Identitätsgefühl führen, betont sowie die Etablierung beständiger und vertrauensvoller Beziehungen und die Toleranz von Alleinsein und Trennungen (dazu zählt auch die Trennung vom Therapeuten).[2] Natürlich überlappen sich diese Stadien.

Die Transferenz während der erforschenden Therapie ist intensiver als in der unterstützenden Therapie. Die Abhängigkeit vom Therapeuten wird zusammen mit Idealisierung und Abwertung leidenschaftlicher als in der klassischen Psychoanalyse erfahren. Die meisten Therapeuten schätzen die Behandlungsdauer auf mindestens vier Jahre ein, sie kann sich aber auch über sechs bis zehn Jahre erstrecken.

Die unterstützende Therapie

Eine unterstützende Einzeltherapie, die häufigste Therapieform für die Borderline-Persönlichkeit, wird meistens einmal pro Woche durchgeführt. Direkte Ratschläge, Erziehung und Rückversicherung ersetzen die Konfrontation und Interpretation von Material aus dem Unbewußten, wie es typisch für die erforschende Therapie ist.

Diese Methode ist absichtlich weniger intensiv, sie unterstützt dagegen anpassungsfähige Abwehrmechanismen stärker. In der unterstützenden Psychotherapie kann der Arzt die Verdrängung verstärken und Gespräche über schmerzliche Erinnerungen, die nicht gelöst werden können, hemmen. Statt nach den Wurzeln kleinerer, zwanghafter Sorgen zu fragen, kann der Therapeut sie als »Hobbys« oder unbedeutende Exzentrik ermutigen. So würde beispielsweise das Bedürfnis des Patienten, seine Wohnung immer blitzblank geputzt zu haben, nicht bis ins kleinste Detail untersucht werden. Statt dessen wird es als nützliches Mittel, um ein Gefühl von Gewalt und Kontrolle zu behalten, anerkannt, wenn der Betroffene sich überwältigt fühlt. Dies steht im Kontrast zur Psychoanalyse, in der es darum geht, Abwehrmechanismen zu analysieren und sie dann auszurotten.

Die unterstützende Therapie konzentriert sich mehr auf aktuelle, praktische Fragen und versucht damit, selbstmörderische und andere selbstzerstörerische Verhaltensweisen zu ersticken, statt sie bis in jede Einzelheit zu untersuchen. Impulsive Handlungen und chaotische Beziehungen zu anderen Menschen werden identifiziert und angegangen, ohne daß unbedingt Einsichten in die zugrundeliegenden Faktoren, die sie verursacht haben, gewonnen werden.

Die unterstützende Therapie findet meistens vier bis fünf Jahre mit einer wöchentlichen Sitzung statt, bevor man mit den Sitzungen nach Bedarf fortfährt. Die Kontakte können sich mit Unterbrechungen unendlich fortsetzen, und die Tatsache, daß der Therapeut weiter erreichbar ist, kann sehr wichtig sein. Die Therapie neigt sich ihrem Ende zu, wenn andere dauerhafte Beziehungen entstehen und wenn befriedigende Aktivitäten von außen im Leben des Patienten wichtiger werden.

In der unterstützenden Therapie ist der Patient vom Therapeuten weniger abhängig und bildet eine weniger intensive Übertragung. Obwohl einige Ärzte der Meinung sind, daß diese Form der Therapie wahrscheinlich weniger zu dauernden Veränderungen beim Borderline-Patienten führt, haben andere mit dieser Art der Behandlung wichtige Verhaltensmodifikationen erreicht.[3]

Dr. Ralph Greenson setzte bei der Behandlung von Marilyn Monroe eine Kombination aus unterstützender und erforschender Therapie ein. Obwohl die unterstützende Therapie in den fünfziger Jahren gerade erst modern geworden war (und es noch weitere zwanzig Jahre dauerte, bis die Borderline-Diagnose formal eingeführt wurde), spürte er Marilyns Bedürfnis nach einer Therapie, die tröstlicher und strukturierter war als die klassische Psychoanalyse.

Er erlaubte, daß Marilyn sich mit seiner Familie anfreundete, und lud sie sogar zu sich nach Hause ein. Er erzählte Norman Rosten, daß sie eine unterstützende und zugleich analytische Psychotherapie brauchte, weil »die Behandlung zum Patienten passen muß«. In ihrem Fall hatte er das Gefühl, daß sie wirkliche Erfahrungen in ihrem gegenwärtigen Leben brauchte, um die emotionale Deprivation in ihrer Kindheit zu kompensieren.[4]

Es ist interessant, daß Freud seine Behandlungsräume in seinem Haus untergebracht hatte und es oft zu Kontakten zwischen seinen Patienten und seiner Familie kam. Greenson erkannte jedoch, daß es in seinem Beruf als unpassend galt, daß er eine Bindung zwischen Marilyn und seiner Familie zuließ, obwohl er dies für die Durchführung einer wirkungsvollen Behandlung für nötig hielt.

> Möglicherweise scheint es Ihnen so, daß ich Regeln gebrochen habe, aber ich glaube, daß Marilyn vielleicht in ein paar Jahren eine Patientin für die Psychoanalyse wird, wenn ich Glück habe. Zur Zeit ist sie noch nicht bereit dazu. Ich weiß, daß ich Ihnen diese Dinge sagen kann, weil sie Sie und Hedda als ihre engsten Freunde betrachtet, und es muß jemanden geben, mit dem ich meine Verantwortung teilen kann. Übrigens, ich habe mit Marilyn gesprochen und sie hat mir die Erlaubnis gegeben, zu Ihnen allgemein über sie zu sprechen.[5]

Gruppentherapien

Es ist sinnvoll, eine Borderline-Persönlichkeit in der Gruppe zu behandeln. Die Gruppe gestattet es dem Borderline-Patienten, die Intensität seiner Gefühle, die auf einen bestimmten Menschen gerichtet sind (beispielsweise auf den Therapeuten), zu mildern, indem er Emotionen, die durch andere erregt werden, erkennt. In einer Gruppe kann die Borderline-Persönlichkeit den ständigen Kampf zwischen emotionaler Nähe und Entfernung leichter kontrollieren. Anders als in der Einzeltherapie, bei der er immer im Scheinwerferlicht steht, kann der Betroffene die Aufmerksamkeit der Gruppe auf sich lenken oder vermeiden. Konfrontationen durch andere Gruppenmitglieder können bisweilen leichter akzeptiert werden als die eines idealisierten oder abgewerteten Therapeuten, weil ein ebenfalls Betroffener als ein Mensch empfunden wird, »der wirklich weiß, was ich durchmache«.

Die Anforderungen der Borderline-Persönlichkeit, ihre Ichbezogenheit, der isolierende Rückzug, Schroffheit und soziales Abweichen können in einer Gruppe von Mit-Patienten alle leichter herausgefordert werden. Außerdem akzeptiert der Patient es eher, wenn die Gruppe Hoffnung, Fürsorge und Altruismus ausdrückt.[6] Der Fortschritt anderer Gruppenmitglieder dient als Modell für Wachstum. Wenn ein Patient in der Gruppe ein Ziel erreicht, ist dies Anregung für andere in der Gruppe, die sein Wachstum beobachten und stellvertretend an seinen Erfolgen teilgenommen haben. Rivalität und Wettbewerb, Eigenschaften, die für die Beziehungen der Borderline-Persönlichkeit so charakteristisch sind, werden innerhalb der Gruppe lebhaft demonstriert und können auf eine Art und Weise identifiziert und angesprochen werden, die in der Einzeltherapie nicht möglich wäre. Schließlich bietet die Gruppe ein lebensnahes Labor für Experimente, in dem der Patient verschiedene Verhaltensmuster mit anderen Menschen ausprobieren kann, ohne es zu riskieren, von der »Welt draußen« bestraft zu werden.

Da in der Gruppentherapie so große Anforderungen an den Borderline-Patienten gestellt werden, empfehlen die meisten Therapeuten eine Kombination aus Gruppen- und Einzeltherapie, so daß die individuelle Unterstützung für den Betroffenen bestehen bleibt. Die Therapeuten können sich jedoch nicht über die ideale Zusammensetzung der Gruppen einigen. Einige sind der Meinung, daß

Gruppen, die ausschließlich aus Borderline-Patienten bestehen, am wirkungsvollsten seien, da sie die größtmögliche Identifikation mit anderen, die mit ähnlichen Problemen zu kämpfen haben, zulassen. Die meisten glauben jedoch, daß ein Borderline-Patient in einer gemischten Gruppe viel besser aufgehoben sei, in einer Gruppe, die aus Borderline-Patienten und gesünderen Patienten besteht, die als Modelle für anpassungsfähigeres Funktionieren dienen können. Für Patienten, die nicht unter dem Borderline-Syndrom leiden, ist diese Mischung ebenso vorteilhaft, da sie möglicherweise Schwierigkeiten haben, ihre eigenen Gefühle einzuschätzen. Der Borderline-Patient kann Gefühle anregen und als Modell für den Ausdruck von Emotionen dienen.[7]

Dennoch sind Untersuchungen der Gruppentherapie als Behandlungsmethode für Borderline-Persönlichkeitsstörungen überraschend selten. Ausgerechnet die Eigenschaften, die die Gruppentherapie zu einer potentiell attraktiven Behandlungsmethode für Borderline-Patienten machen, sind die Ursache dafür, daß diese Patienten sich oft einer Gruppensituation widersetzen. Die Forderung nach individueller Aufmerksamkeit, Neid und Mißtrauen anderen gegenüber, der widersprüchliche Wunsch nach und die Angst vor intensiver Nähe tragen alle dazu bei, daß viele Borderline-Patienten gegenüber einer Behandlung in der Gruppe eher zurückhaltend sind. Borderline-Persönlichkeiten, die besser intakt sind, können diese Frustrationen der Gruppentherapie tolerieren und die »in vivo«-Erfahrung nutzen, um Fehler in der Wechselbeziehung zu anderen anzugehen. Weniger intakte Borderline-Patienten verweigern jedoch häufig die Teilnahme, und wenn sie sich doch überwinden, bleiben sie nicht lange dabei.

Der Borderline-Patient muß in der Gruppentherapie wahrscheinlich beträchtliche Hindernisse überwinden. Seine Ichbezogenheit und das fehlende Mitgefühl anderen gegenüber verhindert oft, daß er von den Problemen anderer wirklich berührt ist. Wenn die Probleme des Borderline-Patienten zu stark abweichen oder das Material zu intensiv ist, fühlt er sich isoliert und losgelöst. Ein

Patient, der beispielsweise Inzest in der Kindheit, eine abweichende Sexualpraktik oder eine schwere Drogenabhängigkeit diskutiert, fürchtet möglicherweise, daß er andere Gruppenmitglieder schockiert. Und tatsächlich haben manche Teilnehmer Schwierigkeiten, sich mit derartigem Material auseinanderzusetzen. Wenn sich in einer Gruppe mehrere Borderline-Patienten befinden, haben sie vielleicht das Gefühl, daß die Bedürfnisse des einzelnen vom Therapeuten nicht erfüllt werden. In solchen Situationen versuchen sie, sich umeinander so zu kümmern, wie sie eigentlich umsorgt werden möchten. Dies kann zu Kontakten der Patienten untereinander außerhalb der Gruppe führen und zu einer Fortsetzung der Abhängigkeitsbedürfnisse, während sie versuchen, einander zu »behandeln«. Romanzen oder auch geschäftliche Beziehungen zwischen Gruppenmitgliedern enden meistens unglücklich, weil diese Patienten nicht in der Lage sind, die Gruppe objektiv zu nutzen, um diese Beziehung, die oft die Fortsetzung der unproduktiven Suche nach Fürsorge ist, zu untersuchen.
Die neunundzwanzigjährige Eva wurde nach zwei Jahren Einzeltherapie zur Gruppentherapie überwiesen. Als älteste von vier Töchtern war Eva von ihrem Vater sexuell mißbraucht worden. Dieser Mißbrauch begann, als sie etwa fünf Jahre alt war und wurde über einen Zeitraum von zehn Jahren fortgesetzt. Ihre Mutter empfand Eva als schwach und unfähig und ihren Vater als fordernd, als einen Menschen, dem nichts recht gemacht werden konnte. In ihrer Jugend wurde sie zur Fürsorgerin für die ganze Familie. Während ihre Schwestern heirateten und Kinder bekamen, blieb Eva allein, besuchte das College und anschließend die Universität. Sie hatte kaum Freundinnen und verabredete sich nur selten mit Männern. Sie hatte zwei romantische Beziehungen mit verheirateten Männern, die viel älter als sie waren und ihre Vorgesetzten waren. Den größten Teil ihrer Freizeit verbrachte sie damit, Familienfeste zu organisieren, für kranke Familienmitglieder zu sorgen und sich allgemein um Probleme in der Familie zu kümmern.

Wegen ihrer Isolationsgefühle und ihrer Depressionen begann Eva eine Einzeltherapie. Da sie die Grenzen der eigenen sozialen Funktion erkannte, bat sie später, zur Gruppentherapie überwiesen zu werden. Dort etablierte sie schnell ihre Position als Helferin und verneinte, daß eigene Probleme bestanden. Oft wurde sie wütend auf den Therapeuten, der sich angeblich gegenüber den Gruppenmitgliedern wenig hilfreich verhielt.
Die Gruppenmitglieder ermutigten Eva, sich mit Fragen auseinanderzusetzen, mit denen sie sich bisher nicht hatte beschäftigen können – ihr ewig finsterer und einschüchternder Gesichtsausdruck und ihre Sprechweise, die auf subtile Art zornig war. Obwohl dieser Prozeß sich über viele Monate hinzog und sie frustrierte, konnte sie schließlich ihre Verachtung für Frauen, die in der Gruppe zutage getreten war, zugeben. Eva erkannte, daß ihre Wut auf den männlichen Therapeuten in Wirklichkeit eine Übertragung des Zorns auf ihren Vater war, und sah, daß sie zwanghaft versuchte, diese Vater-Tochter-Beziehung mit anderen Männern zu wiederholen. In der Gruppe begann Eva, mit neuen Möglichkeiten der Wechselbeziehung zu Männern und Frauen zu experimentieren. Gleichzeitig konnte sie sich von der erstickenden Beschäftigung mit den Problemen ihrer Familie lösen.

Familientherapien

Die Familientherapie ist eine sehr logische Methode für die Behandlung des Borderline-Patienten. Oft entsteht diese Störung durch Beziehungen mit den Eltern, die in ständigen Konflikten leben. Diese können schließlich auch den Partner des Borderline-Patienten und seine Kinder miteinbeziehen.
Obwohl die Familientherapie manchmal mit ambulanten Patienten durchgeführt wird, ist sie meistens Teil einer Behandlung im Krankenhaus, wo Einzeltherapien und andere unterstützende Maßnahmen gleichzeitig angewendet werden können. Außerdem kann

die Weigerung der Familie, sich nach einer Krisensituation, die die Krankenhauseinweisung notwendig gemacht hat, an der Therapie zu beteiligen, leichter überwunden werden.
Die Familien von Borderline-Patienten sträuben sich häufig aus mehreren Gründen gegen eine Behandlung. Sie fühlen sich an den Problemen des Patienten mitschuldig und haben Angst, dafür zur Rechenschaft gezogen zu werden. Außerdem sind die Bindungen in Borderline-Familiensystemen oft sehr stark; die Familienmitglieder sind Außenstehenden gegenüber mißtrauisch und haben Angst vor Veränderung. Obwohl die Familienmitglieder (bewußt oder unbewußt) daran mitarbeiten, daß die Verhaltensweisen des Patienten aufrechterhalten werden, lautet die Einstellung der Familie häufig: »Machen Sie ihn gesund, aber geben Sie uns nicht die Schuld, und versuchen Sie auf keinen Fall, uns zu ändern.«[8]
Es ist jedoch von großer Bedeutung, zumindest etwas Unterstützung von der Familie zu erhalten, denn ohne sie könnte die Behandlung sabotiert werden. Bei Jugendlichen und jungen Erwachsenen werden bei der Familientherapie der Patient und die Eltern und manchmal die Geschwister einbezogen. Für den erwachsenen Borderline-Patienten, der verheiratet ist oder eine feste Beziehung hat, bezieht die Familientherapie den Partner und manchmal die Kinder des Paares mit ein.
Bei den Dynamiken der Familieninteraktion geht es meistens um eins von zwei Extremen: die Familienmitglieder sind entweder sehr fest miteinander verbunden oder sehr distanziert. Im ersten Fall ist es wichtig, eine Übereinkunft mit allen Familienmitgliedern zu erlangen, denn ohne ihre Unterstützung kann der Patient eine unabhängige Behandlung nicht aufrechterhalten. Wenn die Familie sich entfremdet hat, muß der Therapeut die potentielle Wirkung der Familienverwicklung sorgfältig abschätzen: Wenn eine Aussöhnung möglich und wünschenswert ist, kann diese ein wichtiges Ziel sein; wenn eine Aussöhnung jedoch nachteilig oder hoffnungslos unrealistisch scheint, muß der Patient Phantasievorstellungen über eine Wiedervereinigung möglicherweise aufgeben.

Die Trauer über den Verlust einer idealisierten Familienbeziehung kann sogar ein wichtiger Meilenstein in der Therapie sein.

Die sechsundzwanzigjährige Deborah kam mit einer Geschichte von Depressionen, Selbstverstümmelung, Alkoholismus und Bulimie ins Krankenhaus. Gespräche mit der Familie ließen auf eine ambivalente, aber im Grunde unterstützende Beziehung mit ihrem Mann schließen. Im Verlauf der Therapie konzentrierte man sich auf bisher nicht aufgedeckte Episoden von sexuellem Mißbrauch durch einen älteren Jungen aus der Nachbarschaft, der begann, als die Patientin etwa acht Jahre alt war. Dieser Junge mißbrauchte sie nicht nur sexuell, sondern zwang sie auch, mit ihm Alkohol zu trinken. Schließlich mußte sie seinen Urin aus der Flasche trinken, wobei sie sich anschließend immer übergab. Er hatte ihr auch Schnittwunden zugefügt, wenn sie versuchte, sich ihm zu verweigern.

Diese Vorfälle in der Vergangenheit wurden in der aktuellen Pathologie neu durchgespielt. Als sich diese Erinnerungen auftaten, wurde Deborah sich ihres langanhaltenden Zorns gegen den alkoholkranken, passiven Vater und die schwache, desinteressierte Mutter bewußt, die sie für unfähig hielt, sie zu beschützen. Obwohl sie bisher eine distanzierte, oberflächliche Beziehung zu ihren Eltern gehabt hatte, wollte sie jetzt die Möglichkeit bekommen, sie in einer Familientherapie zu treffen, um die in der Vergangenheit erlittenen Schmerzen und ihre Enttäuschung zu offenbaren.

Wie Deborah es vorhergesagt hatte, fühlten sich die Eltern bei diesen Offenbarungen sehr unwohl. Aber zum ersten Mal konnte Deborah sich mit dem Alkoholismus ihres Vaters auseinandersetzen, mit ihrer Enttäuschung und mit der Distanziertheit der Mutter. Gleichzeitig konnten alle drei ihre Liebe zueinander bestätigen und die Schwierigkeiten zugeben, die sie hatten, diese Liebe auszudrücken. Obwohl Deborah erkannte, daß es in der Beziehung keine bedeutsamen Veränderungen geben würde, hatte sie das Gefühl, viel erreicht zu haben und konnte die Distanz und das Versagen in den Familieninteraktionen leichter akzeptieren.

Die therapeutischen Methoden in der Familientherapie ähneln denen der Einzelbehandlung. Eine genaue Rekonstruktion der Geschichte ist wichtig, dazu kann auch die Konstruktion eines Familienstammbaums gehören. Ein solches Diagramm kann zu der Untersuchung anregen, wie Großeltern, Paten, Namensvettern oder andere wichtige Verwandte die Familieninteraktionen über die Generationen hinweg beeinflussen.

Wie in der Einzeltherapie können die Methoden in der Familientherapie hauptsächlich unterstützend-erzieherisch oder erforschend-rekonstruierend sein. Bei der ersten Methode ist das Hauptziel des Therapeuten, sich mit der Familie zu verbünden. Konflikte, Schuldgefühle und Abwehrmechanismen werden so gering wie möglich gehalten. Die einzelnen Mitglieder sind sich darin einig, auf gegenseitig unterstützende Ziele hinzuarbeiten. Die erforschende-rekonstruierende Familientherapie ist ehrgeiziger. Sie ist stärker darauf gerichtet, die sich ergänzenden Rollen der Mitglieder innerhalb des Familiensystems zu erkennen und aktiv zu versuchen, diese Rollen zu ändern.

Zu einem bestimmten Zeitpunkt der Therapie konzentrierte Eva sich auf die Beziehung zu ihren Eltern. Nachdem sie sie mit dem sexuellen Mißbrauch durch den Vater konfrontiert hatte, fühlte sie sich weiter durch die Eltern frustriert. Beide Elternteile weigerten sich, weiter über den Mißbrauch zu sprechen und rieten ihr von einer Fortsetzung der Therapie ab. Eva war durch ihr Verhalten verwirrt – bisweilen waren sie sehr abhängig und klammernd, dann fühlte sie sich ihnen gegenüber wieder wie ein kleines Kind, besonders wenn die Eltern weiter ihren Kosenamen aus der Kindheit benutzten. Eva forderte Familienzusammenkünfte, zu denen die Eltern sich nur zögernd bereit erklärten.

Während dieser Zusammenkünfte gab Evas Vater endlich zu, daß die Anschuldigungen wahr waren, obwohl er weiter jede Erinnerung an die Angriffe verneinte. Ihre Mutter erkannte, daß sie in vielerlei Hinsicht für ihren Mann und die Kinder emotional nicht erreichbar gewesen war und wurde sich der eigenen, indirekten

Verantwortung für den Mißbrauch bewußt. Eva hörte zum ersten Mal, daß ihr Vater in seiner Jugend ebenfalls sexuell mißbraucht worden war. Die Therapie konnte mit Erfolg strenggehütete Familiengeheimnisse offenbaren und eine bessere Kommunikation der Familienmitglieder untereinander erreichen. Eva und ihre Eltern konnten zum ersten Mal als Erwachsene miteinander reden.

Expressive Therapie

Die unterschiedlichen Therapieformen (Einzel-, Gruppen und Familientherapie) erwarten vom Patienten, daß er seine Gedanken und Gefühle in Worten ausdrückt, aber der Borderline-Patient leidet in diesem Bereich oft unter einem Handikap. Er kann das, was ihn im Innern beschäftigt, eher durch Handlungen als durch Worte ausdrücken. In der expressiven Therapie wird Kunst, Musik, Literatur, Körperbewegung und Schauspiel eingesetzt, um die nicht-verbale Kommunikation zu ermutigen.

In der Kunsttherapie werden die Patienten aufgefordert zu zeichnen, zu malen, Collagen , Selbstporträts, Keramikskulpturen, Puppen und so weiter herzustellen, um auf diese Weise Gefühle auszudrücken. In unserer Comprehensive Treatment Unit (CTU) im Saint John's Mercy Medical Center in St. Louis wird dem Patienten ein Block mit leeren Blättern überreicht, auf denen er eine Vielzahl von Erfahrungen bildlich darstellen kann, beispielsweise Geheimnisse in seinem Innern, enge Beziehungen oder versteckte Ängste.

In der Musiktherapie werden Melodien oder Liedertexte eingesetzt, um Gefühle zu erregen, die sonst nicht zugänglich sind. Durch Musik werden oft Emotionen erschlossen, und die Meditation in ruhiger Umgebung wird gefördert.

Bei Körperbewegung und Tanz werden Gefühle durch körperliche Anstrengung ausgedrückt. In einer anderen Art der expressiven Therapie, dem Psychodrama, spielen die Patienten und der »Therapeut-Regisseur« bestimmte Probleme des Patienten durch. Die

Bibliotherapie ist eine weitere Therapietechnik, in der der Patient Literatur, Kurzgeschichten, Schauspiele, Gedichte liest, Filme und Videos ansieht und bespricht. Edward Albees Stück *Wer hat Angst vor Virginia Woolf?* ist ein populäres Stück zum Lesen und besonders für die Aufführung geeignet, da seine emotionalen Szenen eine Abreaktion fördern, wenn Patienten Zeilen, die voller Zorn und Enttäuschung sind, rezitieren. Sie können Probleme in ihrem eigenen Leben widerspiegeln.

Irenes chronische Depressionen wurden durch den sexuellen Mißbrauch verursacht, den sie von Kindheit an durch ihren älteren Bruder ertragen mußte und an den sie sich erst in letzter Zeit erinnerte. Sie war 25 Jahre alt und alleinstehend und wurde von den Erinnerungen an diese frühen Begegnungen überflutet, so daß sie schließlich ins Krankenhaus eingewiesen wurde, da ihre Depressionen immer schlimmer wurden. Sie wurde von Schuldgefühlen überwältigt und war unfähig, ihre Erinnerungen gegenüber anderen in Worte zu fassen oder ihren Zorn zuzulassen.

Während eines Programms mit expressiver Therapie, in dem Kunst und Musik miteinander verbunden wurden, arbeiteten die Therapeuten mit Irene, damit sie sich des Zorns, den sie verneinte, bewußter werden konnte. Sie wurde aufgefordert, ihren Zorn malerisch auszudrücken, während im Hintergrund laute, pulsierende Rockmusik abgespielt wurde. Sie war selbst überrascht, daß sie Penisse zeichnete, die sie dann durch Verstümmelungen entstellte. Zuerst hatte sie Angst vor diesen Zeichnungen und schämte sich, aber bald wurde sie sich aufgrund dieser Arbeiten ihres Zorns und ihres Wunsches nach Vergeltung stärker bewußt und konnte diese Gefühle akzeptieren.

Als sie ihre emotionalen Reaktionen auf die Zeichnungen diskutierte, begann sie, den Mißbrauch in der Vergangenheit zu beschreiben und die Gefühle, die ihn begleiteten. Schließlich sprach sie offener und persönlicher mit den Ärzten und in den Gruppen, so daß sie diese schrecklichen Erfahrungen endlich meistern und in die richtige Perspektive rücken konnte.

Medikamentöse Therapie

Die Wirksamkeit von Medikamenten bei der Behandlung von Borderline-Patienten ist noch weitgehend unerforscht. Weil das Borderline-Syndrom so nah an andere Krankheiten – beispielsweise Schizophrenie und Depressionen – grenzt, wurden Medikamente, die sich bei der Behandlung dieser Krankheiten als nützlich erwiesen haben, auch bei Borderline-Patienten eingesetzt. Die meisten Autoritäten stimmen darin überein, daß Medikamente am wirkungsvollsten sind, wenn bestimmte Symptome wie Psychosen und klassische Depressionen offenkundig sind und nicht maskiert und wenn es eine klare Familiengeschichte dieser Krankheiten gibt oder Blutsverwandte auf diese Medikamente angesprochen haben.

Obwohl sich durch Medikamente einige besonders schwächende Symptome lindern lassen, kann man kaum erwarten, daß sie langbestehende Persönlichkeitsmerkmale oder Verhaltensmuster ändern. Außerdem darf die medikamentöse Therapie nur wohlüberlegt eingesetzt werden, weil Borderline-Patienten leicht physiologische und psychologische Drogenabhängigkeiten entwikkeln.

Eine wesentliche Komplikation bei der Behandlung von Borderline-Patienten ist die Neigung zu spalten – und zwar nicht nur Menschen, sondern auch Behandlungsmethoden (siehe Kapitel 2). Einige Borderline-Persönlichkeiten idealisieren psychotherapeutische Methoden als die einzig legitime Möglichkeit zur Besserung und verunglimpfen die medikamentöse Therapie als eine Art Geisteskontrolle, die sie wie mit einer Zwangsjacke unterwerfen soll. Andere Borderline-Fälle akzeptieren Medikamente als einzig wissenschaftliche Methode bei der Heilung ihres »chemischen Ungleichgewichts« und werten die Psychotherapie ab. Sie betrachten sie als Förderung der Abhängigkeit durch den Therapeuten, der nur an seinem finanziellen Gewinn interessiert ist. Wenn eine kombinierte Behandlung angezeigt ist (was oft der Fall ist), muß der Psychotherapeut dem Patienten die Grundprinzipien jeder Methode erklären.[9]

Die stationäre Behandlung

Die Borderline-Patienten machen einen beträchtlichen Anteil aller Patienten in der Psychiatrie aus, und die Borderline-Persönlichkeitsstörung ist bei weitem die häufigste Persönlichkeitsstörung, der man im Krankenhaus begegnet.[10] Die Neigung der Borderline-Persönlichkeit zu Impulsivität, selbstzerstörerischen Verhaltensweisen (Selbstmord, Überdosis von Medikamenten) und kurze psychotische Episoden sind die häufigsten Vorboten für eine stationäre Behandlung.

Im Krankenhaus wird dem Patienten ein strukturiertes Milieu geboten, das hilft, seine chaotische Welt aufzunehmen und zu organisieren. Die Unterstützung und das Interesse anderer Patienten und des Krankenhauspersonals geben dem Borderline-Patienten wichtiges Feedback, so daß einige seiner Wahrnehmungen herausgefordert und andere bestätigt werden.

Das Krankenhaus reduziert die Konflikte der Borderline-Persönlichkeit in der Welt draußen auf ein Minimum und bietet bessere Möglichkeiten für eine intensive Selbstüberprüfung. Außerdem kommt es zu einer Pause in der intensiven Beziehung zwischen dem Borderline-Patienten und seinem ambulanten Therapeuten und führt zur Ausbreitung dieser Intensität auf das Krankenhauspersonal innerhalb des Krankenhauses. In dieser neutraleren Umgebung kann der Patient seine persönlichen Ziele und das Therapieprogramm neu einschätzen.

Zu Anfang ist es typisch für den Borderline-Patienten, daß er gegen die Einweisung protestiert, aber wenn er wieder entlassen wird, hat er es sich in der Krankenhausumgebung bequem gemacht und hat häufig sogar Angst vor der Entlassung. Er hat das starke Bedürfnis nach Fürsorge, wird jedoch möglicherweise gleichzeitig der Führer der Abteilung, der versucht, andere Patienten zu kontrollieren und ihnen zu »helfen«. Zeitweise scheint er von seinen katastrophalen Problemen überwältigt; zu anderen Gelegenheiten zeigt er viel Kreativität und Initiative.

Es ist charakteristisch für den Borderline-Patienten im Krankenhaus mit dem Personal einen faszinierenden Pas de deux aus Spaltung und projizierender Identifikation zu kreieren (siehe Kapitel 2). Ein Teil des Personals empfindet die Borderline-Persönlichkeit wie einen bemitleidenswerten, aber ansprechenden Gassenjungen; andere betrachten ihn als berechnenden, sadistischen Manipulierer. Diese unvereinbaren Auffassungen entstehen, wenn der Patient das Personal in gute (unterstützende, verständnisvolle) und böse (konfrontierende, fordernde) Projektionen aufteilt, so wie er es auch bei anderen Menschen in seinem Leben tut. Wenn die Pfleger die zugedachten Projektionen akzeptieren – »gut« (»Sie sind der einzige, der mich versteht«) und »böse« (»Ich bin Ihnen völlig gleichgültig, Sie interessiert nur Ihr Gehalt am Ende des Monats«) – ist der projizierte Identifikationskreis komplett: Zwischen »guten« und »bösen« Mitarbeitern kommt es zu Konflikten. Bei diesem Kampf nimmt der Borderline-Patient im Krankenhaus die interpersonalen Muster seiner äußeren Welt wieder auf: der verführerische Wunsch nach Schutz, der schließlich zu Enttäuschung führt, dann zu Gefühlen von Verlassenheit und schließlich zu selbstzerstörerischen Verhaltensweisen und emotionalem Rückzug.

Die therapeutischen Methoden beim Borderline-Patienten im Krankenhaus unterscheiden sich in erster Linie durch die vorgeschlagene Dauer des Aufenthalts. Obwohl es keine klaren Grenzen gibt, erstreckt sich ein kurzer Krankenhausaufenthalt meistens über mehrere Wochen, dauert aber meistens weniger als drei Monate. Ein langfristiger Krankenhausaufenthalt dauert meistens mindestens sechs Monate, kann aber auch zwei bis drei Jahre und bisweilen länger dauern. Alle oben dargestellten Therapieformen können integrierter Teil der Krankenhauspflege sein.[11]

Kurzer Krankenhausaufenthalt
Da die Krankenhauskosten immer weiter steigen und nicht mehr alle Kosten von den Versicherungen übernommen werden, ist für die meisten Patienten in der Psychiatrie ein kurzer Krankenhausaufenthalt üblich. Einige Psychiater sind jedoch der Meinung, daß ein kurzer Aufenthalt für alle Borderline-Patienten vorzuziehen sei, unabhängig von Kosten oder Unbequemlichkeit, weil die Möglichkeit der Regression gering gehalten und die Entwicklung extremer Abhängigkeit vermieden wird. Während eines längeren Aufenthalts kann es dagegen dazu kommen.

Eine Krankenhausbehandlung ist meistens die Folge einer Krise (Selbstmordversuche, gewaltsame Ausbrüche, psychotische Einbrüche, selbstzerstörerische Episoden wie Drogenabhängigkeit, Anorexia nervosa/Bulimie oder Spielsucht). Eine Krankenhauseinweisung ist auch für eine diagnostische Bewertung und Konsultation durch den ambulanten Therapeuten angezeigt, wenn der Fortschritt in der Therapie zu einem Stillstand gekommen ist.[12] Ein kurzer Aufenthalt kann auch als vorbeugende Maßnahme notwendig werden, wenn eine drohende Krise vorauszusehen ist. Eine Borderline-Patientin, die beispielsweise von ihrer sterbenden Mutter abhängig ist, kann aus einem kurzen Krankenhausaufenthalt Gewinn ziehen, um sich darauf vorzubereiten, ihre Trauer aufzuarbeiten und einem zu erwartenden Selbstmordversuch vorzubeugen. Schwache Patienten, die bisher außerhalb des Krankenhauses behandelt wurden, können aus einem kurzen Aufenthalt Gewinn ziehen, wenn vorhersehbare äußere Ereignisse (besonders Trennungen), etwa eine Scheidung in der Endphase oder ein längerer Urlaub des Therapeuten, als bedrohlich wahrgenommen werden und es wahrscheinlich zur Störung einer trügerischen Ruhe kommt.

Im Krankenhaus kommt es zu einer Konzentration auf Strukturen, und es werden Grenzen gesetzt. Unterstützung und positiver psychischer Kontakt werden betont. Die Behandlung konzentriert sich auf praktische, anpassungsfähige Reaktionen auf die Unruhe. Die beruflichen Fertigkeiten und Fähigkeiten des täglichen Lebens werden eingeschätzt. Es finden gemeinsame Treffen mit der Familie statt, wenn dies erforderlich scheint. Ein formaler Vertrag zwischen Patient und Krankenhauspersonal kann helfen, gemeinsame Erwartungen und Grenzen zu stärken. Ein solcher Vertrag kann das tägliche Therapieprogramm umreißen, das der Patient absolvieren muß, und die speziellen Ziele des Patienten während des Krankenhausaufenthalts, die das Personal gemeinsam mit ihm angehen will.

Zu den wichtigsten Zielen eines kurzen Krankenhausaufenthalts gehört die Lösung der vorausgegangenen Krise, die Beendigung selbstzerstörerischen Verhaltens und die Linderung schwerer Depressionen und Ängste. Persönliche Stärken und solche in der Umgebung werden identifiziert und unterstützt. Wichtige Therapiefragen werden aufgedeckt oder neu eingeschätzt, so daß sich für die ambulante Behandlung möglicherweise Änderungen ergeben. Die tiefere Ergründung dieser Fragen ist bei einem kurzen Aufenthalt eingeschränkt und wird auf ambulanter Basis oder während eines längeren Aufenthalts gründlicher verfolgt. Da es hauptsächlich darum geht, den Patienten so schnell wie möglich nach draußen zurückkehren zu lassen, werden Pläne für die Entlassung und die Nachbehandlung sofort nach der Einweisung gemacht.[13]

Längerer Krankenhausaufenthalt

Heute ist eine ausgedehnte Krankenhausbehandlung für sehr reiche Patienten und für jene reserviert, die durch ihre Krankenversicherung speziell für psychiatrische Krankheiten versichert sind. Die Befürworter eines langen Krankenhausaufenthalts kennen die Gefahren der Regression, argumentieren aber, daß eine echte Änderung der Persönlichkeit eine ausgedehnte und intensive Behandlung erforderlich macht. Anzeichen für eine langfristige Einweisung sind eine chronisch niedrige Motivation, unzureichende oder schädliche soziale Unterstützung (beispielsweise die Verstrickung in einem pathologischen Familiensystem), schwere Beeinträchtigungen in der Funktion, so daß es zum Verlust des Arbeitsplatzes oder der Unabhängigkeit kommen kann, und wiederholtes Versagen in der ambulanten Therapie und bei kurzen Krankenhausaufenthalten. Solche Merkmale lassen es unwahrscheinlich erscheinen, daß der Patient schnell wieder in seine gewohnte Umgebung zurückkehrt.

Während längerer Krankenhausaufenthalte kann das Milieu weniger stark strukturiert sein. Der Patient wird ermutigt, sich bei der Behandlung stärker zu beteiligen und Mitverantwortung zu übernehmen. Neben aktuellen, praktischen Problemen untersuchen Patient und Ärzte urbildliche Verhaltensmuster und behandeln Fragen der Übertragung aus der Vergangenheit. Das Krankenhaus kann wie ein Labor funktionieren, in dem der Borderline-Patient spezifische Probleme identifiziert und in seiner Wechselbeziehung zum Personal und anderen Patienten mit den Lösungen experimentiert.

Jennifer (siehe Kapitel 1) ließ sich schließlich für längere Zeit ins Krankenhaus einweisen. Die ersten sechs Monate verbrachte sie größtenteils im Kleiderschrank ihres Zimmers und versteckte sich vor dem Pflegepersonal. Nach einer Weile ließ sie sich stärker auf ihren Therapeuten ein, wurde wütend auf ihn und versuchte, seinen Zorn zu provozieren. Abwechselnd forderte sie ihre Entlassung oder bettelte darum. Da das Personal nicht locker ließ, erzählte sie mehr über ihren Vater, sagte, daß er wie ihr Mann war, daß er wie alle Männer war. Langsam teilte Jennifer ihre Gefühle den weiblichen Pflegekräften mit. Dies war bisher für sie immer schwierig gewesen, weil sie Frauen nicht traute und keinen Respekt vor ihnen hatte. Zu einem späteren Zeitpunkt ihres Aufenthalts faßte sie den Entschluß, sich von ihrem Mann scheiden zu lassen und das Fürsorgerecht für ihren Sohn aufzugeben. Obwohl dies schmerzhaft für sie war, bezeichnete sie es als »selbstlosen Egoismus« – das Bemühen, sich um sich selbst zu kümmern, war die aufopferungsvollste und fürsorglichste Sache, die sie für die, die sie liebte, tun konnte. Schließlich kehrte sie an die Universität zurück und erlangte einen akademischen Abschluß.

Die Ziele eines längeren Aufenthalts gehen über die eines kurzen hinaus – dysfunktionale Bereiche werden nicht nur identifiziert sondern auch abgeändert. Größere Kontrolle über die eigenen Impulse, die Fähigkeit zu vertrauen und sich auf andere zu beziehen, ein besser definiertes Identitätsgefühl und eine höhere Frustrationstoleranz sind die klarsten Zeichen für eine erfolgreiche Krankenhausbehandlung. Bei einem ausgedehnten Aufenthalt können erzieherische und berufliche Ziele erreicht werden. Änderungen in einer schädlichen Lebensanordnung – der Auszug von zu Hause, eine Scheidung usw. – können vollendet werden.

Die größte potentielle Gefahr bei einem langen Krankenhausaufenthalt ist die Regression. Wenn das Personal den Patienten nicht aktiv konfrontiert und motiviert, kann der Borderline-Patient in einer noch hilfloseren Situation versinken, in der er von anderen, die sein Leben lenken, noch abhängiger ist.[14]

Teilweise stationäre Behandlung

Die Behandlung, die nur teilweise im Krankenhaus stationär erfolgt, ist eine Form der Therapie, in der der Patient tagsüber an den Krankenhausaktivitäten teilnimmt und abends wieder nach Hause geht. Andere Krankenhausprogramme finden abends statt, nach der Arbeit oder nach Schulschluß. Es kann auch eine Übernachtungsmöglichkeit angeboten werden, wenn Alternativen nicht vorhanden sind.

Diese neue Methode gestattet es dem Borderline-Patienten, sich die Intensität und Struktur der Krankenhausbehandlung zunutze zu machen und gleichzeitig sein Leben weiter unabhängig zu führen. Die Abhängigkeit vom Krankenhaus ist nicht so stark. Da die teilweise stationäre Behandlung kostengünstiger ist als die traditionelle Behandlung, wird sie aus Kostengründen oft vorgezogen. Borderline-Patienten, die einer intensiveren Pflege bedürfen, aber nicht vierundzwanzig Stunden lang überwacht werden müssen, und die bei einem Krankenhausaufenthalt Gefahr laufen würden, eine schwere Regression zu erleiden, Patienten, die den Übergang aus dem Krankenhaus in die normale Welt schaffen müssen, die ihrem Beruf nachgehen müssen oder in der Ausbildung stehen, aber gleichzeitig eine Krankenhausbehandlung brauchen, Patienten, die die Kosten einer anderen Behandlung nicht tragen können, sie alle können aus dieser Art der Behandlung Nutzen ziehen. Das Krankenhausmilieu und die Therapieziele ähneln denen des angeschlossenen Krankenhausprogramms für stationäre Patienten.[15] Die meisten Untersuchungen über die Wirksamkeit der Krankenhausbehandlung für Borderline-Patienten konzentrieren sich auf langfristige Aufenthalte. Diese Untersuchungen zeigen hauptsächlich bedeutsame Verbesserungen bei den Patienten nach der Entlassung. In einer Studie hieß es, daß sich ein positives Ergebnis bei der stationären Behandlung besonders bei einer guten Beziehung zwischen Patient und Therapeut voraussagen ließ.[16] Wir brauchen mehr Untersuchungen, die sich mit den Wirkungen der kurzfristigen Behandlung befassen. Vergleichende Untersuchungen sollten auch die Wirksamkeit unterschiedlicher Krankenhausprogramme abschätzen, einschließlich der Vorteile und Nachteile von Krankenhausabteilungen, in denen ausschließlich Borderline-Patienten behandelt werden.

Können Borderline-Patienten geheilt werden?

Da keine Therapie einer anderen überlegen zu sein scheint, wird die Wahl der Behandlung meistens von nicht-therapeutischen Überlegungen diktiert, beispielsweise von der Zeit und den finanziellen Mitteln, von der Erreichbarkeit des Therapeuten und so weiter. Noch wichtiger ist jedoch die Frage, ob eine Therapie überhaupt hilft. Einige Untersuchungen enthalten Schätzungen, daß bis zu 50 Prozent der Borderline-Patienten die Therapie innerhalb von sechs Monaten vorzeitig aufgegeben; nur etwa einer von zehn Patienten führt die Therapie, die sich über mehrere Jahre erstrecken kann, zu Ende.[17] Bisweilen wurde das Argument angeführt, daß Borderline-Patienten schließlich aus ihrer Pathologie spontan »herausreifen« und daß die Therapie diesen natürlichen Prozeß nicht wesentlich beeinflußt. »Glücklicherweise ist die Psychoanalyse nicht die einzige Möglichkeit, innere Konflikte zu lösen«, schrieb Karen Horney in ihrem Buch *Unsere inneren Konflikte.* »Das Leben selbst ist ein sehr wirkungsvoller Therapeut.« In neueren Untersuchungen hat man jedoch festgestellt, daß die Selbstmordrate bei Borderline-Fällen beträchtlich ist (8 bis 10 Prozent).[18] Die Betroffenen müssen also erst einmal am Leben bleiben, bevor sich ihr Zustand bessern kann.

In Untersuchungen hat man versucht, den Fortschritt von Borderline-Patienten mit und ohne Behandlung zu verfolgen. Allgemein ist man zu dem Schluß gekommen, daß eine Behandlung durchaus sinnvoll ist. Bei den meisten Untersuchungen wurde die Einzeltherapie im Krankenhaus und außerhalb untersucht. Die richtige Behandlung durch Medikamente lindert viele ernste Symptome mit Erfolg. Auch die Psychotherapie führt ganz klar zu Verbesserungen. Obwohl die meisten Patienten weiterhin Schwierigkeiten mit Routinefunktionen haben und immer noch Reste eingefleischter, charakterologischer Muster zeigen und aus diesem Grund nicht als völlig »geheilt« gelten, erfüllen sie oft nicht mehr die Kriterien der Diagnose der Borderline-Persönlichkeitsstörung.

Diese Patienten zeigen auch eine größere Fähigkeit zu vertrauen und dazu, befriedigende Beziehungen aufzubauen, auch wenn diese vielleicht nicht sehr eng sind. Sie haben einen klareren Ortssinn und ein stabileres Ichgefühl. Sie sind gewissermaßen zu intakteren Borderline-Persönlichkeiten geworden.

»Sie haben immer von bedingungsloser Annahme gesprochen«, sagte eine Borderline-Patientin zu ihrem Therapeuten, »und in der jüngsten Vergangenheit konnte ich sie endlich fühlen. Es ist wunderbar... Sie haben mir einen sicheren Ort gegeben, an dem ich mich entwirren, entfalten konnte. In meinem Innern war ich irgendwo verloren. Sie haben mir Anerkennung und Freiheit gegeben, so daß ich schließlich mein wahres Ich herauslassen konnte.«

8 Mit der Borderline-Persönlichkeit leben

Aber er ist ein Mensch, und es passiert ihm gerade etwas Schreckliches. Also gebührt ihm Achtung.
Er darf nicht ins Grab fallen, wie ein alter Hund. Achtung!
Achtung schulden wir einem solchen Menschen.

Aus: *Der Tod eines Handlungsreisenden* von Arthur Miller

Niemand wußte so recht, was eigentlich mit Ralf los war. Jahrelang war er zur Behandlung im Krankenhaus gewesen, wurde wieder entlassen und hatte viele Ärzte aufgesucht, aber er konnte eine Behandlung nie lange durchziehen. Auch seinen Job konnte er nicht behalten. Seine Frau Denise arbeitete in einer Zahnarztpraxis und verbrachte den größten Teil ihrer Freizeit mit ihren Freundinnen. Ralfs Klage über Schmerzen in der Brust, Kopfschmerzen, Rückenschmerzen und Depressionen ignorierte sie.

Ralf war das einzige Kind reicher, beschützender Eltern. Als er neun Jahre alt war, beging der Bruder seines Vaters Selbstmord. Obwohl er seinen Onkel nicht sehr gut gekannt hatte, verstand er, daß seine Eltern von dem Selbstmord sehr betroffen waren. Nach diesem Ereignis wurden seine Eltern sogar noch fürsorglicher und bestanden darauf, daß er jedesmal von der Schule zu Hause blieb, wenn er sich krank fühlte. Mit zwölf Jahren erklärte Ralf, daß er unter Depressionen leide. Damals begann er, eine Unmenge an Therapeuten aufzusuchen.

Ralf war ein mittelmäßiger Schüler. Als er nach der Schule die Hochschule besuchte, lernte er dort Denise kennen. Sie war die einzige Frau, die je Interesse für ihn gezeigt hatte, und nach kurzer Zeit heirateten sie. Beide verließen die Hochschule und begannen pflichtbewußt zu arbeiten, verließen sich aber auf Ralfs Eltern zur Finanzierung des Haushalts und von Ralfs Therapie, die fortgesetzt wurde.

Das Paar zog häufig um; immer wenn Denise sich in ihrem Job oder an einem Ort langweilte, zogen sie woanders hin. Sie bekam immer schnell einen neuen Job und gewann neue Freundinnen, aber Ralf hatte große Schwierigkeiten und war oft monatelang arbeitslos.

Als sie beide immer mehr tranken, verschlimmerten sich die Streitigkeiten zwischen ihnen. Wenn sie miteinander stritten, verließ Ralf bisweilen seine Frau und zog wieder zu den Eltern. Dort blieb er dann, bis es in der Familie zu Streitigkeiten kam, dann kehrte er zu Denise zurück.

Häufig hatten seine Frau und seine Eltern genug von seiner Launenhaftigkeit und seinen vielfältigen medizinischen Klagen. Dann drohte er jedoch, sich umzubringen, und seine Eltern gerieten in Panik. Sie bestanden darauf, daß er neue Ärzte aufsuchte und flogen überall mit ihm hin, damit er verschiedene Experten um Rat fragen konnte. Sie arrangierten Krankenhausaufenthalte in mehreren renommierten Einrichtungen, aber nach kurzer Zeit ließ Ralf sich immer gegen das Anraten der Ärzte entlassen, und seine Eltern schickten ihm das Geld für das Flugticket nach Hause. Ständig drohten sie damit, ihm weitere finanzielle Unterstützung zu versagen, machten aber ihre Drohungen nie wahr.

Der Beruf und die Begegnungen mit Freunden hinterließen einen immer undeutlicheren Eindruck und blieben unbefriedigend. Jedesmal, wenn neue Bekannte oder ein neuer Job in irgendeiner

Weise enttäuschend waren, gab Ralf auf. Seine Eltern rangen die Hände; Denise ignorierte ihn. Ralf geriet immer mehr außer Kontrolle, ohne daß jemand ihm Grenzen setzte, auch er selbst nicht.

Wie man Anzeichen der Borderline-Persönlichkeitsstörung bei Freunden und Verwandten erkennt

Trotz des Brodelns unter der Oberfläche kann es sehr schwer sein, eine Borderline-Persönlichkeit zu identifizieren. Anders als viele Menschen, die unter anderen geistigen Störungen leiden – Schizophrenie, bipolare (manisch-depressive) Störungen, Alkoholismus oder Eßstörungen – kann die Borderline-Persönlichkeit im Beruf und in sozialen Situationen meistens sehr gut funktionieren, ohne offensichtlich pathologisch zu erscheinen. Tatsächlich scheinen die Anzeichen des Borderline-Verhaltens wie Zornausbrüche, extremes Mißtrauen oder Depressionen mit Selbstmordabsichten bei einem Menschen, der so »normal« wirkte, plötzlich und unerwartet aufzutreten.

Die Ausbrüche der Borderline-Persönlichkeit sind meistens sehr angsterregend und geheimnisvoll – für den Betroffenen selbst und für die Menschen, die ihm nah sind. Aufgrund der plötzlichen und extremen Natur bestimmter auffallender Symptome, kann man leicht in die Irre geführt werden und nicht erkennen, daß es sich um eine Manifestation einer Borderline-Persönlichkeitsstörung handelt und nicht um eine separate, primäre Krankheit. Ein Mensch beispielsweise, der versucht, sich durch eine Überdosis zu töten, oder sich die Pulsadern aufschneidet, kann als depressiv eingestuft werden. Wahrscheinlich werden ihm Antidepressiva verschrieben und eine kurze, unterstützende Psychotherapie. Wenn der Patient unter einer durch das biochemische Ungleichgewicht ausgelösten Depression leidet, verbessert diese Art der Behandlung seinen Zustand und er wird relativ schnell und vollständig gesund. Wenn die destruktiven Verhaltensweisen jedoch durch eine Borderline-

Persönlichkeitsstörung ausgelöst wurde, hört das selbstverletzende Verhalten trotz der Behandlung nicht auf. Wenn die Borderline-Merkmale nicht erkannt werden, wird die Fortsetzung der selbstmörderischen oder der anderen zerstörerischen Verhaltensweisen trotz Behandlung für den Patienten, den Arzt und alle anderen Betroffenen rätselhaft und frustrierend sein.

Andrea, ein dreiundzwanzigjähriges Fotomodell, wurde in einer Klinik für Suchtkranke wegen ihres Alkoholismus behandelt. Sie reagierte sehr gut auf das Behandlungsprogramm, aber als sie sich vom Alkohol fernhielt, wurde sie immer stärker zwanghaft bulimisch. Sie wurde in einer Abteilung für Eßstörungen behandelt, wo die Behandlung wiederum erfolgreich war.

Einige Wochen später erlebte sie starke Angstepisoden in Geschäften, Büros und beim Autofahren. Schließlich konnte sie vor Angst nicht mehr das Haus verlassen. Neben diesen Phobien wurde sie immer depressiver. Als sie daran dachte, sich zur Behandlung ihrer Phobien stationär einweisen zu lassen, erkannte ein Psychiater, daß all ihre Symptome für die Borderline-Persönlichkeitsstörung charakteristisch waren, und empfahl statt dessen die Einweisung in eine psychiatrische Klinik, die sich auf Borderline-Patienten spezialisiert hatte. Während man sich bei den vorhergehenden Behandlungen nur auf den Alkoholismus oder die Bulimie konzentriert hatte, wurde in diesem Krankenhaus ihr Leben ganzheitlich betrachtet.

Schließlich war Andrea in der Lage, die Verbindung ihrer Probleme mit ihrer anhaltenden, ambivalenten Beziehung zu ihren Eltern wahrzunehmen, die sich ihren Versuchen, sich abzulösen, zu reifen und unabhängiger zu werden, entgegengestellt hatten. Sie erkannte, daß ihre verschiedenen Krankheiten in Wirklichkeit Mittel waren, um sich den Anforderungen ihrer Eltern ohne Schuldgefühle zu entziehen. Ihre Bulimie, das übermäßige Trinken und ihre Angstattacken nahmen all ihre Energie in Anspruch und lenkten sie davon ab, sich mit den Konflikten, die sie mit ihren Eltern hatte, auseinanderzusetzen. Außerdem bewahrte ihre Rolle der »Kranken« sie davor, an dieser Beziehung zu arbeiten. Die Krankheiten führten auch dazu, daß sie weiter an die Eltern gebunden war: Da ihre Eltern ernste Eheprobleme hatten (ihre Mutter war Alkoholikerin und ihr Vater litt unter chronischen Depressionen), konnte sie ihnen nah sein, indem sie sie nachahmte.

Nach einem kurzen Krankenhausaufenthalt setzte sie die Psychotherapie ambulant fort. Ihre Stimmung besserte sich und ihre Ängste und Phobien lösten sich zu einem großen Teil auf. Außerdem hielt sie sich weiter von Alkohol und Abführmitteln fern.

Andreas Fall zeigt, wie ein auffälliges Verhalten eigentlich eine zugrundeliegende Borderline-Persönlichkeitsstörung repräsentieren kann, in der eine oder mehrere Eigenschaften – unstabile Beziehungen, Impulsivität, Stimmungsschwankungen, starker Zorn, Selbstmorddrohungen, Identitätsstörungen, Gefühle von Leere oder verzweifelte Versuche, Trennungen zu vermeiden – sich in Symptomen niederschlägt, die fälschlicherweise zu einer unvollständigen oder sogar falschen Diagnose führen können.

Fürsorge und Hilfe

Es ist wichtig, sich daran zu erinnern, daß die Borderline-Persönlichkeitsstörung eine Krankheit ist und nicht der absichtliche Versuch, Aufmerksamkeit zu erlangen. Der Betroffene kann sich einfach nicht aus eigener Kraft ändern. Es hat keinen Sinn, böse zu werden, ihm gut zuzureden oder zu betteln, daß er sich ändert. Ohne Hilfe ist er der Mittel beraubt, sein Verhalten zu ändern.

Dies bedeutet jedoch nicht, daß die Borderline-Persönlichkeit hilflos ist und für ihr Verhalten nicht zur Verantwortung gezogen werden sollte. In der Tat trifft genau das Gegenteil zu. Der Betroffene muß die realen Konsequenzen aus seinen Handlungen akzeptieren, ohne daß sie entschuldigt werden oder daß er beschützt wird, obwohl er am Anfang scheinbar nicht die Kraft hat, sie zu ändern.

Die extremen Verhaltensweisen der Borderline-Persönlichkeit führen meistens entweder zu einer harten Reaktion, etwa: »Du fauler, nichtsnutziger Mistkerl, nimm dich endlich zusammen«, oder zu nachsichtigen Äußerungen: »Du armes Baby, du schaffst es einfach nicht; ich werde mich um dich kümmern.« Alle müssen sich bewußt sein, wie ihr Verhalten Borderline-Verhaltensweisen ermutigt oder verhindert.

Diejenigen, die mit einer Borderline-Persönlichkeit zu tun haben, müssen einen Balanceakt ausführen. Sie müssen die Borderline-Persönlichkeit einerseits unterstützen und andererseits die notwendigen Erwartungen bestätigen. Sie müssen versuchen, mit Unterstützung zu reagieren, ohne zu übertreiben. Zuneigung und Körperberührung (den Betroffenen an sich drücken oder seine Hand halten) kann ihm mitteilen, daß er als Mensch geschätzt wird, aber wenn er dies ausnutzt, wird Vertrauen zunichte gemacht. Wenn Fürsorge zu übergroßer Fürsorge wird, fühlt der Betroffene sich für sein Verhalten nicht mehr selbst verantwortlich.

In den meisten Fällen wird die Konzentration auf die Wahrheitsaussagen der SET-Grundsätze (siehe Kapitel 6) vernünftige Richtlinien bieten. Aber wenn mit Selbstmord gedroht wird, ist es meistens an der Zeit, einen Arzt zu konsultieren oder sich an eine Hilfseinrichtung wie die Telefonseelsorge zu wenden. Selbstmorddrohungen dürfen nicht zu einer »emotionalen Erpressung« werden, durch die Freunde oder Verwandte manipuliert werden, damit sie sich so verhalten, wie die Borderline-Persönlichkeit es wünscht. Drohungen sollten ernstgenommen werden, man sollte ihnen umgehend mit vorhersehbaren, realistischen Reaktionen begegnen, beispielsweise mit der Forderung, daß der Betroffene professionelle Hilfe in Anspruch nimmt (eine Wahrheitsreaktion).

Thomas, ein siebenundvierzigjähriger alleinstehender Mann, hatte einen Teilzeitjob und versuchte gleichzeitig, seine Ausbildung fortzusetzen. Seine verwitwete Mutter unterstützte ihn immer noch finanziell, und immer wenn er im Beruf, in der Schule oder in einer Beziehung versagte, verstärkte sie seine Gefühle von Hilflosigkeit,

weil sie davon überzeugt war, daß er bei seinen Zielen keinen Erfolg haben könne, und schlug vor, er solle »nach Hause« zurückkehren und bei ihr leben. In der Therapie konnte Thomas nicht nur seinen Wunsch, hilflos zu bleiben, und die Vorteile der Hilflosigkeit, verstehen, sondern sich auch mit der Rolle seiner Mutter, die diese Abhängigkeit unterstützte, auseinandersetzen.
Es reicht, wenn einer der Beteiligten in dem Drama eine Veränderung initiiert. Thomas' Mutter kann auf seine Abhängigkeit mit SET-Reaktionen reagieren, die ihre Fürsorge (Unterstützung), ihr Verständnis (Mitgefühl) und die Anerkennung der Realität (Wahrheit) ausdrücken – Thomas' Bedürfnis, die Verantwortung für sein Verhalten selbst zu übernehmen. Wenn seine Mutter nicht gewillt ist, ihr Verhalten zu ändern, muß Thomas erkennen, welche Rolle sie bei seinen Problemen spielt und sich von ihr distanzieren.

Der Kampf mit dem Borderline-Zorn

Nach einiger Zeit werden für Menschen, die mit einer Borderline-Persönlichkeit zusammenleben, unvorhersehbare Verhaltensweisen allgemein üblich und daher »vorhersehbar unvorhersehbar«. Eine der häufigsten Verhaltensweisen, der Zornausbruch, kommt meistens ohne Warnung und scheint der Situation absolut nicht angemessen.
Der enge Freund, der Verwandte oder Kollege sollte nicht der Versuchung erliegen, »Feuer mit Feuer zu bekämpfen«. Je lauter und wütender die Borderline-Persönlichkeit wird, desto ruhiger und besänftigter sollte der andere sein. Auf diese Weise verweigert er seine Mitwirkung daran, daß sich die emotionale Atmosphäre verschlechtert, und zeigt, daß die Intensität des Zorns der Borderline-Persönlichkeit der Situation nicht angemessen ist. Wenn der Betroffene das Potential für körperliche Gewalt spürt, sollte er die Szene auf der Stelle verlassen. Der Borderline-Zorn läßt sich oft nicht vernünftig lösen, daher sind Diskussionen und Debatten nicht nötig, sie führen eher zu einer Verschlechterung der Situation. Statt dessen sollte man den Konflikt abschwächen, indem man die

Meinung des anderen anerkennt und erklärt, daß sich eine Übereinkunft nicht erzielen läßt. Weitere Diskussionen kann man später führen, wenn die Atmosphäre sich etwas beruhigt hat.

Mit den Stimmungsschwankungen der Borderline-Persönlichkeit leben

Schnelle Veränderungen der Stimmung können für die Borderline-Persönlichkeit und die Menschen um sie herum gleichermaßen verwirrend sein. Von frühester Kindheit an war Meredith sich ihrer Launenhaftigkeit bewußt. Völlig grundlos konnte sie hochbeglückt sein, bis ihre Laune dann ohne jede Warnung in tiefste Verzweiflung umschlug. Ihre Eltern gaben ihrer Launenhaftigkeit nach, indem sie sie wie ein rohes Ei behandelten und ihre Reizbarkeit nie herausforderten. In der Schule kamen und gingen ihre Freundinnen, weil sie durch ihr unvorhersehbares Verhalten irritiert waren. Einige nannten sie »die Manisch-Depressive« und versuchten, sie aus ihrer Verdrießlichkeit zu locken.

Ihr Mann Ben sagte, daß er von ihrer »Freundlichkeit« und ihrem »Sinn für Spaß« angezogen wurde. Aber Merediths Verhalten konnte auf dramatische Weise vom Spielerischen zum Selbstmörderischen umschlagen. Ähnlich änderte sich ihre Beziehung zu Ben, sie reichte von freudigem Teilen zu düsterer Isolation. Ihre Launen waren völlig unvorhersehbar und Ben war sich nie sicher, ob er sie am Ende des Tages bei seiner Rückkehr überhaupt noch zu Hause vorfinden würde. Bisweilen hatte er das Gefühl, daß er das Haus erst betreten sollte, nachdem er seinen Hut auf einem Stock in den Flur gesteckt hatte, um zu sehen, ob er umarmt, ignoriert oder angegriffen werden würde.

Ben befand sich in einem typischen Borderline-Szenario, in dem er sich drehen und wenden konnte, wie er wollte, ohne es seiner Frau je recht zu machen. Wenn er auf ihre Depressionen einging, kam es auf ihrer Seite zu weiterem Rückzug und Zorn, aber wenn er sie ignorierte, schien dies fehlende Sorge auszudrücken. Die SET-Grundsätze würden sich mit diesem Konflikt auseinandersetzen und darauf bestehen, daß Meredith erklärt, wie er (und andere) auf ihre Launen reagieren sollen.

Für Meredith waren diese Stimmungsschwankungen, die auf verschiedene Medikamente überhaupt nicht ansprachen, genauso störend. Ihre Aufgabe war es, derartige Schwankungen zu erkennen, die Verantwortung für sie zu übernehmen und zu lernen, sich anzupassen, in dem sie sie kompensierte. Wenn sie gerade depressiv war, konnte sie die Depression anschließend identifizieren und lernen, anderen in ihrer Umgebung zu erklären, daß sie sich in einer depressiven Phase befand und ihr Bestes geben würde, so gut wie möglich zu funktionieren. Wenn sie mit Menschen zusammen war, denen sie ihre Situation nicht gut erklären konnte, konnte sie Zurückhaltung üben und aktiv versuchen, einigen Forderungen, die an sie gestellt wurden, aus dem Weg zu gehen. Ein wichtiges Ziel wäre die Etablierung von Konstanz – beständige, verläßliche Einstellungen und Verhaltensweisen – sich und anderen gegenüber.

Mit Impulsivität umgehen

Impulsive Handlungen können für Freunde und Verwandte von Borderline-Persönlichkeiten äußerst frustrierend sein, besonders wenn es sich um selbstzerstörerische Handlungen handelt. Dieser Zug ist besonders entnervend, wenn er (was oft der Fall ist) an einem relativ stabilen Punkt im Leben der Borderline-Persönlichkeit auftritt. Tatsächlich können impulsive Verhaltensweisen besonders zum Vorschein kommen, weil das Leben sich einrenkt und die Borderline-Persönlichkeit sich in diesem krisenfreien Zustand dann nicht mehr wohlfühlt.

Fred beispielsweise lebte in einer Ehe, die auf bequeme Weise langweilig war. Er und Barbara waren seit über zwanzig Jahren miteinander verheiratet und traten nur selten in Wechselbeziehung zueinander. Sie erzog die Söhne, während Fred sich für ein großes Unternehmen abrackerte. Sein Leben war ein selbst auferlegtes Gefängnis von täglicher Routine und zwanghaften Verhaltensweisen. Er brauchte stundenlang, um sich anzuziehen, damit seine Kleidung makellos saß. Bevor er abends ins Bett ging, ging er mehrere Rituale durch, um ein Gefühl von Kontrolle aufrechtzuerhalten – die Schranktüren mußten in bestimmter Weise offenstehen, das Waschbecken im Badezimmer mußte sorgfältig gereinigt werden und Seife und Toilettenartikel mußten in einem bestimmten Muster angeordnet sein.

Aber innerhalb dieser stark reglementierten Routine betrank Fred sich impulsiv, begann Streit oder verließ die die Stadt plötzlich ohne Warnung für den ganzen Tag. Zweimal nahm er impulsiv eine Überdosis seiner Herzmedikamente, »um zu sehen, wie das ist«. Meistens nahm er Barbaras Zorn so auf, daß er trübsinnig und still wurde, aber ab und zu schlug er sie, oft wegen Kleinigkeiten. Er blieb mehrere Monate lang trocken und betrank sich dann wieder furchtbar, wenn man ihn für seine Abstinenz lobte. Seine Frau, seine Freunde und sein Psychiater redeten ihm gut zu oder drohten ihm, aber es hatte alles keinen Zweck.

Die SET-Grundsätze hätten Barbara helfen können, mit Freds Impulsivität fertigzuwerden. Statt zu bitten und zu drohen, hätte sie ihre Sorge um Fred betonen können und die wachsende Erkenntnis, daß er mit seinem Leben immer unzufriedener wurde. Wahrheitsaussagen hätten ihre eigene Unzufriedenheit mit der aktuellen Situation ausdrücken können und das wichtige Bedürfnis, daran etwas zu ändern. Sie hätte beispielsweise zu einer Therapie raten können.

Es ist oft hilfreich, wenn man impulsive Verhaltensweisen aus Erfahrungen in der Vergangenheit voraussagen kann. Nach einer Zeit der Nüchternheit könnte Barbara Fred beispielsweise daran erinnern, daß sich in der Vergangenheit, wenn alles gut ging, der Druck so gesteigert hatte, daß er ihn in Saufgelagen entladen mußte. Durch den Hinweis auf frühere Muster kann man der Borderline-Persönlichkeit helfen, sich der Gefühle, die sich vor dem Einsetzen der Impulsivität zeigen, bewußt zu werden. Zusätzlich lernt die Borderline-Persönlichkeit, daß Verhaltensweisen, die

sie als chaotisch und unvorhersehbar wahrgenommen hat, tatsächlich vorausgeahnt, verstanden und dadurch kontrolliert werden können.
Schließlich lernte Fred in der Therapie, daß seine scheinbar unvorhersehbaren Verhaltensweisen Zorn auf sich und andere darstellten. Er erkannte, daß er seine Frau mißbrauchte oder zu trinken begann, wenn er mit sich unzufrieden war. Dieses impulsive Verhalten führte zu Schuld und Selbstbestrafung und diente wiederum dazu, seine Sünden wiedergutzumachen. Als Fred sich selbst wichtiger wurde und seine eigenen Ideale und Überzeugungen stärker respektierte, verringerten sich seine destruktiven Aktivitäten.

Die eigenen Gefühle verstehen

Wenn man den Borderline-Patienten auf seiner Achterbahnfahrt begleitet, muß man sich auf viele unterschiedliche Gefühle einstellen, besonders auf Schuldgefühle, Angst und Zorn. Wenn die Borderline-Persönlichkeit sich selbstzerstörerisch verhält, kann sie hilflos erscheinen und die Verantwortung für ihr Verhalten auf andere projizieren, die möglicherweise bereit sind, sie zu akzeptieren. Schuldgefühle hemmen die ehrliche Auseinandersetzung beträchtlich. Ähnlich kann auch die Angst vor körperlichem Schaden – beim Borderline-Patienten, bei anderen und bei sich selbst – stark von offenen Interaktionen abhalten. Zorn ist eine häufige Reaktion, wenn man sich manipuliert fühlt oder ein bestimmtes Verhalten einfach nicht mag oder versteht, was häufig vorkommt.
Lenas Mutter rief ihre Tochter häufig an und beklagte sich über Kopfschmerzen, Einsamkeit und einen allgemeinen Lebensüberdruß. Lenas Vater war schon lange tot, und die Geschwister hatten sich von der Familie entfremdet, so daß Lena die »gute Tochter« war, das einzige Kind, das sich um die Mutter kümmerte.
Lena hatte Schuldgefühle, wenn ihre Mutter allein war und

Schmerzen litt. Trotz der Liebe zur Mutter und der Schuldgefühle, die die Mutter in ihr auslöste, wurde Lena wütend, als sie sah, wie ihre Mutter immer hilfloser wurde und immer weniger gewillt war, sich um sich selbst zu kümmern. Lena erkannte, daß die Mutter sie mit ihrer immer größeren Abhängigkeit ausnutzte. Aber wenn sie ihren Zorn ausdrückte, wurde ihre Mutter noch weinerlicher und hilfloser, Lena bekam noch mehr Schuldgefühle und der Kreislauf wiederholte sich. Erst als Lena sich aus diesem verschlungenen System befreite, wurde ihre Mutter gezwungen, eine gesündere Unabhängigkeit zu erreichen.

Besondere Probleme der Elternschaft

Wenn die meisten Borderline-Patienten ihre Kindheit beschreiben, sind oft charakteristische Merkmale vorhanden. Häufig fehlte ein Elternteil ganz oder war oft abwesend, widmete sich Angelegenheiten außerhalb des Heims, einem Hobby oder beruflichen Interessen stark oder war alkohol- oder drogenabhängig.
Wenn beide Eltern zu Hause lebten, war die Beziehung untereinander meistens nicht harmonisch. Oft fehlte es an Übereinstimmung in der Kindererziehung, so daß ein Elternteil, meistens die Mutter, die wichtigste Erziehungsrolle übernahm. Solche Eltern sind nur selten in der Lage, ihren Kindern gegenüber eine vereinigte Front zu repräsentieren, die von Zusammenarbeit gekennzeichnet ist. Für diese Kinder ist die Welt voller Unbeständigkeit. Wenn das Kind Struktur fordert, stößt es auf Widersprüche; wenn es Entschlossenheit braucht, erhält es Ambivalenz. So wird dem zukünftigen Borderline-Patienten die Möglichkeit genommen, eine beständige Kernidentität zu entwickeln.
Die Mutter eines Borderline-Patienten kann offenkundig krank sein, aber meistens ist ihre Pathologie sehr hintergründig. Andere nehmen sie sogar als »perfekte Mutter« wahr, weil sie sich ihren Kindern so total »widmet«. Bei genauerer Beobachtung stellt man

jedoch fest, daß sie sich übertrieben in das Leben ihrer Kinder einmischt, gegenseitige Abhängigkeit ermutigt und nicht will, daß ihre Kinder heranreifen und sich natürlich ablösen.

Trennungen

Trennungen von den Eltern besonders in den ersten Lebensjahren kommen in der Borderline-Biographie häufig vor. Oberflächlich betrachtet können diese Trennungen unbedeutend erscheinen, dennoch haben sie tiefe Wirkungen. So hält die Geburt eines Geschwisterkindes beispielsweise die Mutter für ein paar Wochen von ihren normalen Aktivitäten fern, aber wenn sie zurückkehrt, reagiert sie nicht mehr so stark auf das ältere Kind – die Mutter ist verschwunden und wurde durch eine Person ersetzt, die immer anders sein wird und die jetzt auch den Mutterpflichten gegenüber einem jüngeren Geschwister nachkommen muß. Ein gesundes Kind in einer gesunden Umgebung bewältigt dieses Trauma leicht, aber für eine zukünftige Borderline-Persönlichkeit in einer Borderline-Umgebung kann es ein Verlust von mehreren sein oder als Verlassenwerden wahrgenommen werden. Länger andauernde Krankheiten, häufige Reisen, Scheidung oder der Tod eines Elternteils berauben das heranwachsende Kind in wichtigen Zeiten der beständigen Erziehung durch die Mutter. Auf diese Weise kann die Fähigkeit, Vertrauen und Beständigkeit in seiner unsicheren und unverläßlichen Welt zu entwickeln, gestört werden.

Mißbrauch von Kindern: ein Trauma

Schwerer körperlicher und/oder sexueller Mißbrauch ist in der Geschichte der Borderline-Persönlichkeit ein häufiges Trauma. Wenn ein Kind mißbraucht wird, gibt es immer sich selbst die Schuld, weil dies (bewußt oder unbewußt) die beste, erreichbare Lösung ist. Wenn das Kind dem Erwachsenen die Schuld gibt, ist es verängstigt, weil es von inkompetenten Menschen, die nicht richtig für es sorgen können, abhängig ist. Wenn es niemandem die Schuld gibt, wird der Schmerz zufällig und nicht vorhersehbar und daher noch erschreckender, weil es keine Hoffnung gibt, ihn zu kontrollieren. Wenn das Kind sich selbst die Schuld gibt, wird der Mißbrauch leichter verständlich und kann daher leichter kontrolliert werden – es hat das Gefühl, daß es den Mißbrauch irgendwie verursacht hat und daher eine Möglichkeit finden wird, ihn zu beenden; oder es gibt auf und akzeptiert, daß es »böse« ist. Die Borderline-Persönlichkeit lernt schon frühzeitig, daß sie schlecht ist, daß die Ursache bei ihr liegt, wenn schlechte Dinge passieren. Bald erwartet sie Bestrafung und fühlt sich möglicherweise nur dann sicher, wenn sie bestraft wird. Später kann Selbstverstümmelung eine Möglichkeit sein, dieses bekannte, sichere Gefühl, das die Bestrafung gibt, fortzusetzen. Der Betroffene nimmt den Mißbrauch als eine Art Liebe wahr und wiederholt ihn bei seinen eigenen Kindern. Als Erwachsener ist er weiterhin in der verwirrenden Welt des Kindes gefangen, in der Liebe und Haß sich vermischen, in der nur Gut und Böse ohne Zwischentöne existieren und nur die Unbeständigkeit beständig ist.

Der Mißbrauch kann auch subtilere Formen annehmen als körperliche Gewalt oder eine abweichende Sexualität. Emotionaler Mißbrauch – ausgedrückt durch verbale Schikane, Sarkasmus, Erniedrigung oder kaltes Schweigen – kann ähnlich zerstörerisch sein. Stephanie konnte ihren Vater nie zufriedenstellen. Als sie klein war, nannte er sie »Dickerchen« und lachte über ihre ungeschickten Versuche, ihm zu gefallen, indem sie Sport trieb. Sie war »dumm«, wenn ihre Noten nicht perfekt waren und wenn sie beim Aufräumen in der Küche Geschirr zerbrach. Er lachte über ihr trägerloses Kleid beim Universitätsball, und als sie ihr Abschlußzeugnis erhielt, verkündete er, daß nichts aus ihr werden würde.

Als Erwachsene war Stephanie sich ihrer selbst nie sicher, sie vertraute schmeichelnden Bemerkungen nie und versuchte vergeblich, Menschen zufriedenzustellen, die sich nicht zufriedenstellen ließen. Nach einer langen Reihe von zerstörerischen Beziehungen lernte Stephanie schließlich Bert kennen, der fürsorglich und unterstützend schien. Ständig versuchte Stephanie jedoch, die Bezie-

hung zu sabotieren. Sie stellte seine Loyalität auf die Probe und seine Liebe in Frage.
Bert mußte Stephanies Hintergrund verstehen und erkennen, daß sich Vertrauen erst nach langer Zeit aufbauen ließ. Nicht alle sind bereit, solange zu warten. Bert war es.

Borderline-Persönlichkeitsstörungen im Jugendalter

Per Definition ähneln sich die Kämpfe Jugendlicher und die von borderlinekranken Persönlichkeiten stark: Der normale Jugendliche und die Borderline-Persönlichkeit kämpfen um Individualität und Ablösung von den Eltern, sie suchen Bindungen zu Freunden und die Identifikation mit Gruppen, sie versuchen, Alleinsein zu vermeiden, machen dramatische Stimmungsschwankungen durch und neigen allgemein zu Impulsivität. Die leichte Ablenkbarkeit des Teenagers entspricht der Schwierigkeit der Borderline-Persönlichkeit, sich einem Ziel zu verpflichten und es zu erreichen. Der exzentrische Kleidungsstil des Jugendlichen, seine prähistorischen Eßgewohnheiten und die lärmende Musik sind meistens Versuche, eine bestimmte Identität zu finden und zu einer bestimmten Gruppe Gleichaltriger zu gehören, ein Verhalten, das dem der Borderline-Persönlichkeit ähnelt.
Ein normaler Jugendlicher wird schwermütige Musik hören, pessimistische Gedichte schreiben, Berühmtheiten, die Selbstmord begangen haben, verherrlichen und auf dramatische Weise schreien, weinen und drohen. Der normale Jugendliche schneidet sich jedoch nicht die Pulsadern auf, stopft sich nicht mehrmals am Tag so voll, daß er sich erbrechen muß, wird nicht drogenabhängig und greift nicht seine Mutter an. Dies sind die extremen Verhaltensweisen, die die Borderline-Persönlichkeitsstörung ankündigen.
Manche Eltern verneinen die Ernsthaftigkeit der Probleme ihres Kindes (beispielsweise eine Überdosis an Medikamenten), indem sie sie als das typische Verlangen des Teenagers nach Aufmerksamkeit abtun. Obwohl es stimmt, daß Kinder oft auf dramatische Weise nach Aufmerksamkeit suchen, sind weder Selbstmordver-

suche noch zerstörerische Verhaltensweisen »normal«. Sie weisen vielmehr auf die Möglichkeit einer beginnenden Borderline-Persönlichkeit oder einer anderen Störung hin und sollten daher von einem Fachmann bewertet werden.

Meistens erkennen andere – Eltern, Lehrer, Arbeitgeber, Freunde –, wann der normale Jugendliche die Grenze zum Borderline-Verhalten hin überschreitet, schon bevor der Jugendliche es selbst tut. Fortgesetzter Drogenmißbrauch, eine Reihe von stürmischen Beziehungen oder magersüchtiges Fasten sind deutliche Anzeichen, daß es sich hier um tieferliegende Probleme handelt. Der gesamte Funktionsstil des Teenagers sollte bei der Untersuchung im Mittelpunkt stehen, nicht nur individuelle Symptome. Dies ist besonders dann bedeutend, wenn es um die Einschätzung des Selbstmordpotentials geht.

Selbstmord steht bei Jugendlichen als Todesursache nach Unfällen an zweiter Stelle und kommt besonders bei Kindern vor, die depressiv sind, Drogen nehmen, impulsiv handeln und nur geringe Stützsysteme haben – dies alles sind herausragende Merkmale der Borderline-Persönlichkeitsstörung.[1] Drohungen, sich selbst etwas anzutun, sollten immer ernst genommen werden. Versuche, sich selbst zu verstümmeln oder sich Schaden zuzufügen, die nur ausgeführt werden, »um Aufmerksamkeit zu erlangen«, können auf tragische Weise schiefgehen. Eltern, die versuchen, »echten Selbstmord« von der »Suche nach Aufmerksamkeit« zu unterscheiden, begreifen das Wesentliche nicht – beides sind ernste pathologische Verhaltensweisen, die oft sogar im Krankenhaus behandelt werden müssen.

Die Borderline-Persönlichkeit am Arbeitsplatz

In der Arbeitswelt wird die Borderline-Persönlichkeit oft als »seltsam« oder »exzentrisch« empfunden. Der Betroffene isoliert sich von anderen, meidet persönliche Kontakte und hält andere mit einer Aura von Verdrießlichkeit, Mißtrauen oder Exzentrik von sich fern. Andere klagen gewohnheitsmäßig über körperliche Leiden oder persönliche Probleme und haben gelegentlich Anfälle von Paranoia oder Zornausbrüchen. Wieder andere verhalten sich im Beruf völlig normal, sind aber verlegen oder fühlen sich unbehaglich, wenn sie Kollegen außerhalb des Arbeitsplatzes treffen.

Während der letzten zehn Jahre haben viele Arbeitgeber Programme gestartet, in denen Arbeitnehmern durch Berater im Haus oder durch die Überweisung an kompetente Stellen geholfen wird, Probleme wie Alkohol- und Drogenmißbrauch zu überwinden. Heute gibt es auch viele Programme, in denen der Arbeitnehmer sich mit anderen emotionalen Problemen auseinandersetzen sowie bei rechtlichen und finanziellen Schwierigkeiten Rat suchen kann. Obwohl die Berater, die diese Programme durchführen, in der Lage sind, Merkmale von Alkohol- und Drogenmißbrauch zu identifizieren oder auffallende psychische Krankheiten wie Depressionen oder Psychosen, sind ihnen die komplizierteren Symptome der Borderline-Persönlichkeitsstörung wahrscheinlich weniger bekannt. Auch wenn der Vorgesetzte, die Kollegen, der Psychologe oder sogar der Arbeitnehmer selbst sich einiger dysfunktionaler oder störender Verhaltensweisen bewußt sind, wird die Borderline-Persönlichkeit wahrscheinlich nicht zu einem Arzt überwiesen, weil ihre Verhaltensweisen mit den bekannteren Störungen nicht unbedingt klar in Zusammenhang gebracht werden können.

Der zukünftige Arbeitgeber kann bei einem Bewerber, der in der Vergangenheit häufig den Arbeitsplatz gewechselt hat, Borderline-Merkmale vermuten. Die Beendigung der Arbeitsverhältnisse wird häufig mit »persönlichen Konflikten« erklärt (was in der Tat oft zutrifft). Andere berufliche Trennungen können durch eine große Veränderung ausgelöst werden – ein neuer Vorgesetzter, ein neues Computer-System oder eine Veränderung im Aufgabenbereich –, so daß eine sehr strukturierte (vielleicht sogar monotone) Routine gestört wird.

Da die Borderline-Persönlichkeit sehr kreativ und einsatzfreudig sein kann, könnte sie einen sehr wertvollen Mitarbeiter abgeben. Wenn sie auf einer höheren Ebene funktioniert, kann sie lebhaft, stimulierend und inspirierend sein. Die meisten Borderline-Persönlichkeiten funktionieren in einer gut definierten, strukturierten Umgebung, in der die Erwartungen genau abgesteckt sind, optimal.

Die Kollegen kommen mit dem Betroffenen am besten zurecht, wenn sie seine Neigung, die Welt als schwarz oder weiß wahrzunehmen, kennen und sein Bedürfnis nach gut definierten Strukturen akzeptieren. Sie sollten ihn nicht »aufziehen« oder ihm Streiche spielen, da der Betroffene dies häufig falsch auffaßt. Man sollte einschreiten, wenn andere den Betroffenen zur Zielscheibe ihres Spotts machen. Häufige Komplimente für gutgeleistete Arbeit und das nüchterne, nichtverurteilende Aufzeigen von Fehlern mit Vorschlägen zur Verbesserung können dem Betroffenen helfen, im Berufsleben zu funktionieren.

Ähnlich ist es für Arbeitnehmer wichtig, das schwarzweiße Denken einer Borderline-Persönlichkeit, die in der Führungsetage arbeitet, zu erkennen und zu lernen, damit zurechtzukommen. Arbeitnehmer sollten lernen, auf sein wechselhaftes Verhalten mit einem Minimum an verletzten Gefühlen zu reagieren und es zu akzeptieren. Sie sollten vermeiden, Streitfragen durch argumentieren zu lösen, weil Widerspruchsfreiheit für die Borderline-Persönlichkeit nicht immer möglich ist. Sie sollten sich an anderen Stellen in der Firma nach Verbündeten umsehen, um verläßliches Feedback und reelle Bewertung zu erhalten.

Das Freizeitleben mit der Borderline-Persönlichkeit

In der Freizeit ist das Verhalten der Borderline-Persönlichkeit meistens nicht vorhersehbar und oft sehr verwirrend. Sie kann große Schwierigkeiten haben, sich zu entspannen und mit einer großen Ernsthaftigkeit, die überhaupt nicht zu der entspannten Natur der Aktivität paßt, spielen. Es könnte sich beispielsweise um Ihren neuen Tennisdoppelpartner handeln, der auf den ersten Blick recht nett scheint, aber im Verlauf des Spiels immer frustrierter und wütender wird. Obwohl Sie ihn ständig daran erinnern, daß es doch nur ein Spiel ist, wird er aufstampfen, fluchen, den Schläger hinwerfen und schwören, daß er den Sport aufgeben wird. Es könnte der Trainer Ihres Sohnes sein, der gut mit den Kindern arbeiten kann, aber plötzlich den jugendlichen Schiedsrichter anbrüllt oder den eigenen Sohn, den er als Erweiterung seiner selbst sieht, wegen eines Fehlers mit einem Wutausbruch erniedrigt. Obwohl diese Beispiele Borderline-Züge bei manchen Menschen, die eigentlich nicht unter der Borderline-Störung leiden, beschreiben, kann es sich um eine echte Borderline-Persönlichkeit handeln, wenn diese Verhaltensweisen extrem sind oder sich ständig wiederholen.

Die Intensität der Borderline-Persönlichkeit steht ihrer Fähigkeit, sich zu entspannen im Weg. Die Versuche der anderen, humorvoll zu sein, können sie frustrieren und wütend machen. Es ist völlig unmöglich, ihn einmal auf den Arm zu nehmen. Wenn Sie weiterhin mit einem Borderline-Partner Tennis spielen wollen, kann der wohlüberlegte Einsatz der SET-Prinzipien die Erfahrung erträglicher machen.

Wenn die Borderline-Persönlichkeit älter wird

Auf höherer Ebene funktionierende erwachsene Borderline-Persönlichkeiten können erfolgreich im Beruf sein, traditionelle Familienrollen übernehmen und haben einen Grundstock aus Freunden und Stützsystemen. Vielleicht leben sie im allgemeinen in ihrer Nische sogar ein befriedigendes Leben, auch wenn es zu wiederkehrenden Frustrationen mit sich selbst und anderen in dieser Nische kommt.

Auf niedrigerem Niveau funktionierende Borderline-Persönlichkeiten haben Schwierigkeiten, ihren Job und Freunde zu behalten. Familien- und Unterstützungssysteme fehlen ihnen. Sie sind einsamer und verzweifelter und bewohnen »schwarze Löcher« innerhalb ihres persönlichen Universums.

Allen Borderline-Persönlichkeiten ist gemein, daß sie in ihrem Verhalten unvorhersehbar und sprunghaft sind. Dies mag bei einem einsamen, isolierten Menschen offensichtlicher sein, aber jene, dic den zufriedenen Familienvater gut kennen, können auch Unbeständigkeiten in seinem Verhalten entdecken, die der oberflächlichen Rationalität widersprechen. Selbst im Beruf kann der erfolgreiche Geschäftsmann oder Akademiker von jenen, die eng mit ihm zusammen arbeiten, als etwas seltsam, wenn nicht sogar verrückt empfunden werden. Vielleicht können sie nicht genau lokalisieren, was diese Aura des Ungleichgewichts projiziert.

Wenn die Borderline-Persönlichkeit älter wird, kann sich ihr Verhalten in einem gewissen Maß abmildern. Impulsivität, Stimmungsschwankungen und selbstzerstörerisches Verhalten scheinen sich von der Dramatik und Intensität her zu verringern. Dabei könnte es sich um eine objektive Reflexion der Veränderung handeln oder um eine subjektive Einschätzung der Menschen, die mit der Borderline-Persönlichkeit leben und arbeiten. Freunde und Partner haben sich möglicherweise mit der Zeit an ihre sprunghaften Handlungen gewöhnt, sie bemerken die Unerhörtheit des Verhaltens gar nicht mehr oder reagieren nicht darauf.

Vielleicht hat der Betroffene sich an einen routinemäßigeren Lebensstil gewöhnt, bei dem periodische Ausbrüche nicht mehr erforderlich sind – Trinkgelage, Selbstmorddrohungen oder andere dramatische Gesten, um das Gewünschte zu erreichen. Vielleicht verliert die Borderline-Persönlichkeit die Energie, die rasende Geschwindigkeit des Borderline-Lebens aufrechtzuerhalten. Oder vielleicht hat einfach ein natürlicher Heilungsprozeß stattgefunden, der bei manchen Borderline-Persönlichkeiten mit zunehmender Reife einsetzt. Auf jeden Fall können jene, die mit einer Borderline-Persönlichkeit zusammenleben, erwarten, daß die Verhaltensweisen mit der Zeit – vielleicht über einen sehr langen Zeitraum hinweg und manchmal ohne Behandlung – erträglicher werden. Zu diesem Zeitpunkt werden die unvorhersehbaren Reaktionen stärker vorhersehbar und daher leichter zu handhaben sein, und für die Borderline-Persönlichkeit wird es leichter, auf gesündere Weise zu lieben und geliebt zu werden.

Anhang A

Die Achsen des DSM-III-R

Dieser Anhang listet die diagnostischen Kategorien für psychische Störungen auf, wie sie offiziell vom *Diagnostic and Statistical Manual of Mental Disorders*, dritte, überarbeitete Ausgabe (Washington, D.C.: American Psychiatric Association, 1987) anerkannt werden.

Diagnosen der Achse I

Die folgende, partielle Liste der Diagnosen der Achse I enthält hauptsächlich »Zustands«-Störungen (siehe Kapitel 2).

Störungen, die gewöhnlich zuerst im Kleinkindalter, in der Kindheit oder in der Adoleszenz auftreten:

- Expansive Verhaltensstörungen
  - Aufmerksamkeits- und Hyperaktivitäts-Störung
  - Verhaltensstörung
- Angststörungen
- Eßstörungen
  - Anorexia nervosa
  - Bulimia nervosa
- Tic-Störungen
  - Tourette-Störung

Organisch bedingte psychische Störungen:
- Demenzen (treten im Senium und Präsenium auf)
  - Alzheimersche Krankheit

Störungen durch psychotrope Substanzen:
- Alkoholabhängigkeit/-mißbrauch
- Amphetaminabhängigkeit/-mißbrauch
- Cannabisabhängigkeit/-mißbrauch
- Kokainabhängigkeit/-mißbrauch
- Halluzinogenabhängigkeit/-mißbrauch
- Opiatabhängigkeit/-mißbrauch

Schizophrenie:
- Katatonischer Typus
- Desorganisierter Typus
- Paranoider Typus
- Undifferenzierter Typus

Psychotische Störungen, die nicht andernorts klassifiziert sind:
- Kurze reaktive Psychosen
- Schizophreniforme Störung
- Schizoaffektive Störung

Affektive Störungen:
- Bipolare Störungen
- Depressive Störungen
  - Große (Major) Depressionen
  - Dysthyme Störungen
  - Depressive Störungen (NNB = nicht näher bekannt)

Angststörungen:
- Panikstörung
- mit/ohne Agoraphobie
- Soziale Phobie
- Einfache Phobie
- Zwangsstörung

Posttraumatische Belastungsstörung
Generalisierte Angststörung

Somatoforme Störungen:
Hypochondrie
Konversionsstörung
Somatisierungsstörung
Somatoforme Schmerzstörung

Dissoziative Störungen:
Multiple Persönlichkeitsstörung
Psychogene Amnesie

Sexuelle Störungen:
Exhibitionismus
Fetischismus
Voyeurismus
Pädophilie
Störung der Erektion beim Mann
Gehemmter Orgasmus bei der Frau/beim Mann
Ejakulatio Praecox
Sexueller Masochismus
Sexueller Sadismus

Schlafstörungen:
Schlaflosigkeit (Insomnie)
Hypersomnie

Psychophysiologische (Vorgetäuschte) Störungen:
mit körperlichen Symptomen
mit psychischen Symptomen

Störungen der Impulskontrolle:
Intermittierende explosive Störung
Kleptomanie

Pathologisches Spielen
Pyromanie

Anpassungsstörungen:
mit ängstlicher Gestimmtheit
mit depressiver Verstimmung
mit verhaltensbezogenen Beeinträchtigungen
mit körperlichen Beschwerden

Störungen der Achse II (vollständige Liste)

Diese Störungen der Achse II sind Entwicklungs- und Persönlichkeits- (»Charakter«-)Störungen.

Gruppe A (Der Betroffene erscheint seltsam und exzentrisch.)
Paranoide Persönlichkeitsstörungen
Schizoide Persönlichkeitsstörungen
Schizotypische Persönlichkeitsstörungen

Gruppe B (Der Betroffene scheint dramatisch, emotional oder sprunghaft.)
Antisoziale Persönlichkeitsstörungen
Borderline-Persönlichkeitsstörungen
Histrionische Persönlichkeitsstörungen (Entsprechen in vielen Punkten der »klassischen Hysterie«. Die Bezeichnung »histrionisch« ist der amerikanischen DSM-III-R entnommen.)
Narzißtische Persönlichkeitsstörungen

Gruppe C (Der Betroffene scheint ängstlich oder furchtsam.)
Selbstunsichere Persönlichkeitsstörungen
Dependente Persönlichkeitsstörungen
Zwanghafte Persönlichkeitsstörungen
Passiv-aggressive Persönlichkeitsstörungen
(Persönlichkeitsstörungen NNB)

Anhang B

Die Entwicklung des Borderline-Syndroms

Das Konzept der Borderline-Persönlichkeit ist hauptsächlich durch die theoretischen Formulierungen psychoanalytischer Autoren entstanden. Die aktuellen DSM-III-R-Kriterien – beobachtbare, objektive und statistisch verläßliche Grundsätze für die Definition dieser Störung – stammen aus den abstrakteren, spekulativen Schriften psychoanalytischer Theoretiker der letzten achtzig Jahre.

Freud

Zu Freuds Zeit, um die Jahrhundertwende, war die Psychiatrie ein Zweig der Medizin, der eng mit der Neurologie zusammenhing. Psychische Syndrome wurden durch direkt beobachtbares Verhalten definiert, im Gegensatz zu den nicht beobachtbaren, geistigen oder »unbewußten« Mechanismen. Die meisten Formen geistiger Erkrankungen wurden neurophysiologischen Abweichungen zugeschrieben.

Obwohl Freud selbst ein erfahrener Neurophysiologe war, ging er seelische Probleme auf unterschiedliche Weise an. Er entwickelte das Konzept des Unbewußten und setzte damit eine Reihe von psychologischen – an Stelle von physiologischen – Untersuchungen in Gang. Dennoch war er überzeugt, daß schließlich physiologische Mechanismen aufgedeckt werden würden, die mit seinen psychologischen Theorien übereinstimmen würden.

Neunzig Jahre nach Freuds Arbeit, die einen Meilenstein in der Psychologie bedeutet, hat sich der Kreis fast geschlossen: Heute werden diagnostische Klassifikationen wieder durch beobachtbare Phänomene definiert, und neue Grenzbereiche der Forschung bei den Borderline-Fällen und anderen Arten geistiger Erkrankungen untersuchen wieder neurophysiologische Faktoren (siehe Kapitel 3), aber die Wirkung von psychischen und Umweltsfaktoren wird dabei nicht verringert.

Freuds Erklärung des Unbewußten ist die Grundlage der Psychoanalyse. Er glaubte, daß die Psychopathologie aus dem Konflikt zwischen primitiven, unbewußten Impulsen und dem Bedürfnis des Bewußtseins, diese verabscheuungswürdigen, unannehmbaren Gedanken daran zu hindern, ins Bewußtsein einzudringen, resultierte. Zuerst setzte er die Hypnose ein und später die »freie Assoziation« und andere klassische psychoanalytische Techniken, um diese Theorien zu erforschen.

Ironischerweise wollte Freud die Psychoanalyse in erster Linie als Forschungswerkzeug einsetzen und nicht als Behandlungsform. Seine farbigen Fallgeschichten – »Der Rattenmann«, »Der Wolfsmann«, »Kleiner Hans«, »Anna O« usw. – wurden veröffentlicht, um diese sich entwickelnden Theorien zu unterstützen, und nicht nur, um die Psychoanalyse als Behandlungsmethode zu fördern. Viele Psychiater heute glauben, daß Patienten, von denen Freud glaubte, sie litten unter Hysterie und anderen Arten der Neurose, heute klar als Borderline-Fälle identifiziert werden würden.

Psychoanalytische Verfasser nach Freud

Psychoanalytiker, die Freud folgten, waren die Hauptbeitragenden für das moderne Konzept des Borderline-Syndroms. 1925 beschrieb Wilhelm Reich in *The Impulsive Character* Versuche, die Psychoanalyse auf bestimmte charakterologische Störungen anzuwenden, denen er in seiner Klinik begegnete. Er fand heraus, daß der »impulsive Charakter« oft gleichzeitig in zwei scharf kontrastierende Gefühlszustände eingetaucht war, aber nicht in der Lage war, diese Zustände nicht ohne offensichtliches Unbehagen über den Spaltungsmechanismus aufrechtzuerhalten – ein Konzept, das für alle nachfolgenden Theorien über das Borderline-Syndrom von zentraler Bedeutung war, besonders für Kernberg (siehe unten).[1]

In den späten zwanziger und frühen dreißiger Jahren untersuchten die Anhänger der britischen Psychoanalytikerin Melanie Klein die Fälle vieler Patienten, die eben außerhalb der Reichweite der Psychoanalyse zu liegen schienen. Die Kleinianer konzentrierten sich auf psychologische im Gegensatz zu biologisch-anlagebedingten Faktoren.

Der Begriff *Borderline* wurde zum ersten Mal 1938 von Adolph Stern geprägt, um eine Gruppe von Patienten zu beschreiben, die nicht in die primären diagnostischen Klassifikationen der »Neurosen« und »Psychosen« zu passen schienen.[2] Diese Patienten waren offenbar kränker als neurotische Patienten – in der Tat »zu krank für die klassische Psychoanalyse« –, aber dennoch interpretierten sie die reale Welt nicht wie die psychotischen Patienten ständig falsch. Obwohl sie wie Neurotiker eine große Auswahl an Angstsymptomen zeigten, hatten neurotische Patienten meistens ein solideres, beständigeres Identitätsgefühl und setzten reifere Mechanismen ein, um damit zurechtzukommen.

Während der vierziger und fünfziger Jahre erkannten andere Psychoanalytiker eine Patientenpopulation, auf die die vorhandenen pathologischen Beschreibungen nicht paßten. Einige Patienten schienen neurotisch oder unter leichten Symptomen zu leiden, aber wenn sie eine traditionelle Psychotherapie begannen, speziell eine Psychoanalyse, »enträtselten« sie sich. Auf ähnliche Weise verschärfte auch eine Krankenhauseinweisung die Symptome und verstärkte das infantile Verhalten und die Abhängigkeit von Therapeut und Krankenhaus.

Andere Patienten schienen schwer psychotisch und wurden oft als schizophren eingestuft, um dann innerhalb kürzester Zeit plötzlich und unerwartet zu gesunden. (Eine solch dramatische Verbesserung steht im Widerspruch zum üblichen Verlauf.) Wieder andere Patienten zeigten Symptome, die an Depressionen erinnerten, aber ihre radikalen Stimmungsschwankungen paßten nicht zum üblichen Profil der depressiven Störungen.

Psychologische Tests bestätigten ebenfalls die Gegenwart einer neuen, einzigartigen Klassifikation. Bestimmte Patienten schnitten bei strukturierten, psychologischen Tests normal ab (beispielsweise bei Intelligenztests), aber bei unstrukturierten Projektionstests (beispielsweise beim Rorschach-Test, bei dem Tintenbilder bewertet werden) ähnelten ihre Reaktionen viel stärker denen psychotischer Patienten, die Denkweisen und Phantasien auf einem zurückgebildeten, kindlicheren Niveau zeigten.

In der Zeit nach dem Krieg richtete die Psychoanalyse ihre Aufmerksamkeit auf verschiedene Aspekte des Syndroms und versuchte eine kurze Beschreibung zu entwickeln. In vielerlei Hinsicht ähnelte diese Situation der alten Geschichte von den Blinden, die um einen Elefanten herumstanden und versuchten, durch die Berührung verschiedener Körperteile festzustellen, um welches Tier es sich handelt. Natürlich beschrieb jeder ein anderes Tier, was jeweils davon abhing, welchen Teil er berührte. Ähnlich waren die Forscher in der Lage, verschiedene Aspekte des Borderline-Syndroms zu erkennen und zu identifizieren, aber sie konnten die Störung nicht in ihrer Gesamtheit fassen. Viele Wissenschaftler (Zilboorg, Hoch und Polatin, Bychowski und andere)[3] und das DSM-II (1968)[4] befaßten sich mit den schizophrenieähnlichen Aspekten der Störung und verwandten zur Beschreibung dieser Patienten Begriffe wie »ambulatorische Schizophrenie«, »präschizophren«, »pseudo-neurotische Schizophrenie« und »latente Schizophrenie«. Andere konzentrierten sich auf das Fehlen eines beständigen Kernidentitätsgefühl bei diesen Patienten. 1942 beschrieb Helene Deutsch eine Gruppe von Patienten, die ein inneres Gefühl von Leere durch eine chamäleonhafte Änderung ihrer inneren und äußeren emotionalen Erfahrungen überwanden, um sich den Menschen und Situationen, mit denen sie im Moment konfrontiert wurden, anzupassen. Sie bezeichnete diese Neigung, die Eigenschaften anderer anzunehmen, um damit ein Mittel zu haben, mit dem sie Liebe gewinnen oder behalten konnten, als die »als ob-Persönlichkeit«.[5]

1953 belebte Robert Knight den Begriff Borderline in seiner Bewertung der »Borderline-Zustände« neu.[6] Er erkannte, daß bestimmte Patienten, obwohl sie ausgesprochen unterschiedliche Symptome zeigten und mit verschiedenen Diagnosen kategorisiert wurden, dennoch eine gemeinsame Pathologie ausdrückten.

Nachdem Knights Arbeiten veröffentlicht worden waren, wurde der Begriff Borderline populärer, und die Möglichkeit, Sterns allgemeines Borderline-Konzept als Diagnose zu verwenden, wurde stärker akzeptiert. 1968 definierten Roy Grinker und seine Kollegen vier Untertypen des Borderline-Patienten: 1. eine schwer leidende Gruppe, die an der Grenze zur Psychose lag, 2. eine »Kern-Borderline«-Gruppe mit stürmischen zwischenmenschlichen Beziehungen, intensiven Gefühlszuständen und Einsamkeit, 3. eine »als ob«-Gruppe, die sich leicht von anderen beeinflussen ließ und der eine stabile Identität fehlte und 4. eine leicht beeinträchtigte Gruppe mit geringem Selbstvertrauen, die an das neurotische Ende des Spektrums grenzte.[7]

Dennoch war trotz all dieser ausgedehnten, bahnbrechenden Arbeiten die Diagnose der Borderline-Persönlichkeit unter Psychiatern immer noch unklar. Von vielen wurde sie als »Papierkorb-Diagnose« betrachtet. Dort konnte man jene Patienten »abladen«, die man nicht verstand, die sich der Therapie widersetzten oder deren Zustand sich einfach nicht besserte. Diese Situation blieb bis weit in die siebziger Jahre hinein unverändert.

Als die Borderline-Persönlichkeit genauer definiert wurde und sich von anderen Syndromen unterscheiden ließ, wurden Versuche unternommen, den zweideutigen Namen zu ändern. Während der Entwicklung des DSM-III wurde kurz der Begriff »ungefestigte Persönlichkeit« in Betracht gezogen. Die Borderline-Charakterpathologie ist jedoch relativ fest und trotz ihres Chaos gleichbleibend

– sie ist in ihrer Instabilität vorausschaubar stabil. Als Ersatz wurden keine anderen Namen vorgeschlagen.

In den siebziger Jahren entwickelten sich zwei wichtige geistige Richtungen, um einen beständigen Satz an Kriterien für die Definition des Borderline-Syndroms zu entwerfen. Wie einige andere Disziplinen in den Natur- und Sozialwissenschaften war die Psychiatrie ideologisch in zwei Hauptlager gespalten – die eine stärker konzept-orientiert und die andere stärker von dem beschreibenden, beobachtbaren Verhalten beeinflußt, das sich leichter überprüfen und unter Laborbedingungen untersuchen ließ.

Die empirische Schule, die von John Gunderson von der Harvard-Universität angeführt und der von vielen Wissenschaftlern der Vorrang gegeben wurde, entwickelte eine strukturierte, stärker auf der Verhaltensforschung beruhende Definition, die auf beobachtbaren Kriterien beruht und daher für Forschung und Studium leichter zugänglich ist. Diese Definition ist die am weitesten akzeptierte und wurde 1980 vom DSM-III übernommen (siehe Kapitel 2).

Die andere, stärker konzept-orientierte Schule, die von Otto Kernberg von der Cornell-Universität angeführt wird und die von vielen Psychoanalytikern bevorzugt wird, schlägt eine stärker psychostrukturelle Methode zur Beschreibung des Syndroms vor. Diese beruht auf der intrapsychischen Funktion und auf Abwehrmechanismen und nicht so sehr auf offenkundigen Verhaltensweisen

Kernbergs »Borderline-Persönlichkeitsorganisation«

1967 stellte Otto Kernberg sein Konzept der Borderline-Persönlichkeitsorganisation vor, ein weitreichenderes Konzept als die Borderline-Persönlichkeitsstörung des DSM-III. Kernbergs Begriff stellt die Borderline-Persönlichkeitsorganisation genau in die Mitte zwischen neurotischer und psychotischer Persönlichkeitsorganisation.[8] Ein Patient mit einer Borderline-Persönlichkeitsorganisation, wie von Kernberg definiert, ist weniger beeinträchtigt als ein Psychotiker, bei dem die Wahrnehmung der Realität stark verzerrt ist, so daß eine normale Funktion unmöglich gemacht wird. Andererseits ist der Betroffene stärker behindert als ein Mensch mit einer neurotischen Persönlichkeitsorganisation, der unerträgliche Angst als Resultat emotionaler Konflikte erfährt. Die Identitätswahrnehmung des Neurotikers und sein System von Abwehrmechanismen ist meistens anpassungsfähiger als die des Borderline-Patienten.

Die Borderline-Persönlichkeitsorganisation umfaßt auch andere (charakterologische) Störungen der Achse II wie paranoide, schizoide, antisoziale, histrionische und narzißtische Persönlichkeitsstörungen. Außerdem zählen dazu obsessiv-zwanghafte und chronische Angststörungen, Hypochondrie, Phobien, sexuelle Perversionen und dissoziative Reaktionen (beispielsweise die multiple Persönlichkeitsstörung).

In Kernbergs System machen die Patienten, bei denen zur Zeit die Diagnose einer Borderline-Persönlichkeitsstörung gestellt wird, nur etwa 10 bis 25 Prozent der Patienten aus, die als Borderline-Persönlichkeitsorganisationen klassifiziert werden. Ein Patient mit der Diagnose einer Borderline-Persönlichkeitsstörung liegt innerhalb der gesamten Diagnose der Borderline-Persönlichkeitsorganisation auf einem niedrigfunktionierenden Niveau von großer Schwere.

Obwohl Kernbergs System von der American Psychiatric Association nicht offiziell übernommen wurde, hat seine Arbeit als theoretisches Modell für praktizierende Ärzte und Forscher enormen Einfluß gehabt und übt diesen immer noch aus. Allgemein betont Kernbergs Schema die abgeleiteten, inneren Mechanismen, die nachfolgend beschrieben werden:

Wechselndes Realitätsgefühl:

Wie Neurotiker sind Borderline-Patienten die meiste Zeit über in Kontakt mit der Realität; unter Streß kann sich der Betroffene in einen kurzen psychotischen Zustand zurückentwickeln. (Dieser Zug wird im DSM-III-R nicht als offizielles Kriterium der Bor-

derline-Persönlichkeitsstörung anerkannt, ist aber in Gundersons Konzept miteingeschlossen. Er wurde als neuntes Kriterium vorgeschlagen, aber nicht angenommen.)
Marie, eine neunundzwanzigjährige verheiratete Frau, begab sich wegen wachsender Depressionen und ehelicher Disharmonie in die Therapie. Marie, eine intelligente, attraktive Frau, war während der acht Sitzungen völlig ruhig. Eifrig stimmte sie einem gemeinsamen Gespräch mit ihrem Mann zu, aber während der Sitzung wurde sie laut und streitlustig, was für sie eigentlich nicht charakteristisch war. Sie ließ die Fassade von Selbstbeherrschung fallen und begann, ihren Mann wegen angeblicher Treulosigkeit zu beschimpfen. Sie beschuldigte den Therapeuten, sich auf die Seite ihres Mannes zu schlagen (»Ihr Männer haltet immer zusammen!«) und beschuldigte beide, sich gegen sie zu verschwören. Der plötzliche Übergang von einer entspannten, leicht depressiven Frau zu einer zornigen Paranoiden ist für die sich schnell verändernden Grenzen der Realität, wie man sie bei Borderline-Patienten beobachtet, recht charakteristisch.

Nichtspezifische Funktionsschwächen:
Borderline-Menschen haben große Schwierigkeiten, Frustrationen zu tolerieren und mit Angst zurechtzukommen. In Kernbergs System ist impulsives Verhalten der Versuch, diese Spannung zu zerstreuen. Die Betroffenen haben außerdem defekte Mechanismen für die Sublimation, das heißt, sie sind nicht in der Lage, Frustrationen und Unbehagen auf sozial anpassungsfähige Art zu kanalisieren. Obwohl die Borderline-Persönlichkeit starkes Mitgefühl, Wärme und Schuldgefühle zeigen kann, sind diese Zurschaustellungen oft mechanische, eher manipulierende Gesten, die nur vorgetäuscht werden, und nicht der wahre Ausdruck von Gefühlen. Tatsächlich kann die Borderline-Persönlichkeit sich so verhalten, als ob sie einen dramatischen Ausbruch, der Augenblicke vorher stattgefunden hat, völlig vergessen hat, ähnlich wie ein Kind, das nach einem Trotzanfall plötzlich wieder lacht.

Primitives Denken:

Borderline-Menschen können an einem strukturierten Arbeitsplatz gut ihre Pflichten erfüllen, aber unter der Oberfläche bestehen schwere Selbstzweifel, Argwohn und Ängste weiter fort. Die inneren Denkprozesse dieser Menschen können überraschend einfach und ursprünglich sein, verborgen hinter einer stabilen Fassade von erlernten und eingeübten Gemeinplätzen. Jeder Umstand, der die schützende Struktur des Betroffenen durchbricht, kann eine Flut chaotischer Leidenschaften, die im Innern versteckt sind, freisetzen. Das Beispiel von Marie (oben) illustriert diesen Punkt.

Psychologische Projektionstests offenbaren ebenfalls die primitiven Gedankenprozesse der Borderline-Persönlichkeit. Diese Tests – etwa der Rorschach-Test und der thematische Apperzeptionstest (TAT) – locken Assoziationen auf zweideutige Reize hervor, beispielsweise auf Klecksbilder oder Bilder, um die herum der Patient eine Geschichte erfinden soll. Borderline-Reaktionen ähneln typischerweise den Reaktionen von Schizophrenen und anderen psychotischen Patienten. Anders als die koherenten, organisierten Reaktionen, die man normalerweise bei neurotischen Patienten beobachtet, beschreibt die Borderline-Persönlichkeit oft bizarre, primitive Bilder – der Betroffene sieht möglicherweise wilde Tiere, die einander auffressen, während der Neurotiker einen Schmetterling sieht.

Primitive Abwehrmechanismen:

Durch den Spaltungsmechanismus (siehe Kapitel 2 und 3) nimmt die Borderline-Persönlichkeit eine Welt von Extremen wahr – eine Sichtweise, in der Menschen und Objekte entweder gut oder schlecht sind, freundlich oder feindlich, geliebt oder gehaßt –, um der Angst zu entgehen.

In Kernbergs Konzept führt die Spaltung oft zum »magischen Denken«: Aberglaube, Phobien, Obsessionen und zwanghaftes Verhalten werden als Talisman eingesetzt, um unbewußte Ängste abzuwehren. Die Spaltung führt auch zu sekundären Abwehrmechanismen:

- Primitive Idealisierung – ein Mensch oder Objekt wird in eine »gute« Kategorie plaziert, um die Angst zu vermeiden, die das Erkennen von Fehlern in diesem Menschen begleitet.
- Abwertung – die unerbittlich negative Sichtweise eines Menschen oder eines Objekts, das Gegenteil von der Idealisierung. Mit diesem Mechanismus vermeidet die Borderline-Persönlichkeit Schuldgefühle durch ihren Zorn – der »böse« Mensch verdient ihn voll und ganz.
- Omnipotenz – das Gefühl von grenzenloser Macht. Der Betroffene meint, nicht versagen zu können. Bisweilen meint er sogar, nicht sterben zu müssen. (Omnipotenz ist auch ein häufiger Zug in der narzißtischen Persönlichkeit.)
- Projektion – bestimmte Züge werden als unakzeptabel für das Ich verleugnet und anderen zugesprochen.
- Projizierende Identifikation – eine komplexere Form der Projektion, in der der Projizierende eine bestehende, manipulierende Verwicklung mit einem anderen Menschen, der das Objekt der Projektion ist, fortsetzt. Der andere »trägt« diese unannehmbaren Charakteristika für den Projizierenden, der wiederum daran arbeitet, sie weiter fortbestehen zu lassen.

Mark beispielsweise, ein junger, verheirateter Mann, wurde als Borderline-Persönlichkeit diagnostiziert. Er empfindet seine eigenen sadistischen und zornigen Impulse als unannehmbar und projiziert sie auf seine Frau Sabine. Sabine wird dann von Mark (in seiner schwarzweißen Denkweise) als zornige Frau wahrgenommen. All ihre Aktionen werden als sadistisch interpretiert. Unbewußt provoziert er sie, um wütende Reaktionen bei ihr hervorzurufen, damit seine Projektionen bestätigt werden. Mark fürchtet sich vor Sabine, aber kontrolliert sie gleichzeitig.

Pathologische Selbstauffassung:
Die »Identitätsdiffusion« beschreibt Kernbergs Konzept des feh-

lenden Kernidentitätsgefühls bei der Borderline-Persönlichkeit. Die Identität der Borderline-Persönlichkeit hat etwa die Konsistenz von Wackelpudding: Sie kann in jede beliebige Form gebracht werden, aber sie rinnt durch die Finger, wenn man versucht, sie festzuhalten. Dieses Fehlen von Substanz führt direkt zu den Identitätsstörungen, die im Kriterium 6 der DSM-III-Beschreibung von Borderline-Persönlichkeitsstörungen umrissen wurde (siehe Kapitel 2).

Pathologische Auffassung von anderen:
So wie die »Identitätsdiffusion« das Fehlen eines stabilen Ichkonzepts beim Borderline-Patienten beschreibt, bezieht sich »Objekt-Inkonsistenz« auf das Fehlen eines stabilen Konzepts von anderen. So wie die eigene Selbstachtung von den aktuellen Umständen abhängt, stützt die Borderline-Persönlichkeit ihre Haltung einem anderen Menschen gegenüber auf die letzte Begegnung und nicht auf eine stabilere und anhaltendere Wahrnehmung, die in einer beständigen, zusammenhängenden Serie von Erfahrungen begründet ist.
Oft ist die Borderline-Persönlichkeit nicht in der Lage, an der Erinnerung an einen Menschen oder ein Objekt festzuhalten, wenn er, sie oder es nicht gegenwärtig ist. Wie ein Kind, das sich an ein Übergangsobjekt, das die beruhigende Mutterfigur darstellt, hält (wie Linus mit seiner Schmusedecke), verwendet die Borderline-Persönlichkeit Objekte, etwa Bilder und Kleidungsstücke, um die Anwesenheit eines anderen Menschen zu simulieren. Wenn der Betroffene beispielsweise für kurze Zeit von zu Hause getrennt ist, nimmt er viele persönliche Objekte als beruhigende Erinnerung an zu Hause mit sich. Teddybären und andere Kuscheltiere begleiten ihn ins Bett, und Fotos der Familie werden sorgfältig im Zimmer verteilt. Wenn ein Mann allein zu Hause bleibt, während seine Frau verreist, starrt er häufig voller Verlangen ihr Bild und ihren Kleiderschrank an, riecht an ihrem Kissen und so weiter.

Für viele Borderline-Menschen ist das Sprichwort »Aus den Augen, aus dem Sinn« eine quälende Wahrheit. Panik setzt ein, wenn der Betroffene von einem geliebten Menschen getrennt wird, weil die Trennung permanent scheint. Da die Erinnerung nicht ausreichend genutzt werden kann, um ein Bild zu erhalten, vergißt die Borderline-Persönlichkeit, wie das Objekt seines Interesses aussieht, sich anhört, sich anfühlt. Um diesem panikhaften Gefühl von Verlassenwerden und Einsamkeit zu entgehen, versucht der Betroffene verzweifelt, sich anzuklammern – er ruft an, schreibt Briefe und setzt viele Mittel ein, um den Kontakt aufrechtzuerhalten.

Weitere Informationen:

Die folgenden Organisationen in den USA bieten Materialien, Dienstleistungen und Informationen für Verbraucher über die Borderline-Persönlichkeitsstörung und psychotherapeutische Beratung im allgemeinen an.

National Alliance for the Mentally Ill
1901 North Fort Myer Drive
Suite 500
Arlington, Virginia 22209

National Mental Health Consumers' Association
311 South Junpier Street
Room 902
Philadelphia, PA 19107

In der Bundesrepublik Deutschland ist es aufgrund der schwierigen Diagnostik ratsam, sich an psychotherapeutisch geschulte ÄrztInnen oder an PsychologInnen zu wenden.

Anmerkungen und Literatur

1 Die Welt der Borderline-Persönlichkeit

1 A. Loranger, J./Oldham/E. Tulis: »Familial Transmission of DSM-III Borderline Personality Disorder«, *Archives of General Psychiatry* 39, 1982: S. 795-799.
Miron Baron u.a.: »Familial Transmission of Schizotypal and Borderline Personality Disorders«, *American Journal of Psychiatry* 142, 1985: S. 927-934.

2 John G. Gunderson: *Borderline Personality Disorder* Washington, D.C.: American Psychiatric Press, 1984
Nach kompetenter Schätzung sind in der BRD (ohne die neuen Bundesländer) ungefähr 30-70% der Psychotherapie-Patienten Borderline-Fälle. (Aus: Konrad Stauss: *Die stationäre transaktionsanalytische Behandlung des Borderline-Syndroms*. Grönenbach 1988.

3 Minna R. Fyer u.a.: »Comorbidity of Borderline Personality Disorder«, *Archives of General Psychiatry* 45, 1988: S. 348-352.

4 Craig Johnson/David Tobin/Amy Enright: »Prevalence and Clinical Characteristics of Borderline Patients in an Eating-Disordered Population«, *Journal of Clinical Psychiatry* 50, 1989: S. 9-15.

5 Edgar P. Nace, J. Saxon und N. Shore, »A Comparison of Borderline and Non-Borderline Alcoholic Patients«, Archives of General Psychiatry 40, 1983: S. 54-56.
David J. Inman/Loy O. Bascue/Thomas Skoloda: »Identification of Borderline Personality Disorders Among Substance Abuse Inpatients«, *Journal of Substance Abuse Treatment* 2, 1985: S. 229-232.

6 Michael H. Stone/David K. Stone/Stephen W. Hurt: »Natural History of Borderline Patients Treated by Intensive Hospitalization«, *Psychiatric Clinics of North America* 10, 1987: S. 185-206.

7 American Psychiatric Association: *Diagnostic and Statistical Manual of Mental Disorders*, 3. überarbeitete Ausgabe, Washington, D.C.: American Psychiatric Association, 1987: S. 346-347.

8 Craig Johnson/David Tobin/Amy Enright: »Prevalence and Clinical Characteristics of Borderline Patients in an Eating-Disordered Population«, *Journal of Clinical Psychiatry* 50, 1989: S. 9-15.

9 Ebda.
Jeffrey B. Bryer u.a.: »Childhood Sexual and Physical Abuse as Factors in Adult Psychiatric Illness«, *American Journal of Psychiatry* 144, 1987: S. 426-430.

10 John G. Gunderson, 1984.

11 Hagop S. Akiskal: »Subaffective Disorders: Dysthymic, Cyclothymic, and Bipolar II Disorders in the Borderline Realm«, *Psychiatric Clinics of North American* 4, 1981: S. 25-46.

12 Margaret S. Mahler/Fred Pine/Anni Bergman: *Die psychische Geburt des Menschen* Frankfurt am Main: Fischer 1978.

13 Katherine A. Henry/Carl I. Cohen: »The Role of Labeling Processes in Diagnosing Borderline Personality Disorder«, *American Journal of Psychiatry* 140, 1983: S. 1527-1529.

14 Ebda.

15 Ricardo Castaneda/Hugo Franco: »Sex and Ethnic Distributions of Borderline Personality Disorders in an Inpatient Sample«, *American Journal of Psychiatry* 142, 1985: S. 1202-1203.

16 Thomas H. McGlashan: »The Chestnut Lodge Follow-Up Study III, Longterm Outcome of Borderline Personalities«, *Archives of General Psychiatry* 43, 1986: S. 20-30.

17 Ebda.
Joel Sadavoy/Barbara Dorian: »Treatment of the Elderly Characterologically Disturbed Patient in the Chronic Care Institution«, *Journal of Geriatric Psychiatry* 16, 1983: S. 223-240.
Daniel J. Siegel/Gary W. Small: »Borderline Personality Disorder in the Elderly: A Case Study«, *Canadian Journal of Psychiatry* 31, 1986: S. 859-860.

18 Louis Sass: »The Borderline Personality«, *New York Times Magazine*, 22. August 1982.

2 Chaos und Leere

1 Owen D. Buck: »Multiple Personality as a Borderline State«, *The Journal of Nervous and Mental Disease* 171, 1983: S. 62-65.
David G. Benner/Brenda Joscelyne: »Multiple Personality and Borderline Personality Disorder«, *The Journal of Nervous and Mental Disease* 172, 1984: S. 98-104.
William F. Clary/Kenneth J. Burstin/John S. Carpenter: »Multiple Personality and Borderline Personality Disorder«, *Psychiatric Clinics of North America* 7, 1984: S. 89-99.

2 E.L. Bliss: »Multiple Personality: A Report of 14 Cases with Implications for Schizophrenia and Hysteria«, *Archives of General Psychiatry* 36, 1980: S. 1388-1397.
Richard P. Horevitz/Bennett G. Braun: »Are Multiple Personalities Borderline?«, *Psychiatric Clinics of North America* 7, 1984: S. 69-87.

3 Vicki Westherford: Rede auf der Jahresversammlung der American Psychiatric Association, Mai 1988.

4 Edgar P. Nace, 1983: S. 54-56.
David J. Inman, 1985: S. 229-232.

5 Hilde Bruch: »Four Decades of Eating Disorders« in *Handbook of Psychotherapy for Anorexia and Bulimia*, Herausgeber David M. Garner und Paul E. Garfinkle, New York: Guilford Press, 1985, S. 7-18.

6 Craig Johnson/David Tobin/Amy Enright: »Prevalence and Clinical Characteristics of Borderline Patients in an Eating-Disordered Population«, *Journal of Clinical Psychiatry 50, 1989: S. 9-15*.

7 Regina C. Casper u.a.: »Bulimia: Its Incidence and Clinical Importance in Patients with Anorexia Nervosa«, *Archives of General Psychiatry* 37, 1980: S. 1030-1035.

8 Centers for Disease Control: *Suicide Surveillance, 1970-1980*, Atlanta: U.S. Dept. of Health and Human Services, 1985.
D. Shaffer/P. Fisher: »The Epidemiology of Suicide in Children and Young Adolescents«, *Journal of the American Academy of Child Psychiatry* 20, 1981: S. 545-565.

9 Gerald L. Klerman: »Clinical Epidemiology of Suicide«, *Journal of Clinical Psychiatry* 48 Beilage, 1987: S. 33-53.

10 American Psychiatric Association, DSM-III-R, 1987: S. 346-347.

11 John G. Gunderson/Margaret T. Singer: »Defining Borderline Patients: An Overview«, *American Journal of Psychiatry* 132, 1975: S. 1-10.

12 John G. Gunderson/Jonathan E. Kolb: »Discriminating Features of Borderline Patients«, *American Journal of Psychiatry* 135, 1978: S. 792-796.

13 Octavio Paz, *The Endless Instant* 1966.

14 Elisabeth Nowell, *Thomas Wolfe, A Biography* New York: Doubleday, 1960: S. 167.

15 Norman Mailer, *Marilyn Monroe* München: Droemer Knaur, 1973/1976: S. 126.

16 Ebda.: S. 158.

17 George S. Zubenko u.a.: »Sexual Practices Among Patients with Borderline Personality Disorder«, *American Journal of Psychiatry* 144, 1987: S. 748-752.

18 Graham Greene: *Eine Art Leben* Wien/Hamburg: Zsolnay, 1971.

19 Norman Rosten: *Marilyn: An Untold Story* New York: New American Library, 1967: S. 112.

20 Gloria Steinem: *Marilyn* New York: New American Library, 1986: S. 154.

3 Die Wurzeln des Borderline-Syndroms

1 James F. Masterson: *The Narcissistic and Borderline Disorders: an Integrated Developmental Approach* New York: Brunner/Mazell, 1981: S. 131-133.

2 Margaret S. Mahler, 1978.

3 Ein Brief von T.E. Lawrence an Charlotte Shaw vom 18. August 1927, wie zitiert von John E. Mack: *A Prince of Our Disorder: The Life of T.E. Lawrence* Boston: Little, Brown and Co., 1976: S. 31.

4 Norman Mailer, 1973: S. 27/28.

5 Ebda.: S. 51.

6 Norman Rosten, 1967: S. 89.

7 John G. Gunderson/John Kerr/Diane Woods Englund: »The Families of Borderlines: A Comparative Study«, *Archives of General Psychiatry* 37, 1980: S. 27-33.
Hallie Frank/Joel Paris: »Recollections of Family Experience in Borderline Patients«, *Archives of General Psychiatry* 38, 1981: S. 1031-1034.
Ronald B. Feldman/Herta A. Guttman: »Families of Borderline Patients: Literal Minded Parents, Borderline Parents, and Parental Protectiveness«, *American Journal of Psychiatry* 141, 1984: S. 1392-1396.

8 Stewart A. Montgomery: »The Psychopharmacology of Borderline Disorders«, *ACTA of Psychiatry of Belgium* 87 Beilage, 1987: S. 260-266.

9 Paul H. Soloff: *Journal of Clinical Psychiatry* 48 Beilage, 1987: S. 13.

10 Paul A. Andrulonis u.a.: »Organic Brain Dysfunction and the Borderline Syndrome«, *Psychiatric Clinics of North America* 4, 1980: S. 47-66.

11 Scott Snyder/W.N. Pitts Jr.: »Electroencephalography of DSM III Borderline Personality Disorder«, *ACTA of Psychiatry of Scandinavia* 69, 1984: S. 129 ff.

12 J. Bell u.a.: »Effect of Pre-Existing Borderline Personality Disorder on Clinical and EEG Sleep Correlates of Depression«, *Psychiatry Resources* 9, 1983.
C.F. Reynolds III. u.a.: »Depression in Borderline Cases: A Prospective EEG Study«, *Psychiatry Resources* 14, 1985: S. 1-15.
Hagop Akiskal u.a.: »The Nosologic Status of Borderline Personality: Clinical and Polysomnographic Study«, *American Journal of Psychiatry* 142, 1985: S. 192-198.

13 Harrison G. Pope Jr. u.a.: »The Validity of DSM III Borderline Personality Disorder: A Phenomenologic, Family History, Treatment Response and Long Term Follow-Up Study«, *Archives of General Psychiatry* 40, 1983: S. 23-30.
Paul J. Soloff/James Millward: »Psychiatric Disorders in the Families of Borderline Patients«, *Archives of General Psychiatry* 40, 1983: S. 37-44.
Miron Baron, 1985: S. 927-934.

14 Seymour S. Kety u.a.: »The Types and Problems of Mental Illness in the Biological and Adoptive Families of Adopted Schizophrenics«, in *The Transmission of Schizophrenia*, Herausgeber David Rosenthal und Seymour S. Kety, Oxford: Pergamon Press, 1968: S. 345-362.
Michael H. Stone: »The Borderline Syndrome: Evolution of the Term,

Genetic Aspects and Prognosis«, *American Journal of Psychotherapy* 31, 1977: S. 345-365.
Thomas A. Aronson: »Historical Perspectives on the Borderline Concept: A Review and Critique«, *Psychiatry* 48, 1985: S.209-222.

4 Die Borderline-Gesellschaft

1 Auch die Strukturen in der bundesdeutschen Gesellschaft werden immer lockerer. Vergl. Claudia Szczesny-Friedmann, *Die kühle Gesellschaft. Von der Unmöglichkeit der Nähe*, München 1991

2 Christopher Lasch: *The Culture of Narcissism* New York: W.W. Norton, 1978: S. 34.

3 Louis Sass, 1982: S. 13.

4 Peter L. Giovachinni, *Psychoanalysis of Character Disorders* New York: Jason Aronson, 1975.

5 Christopher Lasch, 1978: S. 5.

6 David S. Greenwald: *No Reason to Talk About It* New York: Norton, 1987.

7 Paul A. Andrulonis, persönlicher Schriftwechsel, 1987.

8 Nancy Traub: »Supertots: The Collapse of Childhood«, *Diablo* Juni 1987.

9 T. Berry Brazelton: »Issues of Working Parents«, *American Journal of Orthopsychiatry* 56, 1986: S. 15.

10 Christopher Lasch, 1978: S. 30.

11 Ricardo Castaneda, 1985: S. 1202-1203.

12 George S. Zubenko, 1987: S. 748-752.
Otto Kernberg: »Borderline Personality Organization«, *Journal of the American Psychoanalytic Association* 15, 1967: S. 642-685.

13 Brazelton, 1986: S. 15.

14 Thomas J. Gamble/Edward Zigler: »Effects of Infant Day Care: Another Look at the Evidence«, *American Journal of Orthopsychiatry* 56, 1986: S. 26-42.

In der BRD verdient in etwa jedem 2. Familienhaushalt (Ehepaar und Kinder) die Ehefrau/Mutter mit. 1988 waren 49,6% aller Frauen berufstätig oder auf der Suche nach einer Arbeit außer Haus. Hier ist jedoch im Gegensatz zu den USA kaum eine Steigerung zu verzeichnen.

15 Edward F. Zigler: »A Solution to the Nation's Child Care Crisis«, Rede vor dem National Health Policy Forum, Washington, D.C. 1987: S. 1.
Eine vom Bundesarbeitsministerium 1985 in Auftrag gegebene Studie kommt zu dem Ergebnis, daß immer mehr Mütter (1980/81: 33%; 1984: 44%) nach der Geburt ihres Kindes in den Beruf zurückkehren und daß ein beträchtlicher Teil der Frauen, die den Beruf aufgegeben haben, lieber erwerbstätig geblieben wären, wenn geeignete Möglichkeiten zur Kinderbetreuung vorhanden gewesen wären.
Eine Bedarfsstudie die 1985 in Bremen durchgeführt wurde, hat ergeben, daß rund die Hälfte der befragten erwerbstätigen Mütter und nahezu ein Drittel der befragten Hausfrauen öffentliche Betreuung in Erwägung ziehen würden, wenn es sie gäbe.
In der BRD sind derartige Angebote nicht ausreichend vorhanden. (Aus: Deutsches Jugendinstitut (Hrsg.): *Wie geht's der Familie? Ein Handbuch zur Situation der Familien heute.* München: Kösel 1988)

16 Cecilia M. Lilliston: »Child Sexual Abuse: An Advocacy-Outreach Treatment Model«, Rede vor der American Orthopsychiatric Association, Jahresversammlung 1987.

17 James F. Masterson: *The Real Self: A Developmental, Self and Object Relations Approach* New York: Brunner/Mazel, 1985.

18 Brazelton, 1986: S. 26-42.

19 Brazelton, 1986: S. 20.

20 Brazelton, 1986: S. 14.

21 Brazelton, 1986: S. 22-23.

22 Betty Holcomb: »Where's Mommy? The Great Debate over the Effects of Day Care«, *New York* 13. April 1987: S. 75.

23 Hal Straus: »The Day Care Dilemma«, *American Health*, September 1988: S. 61.

24 Vincent J. Fontana: »Child Maltreatment and Battered Children Syndromes« in *Comprehensive Textbook of Psychiatry*, 4. Ausgabe,

Herausgeber Harold I. Kaplan und Bejamin J. Sadock, Baltimore: Williams & Wilkins, 1985: S. 1816.
In der BRD werden jährlich schätzungsweise 150 000 bis 300 000 Kinder sexuell mißbraucht.

25 Judith L. Herman: *Father-Daughter Incest* Cambridge, Mass.: Harvard University Press, 1981.
Mehr als die Hälfte aller Frauen in der BRD werden mindestens einmal in der Kindheit oder Jugend sexuell mißbraucht (einschließlich Exhibitionismus-Erlebnisse). Aus: *Psychologie heute*. 10/1987

26 Lawrence Claman/J.J. Stephens: »Improving Intervention Services for Preschool-Age Child Victims of Physical Abuse and Neglect«, Rede auf einer Versammlung der American Orthopsychiatric Association 1988.

27 Susan Jacoby: »Emotional Child Abuse: The Invisible Plague«, Glamour, Oktober 1984; Edna J. Hunter, zitiert in *USA Today*, August 1985: S. 11.

28 W. Hugh Missildine: *In dir lebt das Kind, das du warst* Stuttgart: Klett-Cotta, 8. Auflage 1989.

29 Judith Wallerstein/J.B. Kelly: »The Effect of Parental Divorce: Experiences of the Preschool Child«, *Journal of the American Academy of Child Psychiatry* 14, 1975: S. 600-616.

30 Ebda.

31 M. Hetherington: »Children and Divorce«, in *Parent-Child Interaction: Theory, Research, and Prospect*, Herausgeber R. Henderson, New York: Academic Press, 1981.

32 Von diesem Recht wird bei bundesdeutschen Scheidungsverfahren nie Gebrauch gemacht.

33 Chaim F. Shatan: »Through the Membrane of Reality: ›Impacted Grief‹ and Perceptual Dissonance in Vietnam Combat Veterans«, *Psychiatric Opinion* 11, 1982: S. 6-15.

34 Chaim F. Shatan: »The Tattered Ego of Survivors«, *Psychiatric Annals* 12, 1982: S. 1031-1038.

35 Chaim F. Shatan: »War Babies«, *American Journal of Orthopsychiatry* 45, 1975: S. 289.

36 Paul Andrulonis, 1987.

7 Die Therapie

1 John G. Gunderson: *Borderline Personality Disorder* Washington, D.C.: Amercian Psychiatry Press, 1984: S. 77.

2 Otto F. Kernberg: *Borderline-Störungen und politischer Narzißmus* Frankfurt am Main: Suhrkamp, 1983.
James F. Masterson: *Psychotherapie bei Borderline-Patienten* Stuttgart:, 1980.

3 William Goldstein: *An Introduction to the Borderline Conditions* New York: Jason Aronson, 1985: S. 201-203. Auch Gunderson, 1984, S. 51-52.

4 Norman Rosten, 1972: S. 100.

5 Ebda.: S. 100-101.

6 Norman D. Macaskill: »Therapeutic Factors in Group Therapy with Borderline Patients«, *International Journal of Group Psychotherapy* 32 (1), 1982: S. 61-73.
Wendy Froberg/Brent D. Slife: »Overcoming Obstacles to the Implementation of Yalom's Model of Inpatient Group Psychotherapy«, *International Journal of Group Psychotherapy* 37 (3), 1987: S. 371-388.
Leonard Horwitz: »Indications for Group Therapy with Borderline and Narcissistic Patients«, *Bulletin of the Menninger Clinic* 1 (3), 1987: S. 248-260.

7 Gunderson, 1984: S. 170-172.

8 Stephen A. Jones: »Family Therapy with Borderline and Narcissistic Patients«, *Bulletin of the Menninger Clinic 51 (3), 1987: S. 285-295.*

9 Gunderson, 1984: S. 162-169.
Paul H. Soloff: »A Pharmacologic Approach to the Borderline Patient«, *Psychiatric Annals* 17 (3), 1987: S. 201-205.
Phillip A. Berger: »Pharmacological Treatment for Borderline Personality Disorder«, *Bulletin of the Menninger Clinic* 51 (3), 1987: S. 277-284.
Rex W. Cowdry/David L. Gardner: »Pharmacotherapy of Borderline Personality Disorder«, *Archives of General Psychiatry* 45, 1988: S. 111-119.

10 Gunderson, 1984.

11 Michael Rosenbluth: »The Inpatient Treament of the Borderline

Personality Disorder: A Critical Review of Aftercare Implications«, *Canadian Journal of Psychiatry* 32, 1987: S. 228-237.

12 Daniel H. Jacobs u.a.: »The Neglected Alliance: The Inpatient Unit as a Consultant to Referring Therapists«, *Hospital and Community Psychiatry* 33 (5), 1982: S. 377-381.

13 Jerold J. Kreisman: »CTU: The Systematic Inpatient Treatment of the Borderline Patient«, *Res Medica* 3 (2), 1986: S. 19-26.

14 Daniel Silver/Robert J. Cardish/Edward J. Glassman: »Intensive Treatment of Characterologically Difficult Patients: A General Hospital Perspective«, *American Journal of Psychiatry* 135 (5), 1978: S. 219-245.

15 Maetin Pildis u.a.: »Day Hospital Treatment of Borderline Patients: A Clinical Perspective«, *American Journal of Psychiatry* 135 (5), 1978: S. 594-596.
Alan B. Eppel/Mary Thomas Dart: »Day Hospital Treatment of the Borderline«, Rede vor der Jahresversammlung der American Psychiatric Association, Mai 1985.

16 Han Soo Lee: »Patients' Comments on Psychiatric Inpatient Treatment Experiences: Patient-Therapist Relationships and Their Implications for Treatment Outcome«, *Psychiatric Quarterly* 51 (1), 1979: S. 39-54.

17 Robert J. Waldinger/John G. Gunderson: »Completed Psychotherapies with Borderline Patients«, *American Journal of Psychotherapy* 38, 1984: S. 190-202.

18 Michael H. Stone/David K. Stone/Stephen W. Hurt: »Natural History of Borderline Patients Treated by Intensive Hospitalization«, *Psychiatric Clinics of North America* 10 (2), 1987: S. 185-206.

19 Robert J. Waldinger/John G. Gunderson: *Effective Psychotherapy with Borderline Patients: Case Studies* New-York: Macmillan Publishing Company, 1987.
Gunderson, 1984: S. 77.

8 Mit der Borderline-Persönlichkeit leben

1 David A. Brent u.a.: »Risk Factors for Adolescent Suicide«, *Archives of General Psychiatry* 45, Juni 1988: S. 581-588.

Anhang B: Die Entwicklung des Borderline-Syndroms

1 Michael H. Stone: »The Borderline Syndrome: Evolution of the Term, Genetic Aspects and Prognosis«, *American Journal of Psychotherapy* 31, 1977: S. 345-365.

2 Adolph Stern: »Psychoanalytic Investigation of and Therapy in the Border Line Group of Neuroses«, *The Psychoanalytic Quarterly* 7, 1938: S. 467-489.

3 G. Zilboorg: »Ambulatory Schizophrenia«, *Psychiatry* 4, 1941: S. 149-155.
Paul Hoch/Philip Polatin: »Pseudoneurotic Forms of Schizophrenia«, *Psychiatric Quarterly* 23, 1949: S. 248-276.
G. Bychowski: »The Problem of Latent Psychosis«, *Journal of the American Psychoanalytic Association* 4, 1953: S. 484-503.

4 *Diagnostic & Statistical Manual of Mental Disorders*, 2. Ausgabe, Washington, D.C.: American Psychiatric Association, 1968.

5 Helene Deutsch: »Some Forms of Emotional Disturbance and the Relationship to Schizophrenia«, *The Psychoanalytic Quarterly* 11, 1942: S. 301-321.

6 Robert P. Knight: »Borderline States«, *Bulletin of the Menninger Clinic* 17, 1953: S. 1-12.

7 Roy R. Grinker/B. Werble/R.C. Drye: *The Borderline Syndrome*, New York: Basic Books, 1968.

8 Otto F. Kernberg: »Borderline Personality Organization«, *Journal of the Psychoanalytic Association* 15, 1967: S. 641-685.
Otto F. Kernberg, 1983.

Stichwortverzeichnis

Ablösung-Individuation 33, 101
  Jugend 86
  Kleinkinder 80-85
abnorme Gehirnwellenaktivität 91
Abhängigkeit
  von anderen 34, 46-48, 53-55, 151
Abweisung 32, 37
Abwertung
  Abwehrmechanismus 250
Achse I 43-45, 237
Achse II 43, 240
affektive Instabilität 57
affektive Störungen 33, 46, 51, 238, siehe auch bipolare Störungen, depressive Störungen
AIDS 107-109
Albee, Edward (Wer hat Angst vor Virginia Woolf?) 147, 205
Alkoholiker 154f.
Alkoholismus 22, 25, 43-45, 80, 93, siehe auch Drogenabhängigkeit/-sucht
  Fallgeschichte 56
Alkoholmißbrauch 27f.
  Fallgeschichte 223-225
alleinerziehende Eltern 114
Allen, Woody 27, 173
Allmacht
  Abwehrmechanismus 250
ältere Mitmenschen 34, 233ff.
Altern 233f.
Altersgruppen (verschiedene)
  Borderline-Persönlichkeitsstörung und 34
ambulatorische Schizophrenie 244
American Psychiatric Association (APA) 23, 247
ambulante Behandlung
  Familie und 200
[Amytal] siehe kleine Beruhigungsmittel
Angst 29f., 155

Angststörungen 237
Teilliste 238f.
Anonyme Alkoholiker (AA) 155-157
Anorexia 25, 43, 49, 55
Anorexia Nervosa siehe Anorexia
anorektische Borderline-Persönlichkeit 27, 49, 65, 154
Anpassungsstörungen
Teilliste 240
Antidepressiva 90
antisoziale Persönlichkeit 48
A.P.A. siehe American Psychiatric Association
Arbeit/Beruf
Borderline-Persönlichkeiten und 31f., 231f.
Atarax (Hydroxyzin) siehe kleine Beruhigungsmittel
Aufmerksamkeitsstörung 91, 237
Ausdruckstherapie 204f.
Ausland 35
automatische Reflexe 134ff.
Autonomie kontra Nähe/Abhängigkeit 80f., 84

Beale, Howard (Network) 36
Behandlung 34, 87, 90, 173, 206
Arten der 193-214
Fallgeschichte 125-132
»Belastungstrauer« 122
[Benadryl] (Diphenhydramin) siehe kleine Beruhigungsmittel
Berufsausübung siehe Arbeit/Beruf
berufstätige Mütter 114
Beruhigungsmittel 90, 206, siehe auch große Beruhigungsmittel; kleine Beruhigungsmittel
Berühmtheiten
mit Borderline-Persönlichkeitsstörung 36
Beziehungen 26, 28-31, 34, 49-55, 58, 67, 108f., 142, 151
Eltern-Kind 80, 92, 98f.
Fallgeschichte 162f.
Patient-Therapeut 184-188, 192f., 213
Bickle, Travers (Taxi Driver) 36
biochemisches Ungleichgewicht 90
biologische Veranlagung siehe veranlagungsbedingte-erbliche Faktoren
bipolare Störung 45f., 238, siehe auch affektive Störungen, depressive Störungen

Bisexualität 65, 113
Borderline-Pathologie 37, 121-123
Borderline-Persönlichkeit 29-31, 62f., 80f., 137f., 148f., 155, 178, 214, 242-244
Zwangslage der 151-167
Borderline-Persönlichkeitsorganisation
Kernbergs Konzept 246f.
Borderline-Persönlichkeitsstörung 22-24, 34, 37, 42- 46, 59, 77-79, 100, 112f., 148, 217, 229f., 232f., 234f.
Behandlung 173ff., 193ff.
DSM-III-Kriterien 25f., 52-70
Fallgeschichte (ein Profil) 17-21, 30, 39-42, 60, 211
klinische Definition 52ff., 246-252
Syndrom 22, 34, 75, 100, 102, 115, 241-252
Bowles, Sally (Cabaret) 36
Borderline-Syndrom 34, 36, 75, 100, 102, 116, 241-252
Brando, Marlon 64
Brazelton, T. Berry 116
Bulimia nervosa 25-27, 49ff., 55

Camus, Albert 67
Carmen (Carmen, die Oper) 36
Carroll, Lewis 125
Chaos 39-42
Charakterpathologie 45, 99
Charakterstörung 20, 56, 67
Charakterzüge 43, 57, 147
chemische Abhängigkeit 44f., 48f., 55 siehe auch Alkoholismus, Drogenabhängigkeit/-sucht

Depressionen 34, 43-46, 155
Fallgeschichte 156-158
depressive Störungen 25, 44, 238, siehe auch affektive Störungen, bipolare Störung
Descartes, Rene 68
Deutsch, Helen 244
Diagnose von Borderline-Persönlichkeitsstörung 25-27, 52ff., 246
Diagnostic and Statistic Manual (DSM), siehe DSM (III-R)
Differenzierungsphase
Unterphase der Ablösung und Individuation 81
Dilemma 151ff.

dissoziative Störungen
Teilliste 239f.
[Doriden (Glutethimide)], siehe kleine Beruhigungsmittel
Drogenabhängigkeit/-sucht 25, 43, 48f., 206; siehe auch Alkoholabhängigkeit
Drogenmißbrauch 27f.
DSM-III-R 23, 43, 47f., 69f.
Kriterien für Borderline-Persönlichkeitsstörung 25f., 52, 246
Dunn, Terry (Auf der Suche nach Mr. Goodbar) 36, 68

Einsamkeit 30, 41
Einstellungen
in der Familie ändern 143
Einzeltherapie 193-196, 204f.
Elternschaft 28, 79, 82f., 92f., 98f., 101f., 106f., 109-111, 123
besondere Probleme 226-230
Fallgeschichte 159-162
Elternverhalten 79; siehe auch Elternschaft
Fallgeschichte 95-98
sexueller Mißbrauch; siehe auch Mißbrauch, Kindsmißbrauch, Inzest, sexueller Mißbrauch
Fallgeschichte 95-98
»emotionale Erpressung« 220
emotionaler Mißbrauch von Kindern 118
emotionales Ausbluten 25-28
Endorphine 62, 90
Epilepsie 91
[Equanil] (Meprobramat), siehe kleine Beruhiungsmittel
Erfolg 64
erforschende Therapie 193-195
erweiterte Familie 114
Verlust der 124
Eßstörungen 22, 25; siehe auch Anorexia, Bulimie
Teilliste 237
Eßsucht 27
Expansive Verhaltensstörungen, Teilliste 237
Expressive Therapie 204ff.

Familie 26-28, 58f., 86f., 114, 120-123, 201f.
Familieneinstellungen 143ff., 200f.
Familientherapie 200-205

Fehldiagnose
Borderline-Persönlichkeitsstörung und 33f., 42, 43- 45, 117-119
Fitzgerald, Zelda 36
Franz von Assisi 143
Frauen
Borderline-Krankheit 32f., 50, 99, 107f., 113
Rollenverschiebungen 109-113
»freie Assoziation« 180f.
Freud, Sigmund 36, 98, 100, 196, 241ff.
Freunde
mit Borderline-Persönlichkeitsstörung 217-219
Frustration 155
Funktion
nicht-spezifische Schwäche in der 248f.

Gable, Clark 88f.
Gaddafi, Muamar el 36
Gallager, Dan 167f.
Gefühle von Leere 37, 66, 162
Fallgeschichte 39-42
Gefühlsübertragung 180
Gegenübertragung 186f.
Gehirnhautentzündung 91
genetische Veranlagung siehe veranlagebedingter-erblicher Faktor
geographische Grenzen 35
geographische Mobilität, siehe Mobilität
geringe Selbstachtung 50
Gewaltanwendung 108, 118
gewalttätiges Verhalten 33, 80, 222
Giovachinni, Peter L. 105
Green, Graham 66f., 138
Greenson, Ralph 69, 195f.
Grenzen setzen 140f., 170, 209
Grinker, Roy 245
Gruppe A, B siehe Achse II-Störungen in Anhang A
»Gruppenselbstmorde« 66
Gruppentherapien 196-200, 204f.
Gunderson, John 52, 69, 246, 248

Haldol (Haloperidol), siehe große Beruhigungsmittel
Heilung 213f.

helfende Berufe
Borderline-Störung bei 32
»herausfordernde« Opferung 158
Hilfsprogramme für Arbeitnehmer 231
Hindernisse
bei der Behandlung 187, 198f.
hispanische Borderline-Bevölkerungen 112f.
histrionische Persönlichkeit 48
Hitler, Adolf 36
Homosexualität 65, 113
Hormone der Hirnanhangsdrüse 91
Horney, Karen 214
Hyperaktivität 22; siehe auch Aufmerksamkeitsstörung
Hypnose 179
Hypochonder 46
Hypochondrie 22, 45, 53
Hysterie 22

Identität 25-28, 32-34, 66f., 99, 140-142, 226; siehe auch Kernidentität
Jugend und 86, 229
Krise 37, 62-66
Identitätsdiffusion 234, 250f.
»Im Jetzt leben« 55
impulsive Handlungen/Verhaltensweisen 27, 34, 55f., 109, 242; siehe auch Alkoholsucht, Drogensucht, Eßsucht, Spielsucht, selbstzerstörerische Verhaltensweisen, selbstverstümmelnde Verhaltensweisen
Handhabung 223-225
impulsiver Konflikt 56
Intelligenz
der Borderline-Persönlichkeit 32
Intimität 52-55
Inzest 80
Fallgeschichte 71-78

Jonestown-Massaker 66
Jugend
Erkennen der Borderline-Persönlichkeitsstörung 229f.
Jugendalter Konflikte 86
Jugendliche/Teenager 25, 28, 34, 51, 61, 65f., 86, 87f., 154, 170, 229

Behandlung, Familie und 200f.
Identitätskrise und 65, 87, 101f., 106
junge Erwachsene 34

Kaufsucht 27
Kernberg, Otto 52, 70, 193, 246-252
Kernidentität 34, 62, 66, 226, 244, 251 siehe auch Identität
Kindertagesstätten 114-117
Kindesmißbrauch/Vernachlässigung 28, 64, 89, 115, 117- 119 siehe auch Mißbrauch, mißbrauchende Eltern, sexueller Mißbrauch
Fallgeschichte 159-162
Trauma durch 127-129
Kindheit
Anpassung an die Erwachsenenrolle 64, 106
Auswirkung einer Scheidung auf 120-122
Entwicklung 28, 35, 64, 80f., 107, 114-117, 226
Fallgeschichte 71-77
Konflikte 85
sexuelle Orientierung 113f.
Klein, Melanie 243
kleine Beruhigungsmittel 206
Kleinfamilie 114
Knight, Robert 245
Kommunikation
mit der Borderline-Persönlichkeit 147ff., 121f.
Konfrontation 147ff., 193, 197
Konstanz 164-166, 169-171, 228
Kontrolle 32, 87
Kopftrauma 91
Krankenhauseinweisung
Behandlung der Borderline-Persönlichkeitsstörung 207- 213
krankhafte Melancholie 57
Kultur
Reaktion auf die 99ff.
kultureller Gedächtnisschwund 106
Kunsttherapie 204f. siehe auch expressive Therapie
kurzfristiger Krankenhausaufenthalt 209f.

Ladendiebstahl 55
Langeweile 37, 66
Langzeit-Krankenhausaufenthalt 210-212

Lasch, Christopher 99
latente Schizophrenie 244
Lawrence, T.E. 36, 83
Leben mit der Borderline-Persönlichkeit 215ff.
Lennon, John 118
Lernschwierigkeiten 91
Levin, Edward 106

Mahler, Margaret 80
Mailer, Norman 63, 88
Manie 46
manipulierendes Verhalten 53
manisch-depressive Störung 22, 25, 46
Männer 32f., 107f.
  Rollenverschiebung 109-113
männliche/weibliche Rollen 109-113
Martha (Wer hat Angst vor Virginia Woolf?) 36
Masochismus 108
masochistisches Verhalten 53
Masterson, James 115, 193
materialistische Gesellschaft 104
Medikamente
  Behandlung der Borderline-Persönlichkeitsstörung 189, 206f., 214
Medikamente gegen Anfälle 90
Merkmalsstörungen 43
Miller, Arthur, (Der Tod eines Handlungsreisenden) 215
[Miltown] (Meprobamat) siehe kleine Beruhigungsmittel
Mißbrauch 89, 227f., siehe auch: Gewaltanwendung, Kindsmißbrauch, sexueller Mißbrauch
  Fallgeschichte 159-161
Mißbrauch siehe Alkoholsucht, Drogensucht, Eßsucht
  mißbrauchende Eltern 121
  Fallgeschichte 159-161
Missildine, Hugh
  Muster vernachlässigter Kinder 119
Mitgefühl 53, 58, 148f., 153, 155ff., 162-166, 169, 221, 224;
siehe auch SET-Aussage
Mobilität 123f.
Monroe, Marilyn 36, 63-65, 68f., 88f., 196
multiple Persönlichkeitsstörung 22, 46
Musiktherapie 204; siehe auch Ausdruckstherapie

Muster in der Kindererziehung 114
besondere Probleme 226f.
liberale Praktiken 123

Nähe 31, 86
narzißtische Persönlichkeit 48, 107f.; siehe auch Lasch, Christopher
Nembutal, siehe kleine Beruhigungsmittel
neurologische Faktoren 91
[Noetec] (Chloralhydrat), siehe kleine Beruhigungsmittel
Noludar (Methyprylon), siehe kleine Beruhigungsmittel
Neurose/Neurotiker 22, 27, 36, 180, 243

Objektbeziehungstheorie 80-83
Objektkonstanz 53, 81, 83f., 136, 164, 185, 251f.
obsessiv-zwanghafte Störungen 23, 50
O'Neill, Eugene 17
Opfer (das) 158-160

[Paral (paraldehyde)], siehe kleine Beruhigungsmittel
Paranoia 35
Parasit kontra Symbiose 141
pathologische Auffassung von anderen 251f.
Paz, Octavio 56
[Penthotal], siehe kleine Beruhigungsmittel
Persönlichkeits- (»Charakter«-) Störungen 240
Pharmakotherapie 206f.; siehe auch Medikamente
[Phenergan] (Promethazin), siehe kleine Beruhigungsmittel
Phobien 22
[Placidyl (ethchlorvynol)], siehe kleine Beruhigungsmittel
Plato 95
posttraumatische Belastungsstörung 47
Prä-Borderline-Persönlichkeitsstörung-Begriffe 244f.
Prä-Schizophrenie 244
primäre Bezugsperson
kindliche Entwicklung und 29
primitive Abwehrmechanismen 29, 149f.
primitive Idealisation
Abwehrmechanismus 149f.
primitives Denken 249
Prinze, Freddie 66
Projektion

Abwehrmechanismus 250
projektierende Identifikation 208, 250
Promiskuität, siehe sexuelle Promiskuität
pseudoneurotische Schizophrenie 244
psychische Krankheiten 45, 180
Psychoanalyse 179f.
psychoanalytische Verfasser nach Freud 242-246
psychoanalytisch orientierte Therapie 179f.
psychodynamische Therapie 180
psychologischer Mißbrauch 118
psychologische Tests 244, 249
psychophysiologische Störungen
Teilliste 239
Psychotherapie 179
Psychotiker 22, 69f.
psychotische Störungen
Teilliste 238
pubertäre Konflikte 86f.

[Quaalude] (Methaqualon), siehe kleine Beruhigungsmittel

Rapid Eye Movement (REM) 91
Regression 212
Reich, Wilhelm 242
Romanfiguren
mit Borderline-Persönlichkeitsstörung 36
Rossner, Judith 30
Rosten, Norman 68
Ruhegebet 143

Sadismus 108
Saint John's Mercy Medical Center (St. Louis) 148
Sartre, Jean Paul 67
Sass, Louis 100
Scheidung
Scheidungswaisen 120-122
Schizophrenie 22, 43-46, 91, 238
schizotypische Persönlichkeit 47
Schlaflosigkeit, siehe Schlafstörungen
Schlafstörungen
Teilliste 239
»Schulangst« 85f.

[Seconal], siehe kleine Beruhigungsmittel
Sekten 51f., 66
Selbstachtung 48-50
Selbstannahme 136
Selbstauffassung 250f.
Selbstbehandlung 90
Selbstbejahung 155f.
Selbstbestrafung 59-62
Selbstbewertung 134-136
Selbsthaß 54
Selbstmord 27, 33, 214
  Drohung 26, 31, 53, 59f., 151, 220
Selbstverstümmelung 26, 59f., 90, 119
selbstzerstörerisches Verhalten 26f., 46, 50, 55f., 59-62; siehe auch Alkoholabhängigkeit, Alkoholmißbrauch, Drogenabhängigkeit/-sucht, Eßsucht, Selbstbestrafung, Selbstmord, Selbstverstümmelung
Serontonin 90
SET-Aussage 147, 221, 224
Sexualität
  Moral, Praktiken, Rollen, Veränderungen bei der 107-109
sexueller Mißbrauch 118
  Fallgeschichte 159-162
  Kinder und 28, 64, 114f., 227-229
sexuelle Orientierung 113f.
sexuelle Perversion 65, 113
sexuelle Promiskuität 27f., 51, 55
  Fallgeschichte 56
  Konsequenzen 109
sexuelle Störungen
  Teilliste 237-239
somatoforme Störungen
  Teilliste 239
[Sopor] (Methaqualon), siehe kleine Beruhigungsmittel
soziale Faktoren 33, 78, 98f.
sozialer Wohlfahrtsstaat
  Förderung der Borderline-Persönlichkeitsstörung durch 115
soziale Wiederannäherung 101
soziokulturelle Faktoren 78, 103ff., 107-109
sozio-ökonomische Faktoren 35
Soziopath 22, 33
Spaltung 29f., 46, 81, 84-86, 208

Spiel/Freizeit 232f.
Spielsucht 27, 55
stationärer Patient siehe Krankenhauseinweisung
statistische Daten 21f., 28, 33, 47, 213f., 230
Steinem, Gloria 68
Stern, Adolph 243f.
Stimmungsstörungen
Teilliste 238
Stimmungsschwankungen 26, 46, 57ff., 67
Leben mit 222f.
Stimmungsveränderungen 26, 34; siehe auch Stimmungsschwankungen
Stoffwechselstörungen 90
Störungen der Impulskontrolle
Teilliste 239
Strasberg, Lee 68
Struktur 31f., 51f., 66, 99, 207, 210f.
Arbeit und 231
Zusammenbruch der Struktur in der Gesellschaft 101-106
Substanzmißbrauch 44, 48ff. siehe Alkoholabhängigkeit, Drogenabhängigkeit/-sucht
Suche nach dem Ich 102-105
Sydenham, Thomas 39
Symbiose kontra parasitäres Verhalten 141
symbiotische Phase 80
Symptome der Borderline-Persönlichkeitsstörung 25f., 37, 40, 147, 185
»Syndrom des abwesenden Vaters« 122

Teenager,siehe Jugendliche/Teenager
teilweiser Krankenhausaufenthalt 212f.
Theorien 32-35, 77f., 84, 90
Therapeut 187-191
Therapie 33, 142-145, 156, 173, 193-214; siehe auch Behandlung der Borderline-Persönlichkeitsstörung, Behandlung
Therapiedauer 182-184
Tic-Störungen 237
Tillich, Paul 68
Tolstoi, Leo 71
»Tough Love«-Gruppen 155
Traumata 87-89
Trennung 37, 52, 227

Übergangsobjekte 83f., 251
übermäßiges Essen 55; siehe auch Eßsucht
übermäßige Geldausgaben 55
»überschneidender Geliebter« 109
Übertragung 184-186, 194
Übungsphase 82; siehe auch Ablösung-Individuation
Umweltfaktoren
  beitragende für die Borderline-Persönlichkeitsstörung 78
Unbeständigkeit 24
Unentschlossenheit 140
unterstützende Therapie 194-196
Unterstützung 148-150, 153, 155-157, 161-166, 168, 120f., 224
  siehe auch SET-Aussage
Unterstützung-Mitgefühl-Vertrauen (SET) 148, 224
Unterstützungssystem 25
Updike, John 69

Veränderung 132-142, 157f.
  Behandlungsziel 156, 181f., 193-195, 101, 210-212
Veranlagung siehe veranlagebedingter-erblicher Faktor
»Veranlagung kontra Erziehung« 77, 92f.
veranlagungsbedingter-erblicher Faktor 33, 44f., 89-93
  Fallgeschichte 71-77
Verhängnisvolle Affäre, Eine (der Film)
  Anwendung von SET 167-169
Verhalten (abnormes) 26, 134-137, 147, 178f., 218
Verhaltensmodifikation 179
Verlassenwerden 26, 67, 227
  Angst vor dem 31, 58, 81ff., 102
Verlassenwerden kontra Verschlungenwerden 81
Verlust 227
»vermischte Familien« 114
Vertrauen 136, 185f.
Verwandte
  mit Borderline-Persönlichkeitsstörung 217-219
[Vistaril] (Hydroxyzin), siehe kleine Beruhigungsmittel
Vonnegut, Kurt 64
vorbeugende Behandlung 209

Wahrheit 148-151, 153-157, 162-166, 169, 220f., 224; siehe auch SET-Aussage

Welt der Widersprüche 103
wichtige Bezugspersonen 225f.; siehe auch Kommunikation, zwischenmenschliche Beziehungen, Arbeit/Beruf, Spiel, Beziehungen
Widersprüche 24, 103
widersprüchliche Botschaften 151-155
»Wie man es auch macht: es ist immer falsch« siehe widersprüchliche Botschaft
Wiederannäherungsphase 82f., 86; siehe auch Trennung- Individuation
Wirklichkeit 247f.
Wolfe, Thomas 36, 57
Wutanfall 26, 32, 57f., 166f.
  Handhabung 221f.

zerstörerische Beziehungen 53f.; siehe auch Beziehungen
zerstörerisches Verhalten 50, 53f., 67
Ziele
  primäre 139
Ziele bei der Krankenhauseinweisung 209ff.
Ziele der Therapie 156, 181f., 192, 193-195, 201, 203
Zigler, Edward 117
Zorn 26, 57f., 67, 155
  Handhabung 221f.
Zurückweisung 32, 37
Zustandsstörung 44, 46
zwanghaftes Verhalten 50f., 56
Zwangslagen 151ff.
zweite Meinung
  Behandlung und 191f.
zwischenmenschliche Beziehungen 107-109; siehe auch Beziehungen
Zustandsstörungen 43, 46

KÖSEL

Bärbel Wardetzki

Weiblicher Narzißmus – ein Leben in Extremen

269 Seiten. Kartoniert

Viele Frauen besitzen kein stabiles Selbstwertgefühl. Nach außen zeigen sie eine intakte, selbstbewußte Fassade, hinter der sich jedoch eine verletzte, unsichere Frau verbirgt.

Die innere Leere und Einsamkeit, die diese Frauen spüren, wird häufig mit einer Sucht ausgefüllt, meist Eßsucht, Bulimie, Medikamentenabhängigkeit oder Alkoholismus. Aber auch ohne Sucht leiden viele Frauen unter Verlassenheitsgefühlen, Trennungsangst, Verschmelzungswünschen oder ängstlicher Distanz.

Erstmalig befaßt sich eine Psychologin mit dem »weiblichen Narzißmus«, der die Spaltung zwischen Grandiosität (»Ich bin die Tollste«) und Minderwertigkeit (»Ich bin nichts wert, bin häßlich, zu dick«) beschreibt. Bärbel Wardetzki zeigt, wie alte, ungelöste Konflikte und Traumatisierungen einem erfüllten Leben im Wege stehen können – und stellt Möglichkeiten zur Überwindung dar.